논어

정독

일
러
두
기

1. 이 책은 『논어』 전편을 완역하되, 주석과 해설
은 가능한 한 줄였다.

2. 원문에 토를 붙여서 조선시대 이후 『논어』 번역
의 전통을 반영하도록 노력하였다. 그러나 어느 한
판본의 토에 국한하지 않고 필자 자신의 판단에 따
라 붙였다.

3. 원문 아래에 한자의 음을 달아서 한자에 익숙하
지 않은 독자들의 편의를 도모하였다. 또한 해석만
으로 내용 이해가 어렵다고 생각되는 경우에는 해
설을 붙여서 이해를 도왔다.

4. 『논어』 당시의 문법에 맞게 번역하려고 최대한
노력했기 때문에 기존의 번역본들과는 다른 해석
도 있다. 이 책은 일반 독자들을 위한 책이므로 문
법에 대한 설명은 줄였다.

고전의 향기 ②

논어
정독

/ 임옥균 역주

(주) 삼양미디어

일본 에도 시대의 학자 이토 진사이伊藤仁齋는 공자와 『논어』에 대해서 공자는 우주 제일의 성인이며 『논어』는 우주 제일의 책이라고 말하였다. '세계 제일'도 아니고 '우주 제일'이라고 말한 데에서, 그가 공자와 『논어』를 얼마나 높이 평가했는지 알 수 있다. 그런데 그가 공자와 『논어』를 그렇게 평가한 이유가 흥미롭다. 공자의 생각과 『논어』의 내용이 높고 멀어서가 아니라, 바로 가장 평범한 일상생활 속에서 가장 높은 진리를 표현하고 있기 때문이라는 것이다.

우리는 『논어』를 읽으며 공자와 그의 제자들을 생생하게 만날 수 있다. 그게 가능한 것은 『논어』가 대화체로 쓰였다는 점, 뜻글자인 한문으로 쓰였다는 점 등이 영향을 주었을 것이다.

그렇더라도 『논어』를 마냥 그렇게 술술 읽을 수 있는 것은 아니다. 일단 한문을 익숙하게 읽을 수 있어야 하고, 게다가 당시 사람들의 표현 방식에도 익숙해져야 한다. 산문적인 『맹자』와 달리 『논어』의 표현 방식은 시적이라서, 그 속에 담긴 뜻을 풀이하기 위해서는 '한 번 더 생각하기'를 요구한다. 이것이 『논어』에 대한 수많은 해석과 주석, 해설이 있고, 앞으로도 있을 것이라고 생각하도록 해주는 이유일 것이다. 그것이 고전의 매력이 아니겠는가!

역주자가 『논어』를 가지고 가장 해보고 싶은 작업은 문법과 문장구조의 분석을 통해 『논어』를 재해석하는 작업이다. 현재 유교신문에 연재하고 있는 「문법으로 보는 맹자』가 끝나면, 작업에 들어가고자 한다. 이 책『논어정독』은 원래『문법과 문장구조로 보는 논어』를 낸 다음에 하려던 작업인데, 출판사와의 협의 아래 이 책을 먼저 내게 되었다.

그래서 이 책에서 문법과 문장구조 분석에 의한『논어』해석을 먼저 시도하고, 그에 대한 세밀한 분석은『문법과 문장구조로 보는 논어』에서 시도하기로 한다. 물론 이 책에서도 필요한 경우에는 간단한 설명을 덧붙일 것이다. 이 책이『논어』를 '정밀하게 읽는 데[정독精讀]' 도움이 된다면 큰 기쁨이 될 것이다.

『주자학과 일본고학파』의 서문을 2012년 5월 21일 부부의 날에 썼는데, 우연히 이 책의 서문도 부부의 날에 쓰게 된다. 부족한 남편을 늘 믿어주는 아내(서순애)에게 감사한다. 또한 이 책을 기획하여 세상에 나올 수 있도록 해주신 서민철 선생님께도 감사드린다.

2015년 5월 21일 부부의 날에

아차산 아래 독혼재獨昏齋에서
역주자 임옥균은 삼가 쓰다

論語精讀
논어 정독

고전의 향기 청고고아（清古高雅）

論語精讀

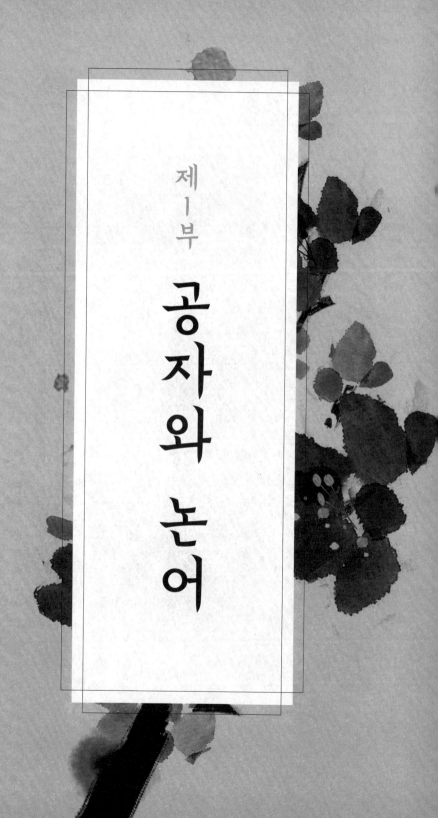

제1부

공자와 논어

1

공자는 어떤 사람인가?

공자의 자기소개
공부가 가장 즐거웠던 사람

공자는 어떤 사람인가?
알아보는 여러 방법이 있겠지만,
공자 자신의 자신에 대한 소개,
그리고 공자를 가장 가까이에서 모셨던
제자들의 선생님에 대한 소개 등을 통해
살펴보는 것이 가장 좋을 듯하다.

자로가 어느 날 섭공(葉公)을 만나게 되었다. 섭공은 초나라에 속하는 섭땅을 다스리던 심저량(沈諸梁)이라는 사람으로, 실제로 공은 아니었지만 공이라고 자처하고 있었다. 그는 공자의 제자인 자로를 만나자 자로의 스승인 공자에 대해 평소에 궁금해하고 있던 차라 자로에게 공자가 어떤 사람이냐고 물었다. 그런데 아쉽게도 자로는 제대로 대답을 하지 못하였다. 갑작스러운 질문이었기 때문일까? 그렇게 늘 모시고 있는 선생님에 관해 물었는데도 대답을 못 하다니! 아니면 선생님이 형용하기에는 너무 큰 사람이라 말을 못 꺼낸 것인지도 모르겠다. 자로로부터 이 말을 전해 들은 공자는 이렇게 말하였다.

"그 사람됨이 분발하여 먹기를 잊으며, 즐거워하여 근심을 잊어
서 늙음이 장차 이르게 됨을 알지 못한다."고 말하지 그랬냐?

자신은 무언가에 분발하면 사람의 가장 큰 욕구인 먹는 것도 잊고,
나아가 그것이 즐거워 장차 늙어 죽는 것조차도 잊는 사람이라는 것이
다. 그렇다면 공자는 무엇에 분발하였는가? 공자는 자신에 대해 다음
과 같이 말하기도 하였다.

열 집으로 이루어진 마을에 반드시 진실과 믿음이 나와 같은 사
람은 있겠지만, 내가 배움을 좋아하는 것만은 같지 못할 것이다.

아무리 작은 마을이라도 진실과 믿음은 자신과 같은 사람이 있겠지
만, 배움을 좋아하는 것만은 자신과 같은 사람이 없다는 것이다. 늘 자
신을 내세우지 않고 겸양하는 공자이지만, 배움이라는 것만큼은 이 세
상 누구에게도 뒤지고 싶지 않다는 생각을 토로한 것이다. 공자는 배
움에 분발하여 먹는 것과 늙는 것도 잊을 만큼 심취하는 사람이었던
것이다.
　　그러면 공자는 무엇을 배우고자 하였던가? 그것은 우선 옛 성인의
자취였다. 공자는 자신이 태어나면서부터 아는 사람이 아니라 옛것을
좋아해서 민첩하게 그것을 구한 사람이라고 하였다. 그 '옛것'이란 요
임금·순임금·우임금·탕왕·문왕·무왕·주공의 말과 행동이었다.
　　그러나 공자는 옛것을 익혀서 그대로 따르고자 했던 것이 아니다. 그
것을 현실에 적용할 때는 현실에 맞게 변용하는 것이 필요하다는 것을
잘 이해하고 있었다.

삼베로 만든 면류관이 예에 맞지만 지금은 실로 만드니, 검소하다. 나는 대중들을 따르겠다. 아래에서 절하는 것이 예인데, 지금은 위에서 절하니, 이는 교만하다. 나는 비록 대중들과 어긋난다 하더라도 아래에서 절하겠다.

공자는 옛것이라고 해서 무조건 따르지 않았고, 또 대중들의 의견이라고 해서 무조건 따르지도 않았으며, 자신이 확고하게 입장을 세우고 거기에 따라 말하고 실천했던 것을 알 수 있다.

공자가 옛 성인의 자취를 배웠던 것은 그 자체로 목적이 있는 것이 아니었다. 옛것을 아는 것은 새로운 것을 알고자 하는 것이었다. 옛것을 익혀 새것을 아는 것이 공자의 궁극적인 목표였다. 그것은 공자가 보기에 혼란한 당시의 상황을 타개하기 위한 것이었다. 공자는 자신이 살고 있는 시대를 혼란한 시대로 파악했으며, 그 시대를 이끌고 있는 지도자들의 자질이 형편없는 것에 대해 절망하고 있었다. 공자는 이런 상황을 타개하고자 하였기 때문에 스스로도 정치적 실험을 해보고자 하였다. 심지어는 반란을 일으킨 사람들이 불렀을 때도 가고자 하였다. 그만큼 배운 것을 실천해 보고자 하는 열망이 강했던 것이다.

필힐(佛肸)이 공자를 부르니, 공자가 가려고 하였다. 자로가 말하였다. "옛날에 제가 선생님께 들었는데, 직접 자기 자신이 착하지 않은 행동을 하는 자에게는 군자가 들어가지 않는다고 하셨습니다. 필힐이 지금 중모(中牟) 땅을 가지고 배반하였는데, 선생님께서 가려고 하니, 어찌해서입니까?" 공자가 말하였다. "그렇다. 그런 말을 한 적이 있다. 그러나 단단하다고 말하지 않겠는가? 갈아도 얇아지지 않으니, 희다고 말하지 않겠는가? 검게 물들여도 검

어지지 않으니. 내가 어찌 박과 같겠는가? 어찌 한 곳에 매달린 채
먹히지 않을 수 있겠는가?"

공산불요(公山弗擾)가 비(費) 땅을 근거로 반란을 일으키고 공자를
부르니, 공자가 가려고 하였다. 자로가 기뻐하지 않으며, "가실 곳
이 없으면 그만이지, 하필이면 공산씨에게 가시려 하십니까?"라고
말하니, 공자가 말하였다. "나를 부르는데 어찌 공연히 그러겠느
냐? 나를 써 주는 사람이 있다면, 나는 동쪽의 주나라를 만들 것이
다."

공자는 자신이 공산불요나 필힐에게 가려는 것을 막는 자로에게 자
신은 그리로 가더라도 그들에게 물들지 않을 것이며, 그곳에서 이상적
인 나라를 만들 것이라고 강변하고 있다. 평소의 공자답지 않고, 자로
에게 거의 변명을 하고 있는 듯이 들리는데, 다른 시각으로 본다면 공
자의 열망이 그만큼 강한 것을 엿볼 수 있겠다. 그 이후의 일에 대해서
더 이상의 서술이 없는 것으로 보아, 공자는 자로의 반대에 부딪혀 자
신의 뜻대로 하지는 못한 것으로 보인다.

제자들이 보는
나의 선생님

자공: 해와 달 같은 나의 선생님

공자와 가장 말이 잘 통하고 정을 가장 많이 나누었던 제자는 아마도 자공이 아니었나 싶다. 어느 날 자공이 공자에게 시에 대해 물었다.

자공이 말하였다. "가난하여도 아첨함이 없으며 부유하여도 교만함이 없으면 어떻습니까?" 공자가 말하였다. "괜찮으나 가난해도 음악을 즐거워하며, 부유해도 예를 좋아하는 사람만 같지 못하다." 자공이 말하였다. "『시경』에 말하기를 '자르는 듯하고 가는 듯하며, 쪼는 듯하고 가는 듯도다.'라고 했으니 이것을 말한 것이겠지요." 공자가 말하였다. "사(賜)와는 비로소 함께 시를 말할 만하다. 지난 일을 알려주니 오는 일을 아는구나!"

자공은 부유해서 공자의 학단을 지원하는 사람이었다. 그렇다면 자

공은 자신이 이전에 가난했을 때도 누구에게 아첨하지 않았고, 부유해진 지금도 남에게 교만을 떨지 않으니, 이 정도로 성장한 자신이 어떠하냐고 선생님께 물은 것 같다. 이에 대해 공자는 그것을 인정해주면서도 거기에 그치지 말고 더 나아간 경지를 추구하라고 일러준다. 그것은 가난해도 음악을 즐거워하고 부유해도 예를 좋아하는 사람이 되라는 것이다. 현재의 자공 입장에서 본다면 공자의 강조점은 예를 좋아하는 사람이 되라는 것이다. 선생님으로부터 이러한 말을 들은 자공은 『시경』을 인용하여 "나무를 자르고 갈듯이, 또한 돌을 쪼고 갈듯이 끊임없이 인격을 연마하라는 말씀이지요?"라고 반문하였다. 자공의 말을 들은 공자는 말이 통하는 제자가 대견하여 "자공과는 함께 시를 말한 만하다."고 칭찬하였다.

자공은 선생님을 지극히 존경하고 사랑한 제자였다. 역사상 그만큼 선생님을 존경하고 사랑한 사람은 없을 것이다. 어떤 사람이 공자를 헐뜯자 자공은 자신의 선생님은 해와 달 같은 분이라서 아예 헐뜯을 수 있는 대상이 되지 않는 분이라고 막았다. 또 어떤 사람은 자공이 공자보다 훌륭하다고 수군거렸다. 이에 대해서 자공은 다음과 같이 말하였다.

집의 담장에 비유하면 나의 담장은 어깨높이이므로 집안의 좋은 것들을 들여다볼 수 있지만, 선생님의 담장은 사람 키의 몇 배가 되므로 문을 찾아 들어가지 못하면 아름다운 사당과 많은 건물들을 볼 수가 없습니다. 그 문을 찾는 자가 드무니, 숙손무숙의 말이 또한 당연하지 않겠습니까?

'어떤 사람들은 내가 선생님보다 낫다고 하는데, 그것은 터무니없는 말이다. 나의 인격이나 학문 수준은 낮아서 다른 사람들에게 훤히 보이므로 그렇게들 평가하지만, 선생님의 인격과 학문의 수준은 헤아릴 수 없이 높아서 직접 체험하지 않으면 알 수 없다. 그러니 알지도 못하면서 함부로 그런 소리 하지 말라'는 말이다.

공자가 세상을 떠난 후 제자들이 부모상과 똑같이 삼년상을 치렀다. 이것도 전무후무한 일일 것이며, 공자에 대한 제자들의 존경이 어떠했는가를 보여주는 일이다. 선생님에 대한 상은 원래 심상(心喪)이라고 해서 마음으로 애도는 표하지만 실제로 복은 입지 않는 법이었다. 그런데도 선생님을 부모와 같이 보아 삼년상을 치른 것이다. 이렇게 제자들이 삼년상을 치르고 각자 집으로 돌아간 뒤에도 자공은 홀로 남아 3년을 더 지낸 다음에야 공자의 산소를 떠났다. 자공은 할 일이 많은 사람이었다. 자신의 할 일을 젖혀두고 6년 동안이나 선생님의 산소를 지킨다는 것은 초인적인 노력이 없이는 불가능한 일이었다. 선생님에 대한 존경과 사랑이 얼마나 깊었는지 알 수 있다. 이런 제자를 둔 공자는 행복한 사람이었다.

안연: 따라가기 어려운 나의 선생님

안연은 공자가 가장 사랑한 제자였다. 『논어』 가운데 공자가 안연을 칭찬한 말은 있지만, 꾸짖은 말은 없다. 안연은 선생님을 너무나 신뢰해서 선생님의 말씀이라면 무조건 받아들였다. 그래서 심지어 바보처럼 보일 정도였다. 거기에 그치지 않고 선생님의 가르침을 일상생활에서도 그대로 실천하기 위해 무던히도 노력하였다.

이처럼 선생님의 말씀에 토를 달지 않고 받아들이기만 하니, 공자는

"안연은 나를 돕는 사람이 아니다. 나의 말에 대해 기뻐하지 않는 적이 없구나!"라고 까지 반어적으로 표현하였다. 선생님의 말씀에 대해 의문도 제기하고 반론도 제기해야 선생도 발전하는 것인데, 안연은 무조건 받아들이기만 해서 자신의 학문적 발전에 도움이 되지 않는다는 말이다.

공자는 안연이 자신의 도를 전해줄 사람으로 믿었다. 아직 완숙한 경지는 아니었지만, 그의 성실성을 믿었다. 안연을 퇴보할 줄 모르고 끊임없이 진보하는 사람이었다. 그런 안연이 세상을 떠나자 공자는 "하늘이 나를 망치는구나!"라고 하면서 심히 슬퍼하였다. 안연이 세상을 떠난 후 계강자가 공자에게 제자들 가운데 누가 학문을 좋아하느냐고 묻자, 공자는 안연이 세상을 떠난 후에는 학문을 좋아하는 제자가 없다고 대답하였다. 안연을 향한 공자의 마음을 드러내는 말이지만, 다른 많은 제자는 서운하지 않았을까?

이런 안연이니 그가 선생님을 생각하는 것도 각별하였다. 그가 보는 선생님 공자의 모습은 다음과 같았다.

> 우러러볼수록 더욱 높고 뚫을수록 더욱 단단하며, 바라보니 앞에 있더니 홀연히 뒤에 있도다. 선생님께서 차근차근 사람을 잘 이끌어 문장으로 나를 넓혀주고 예로 나를 단속해주었다. 그만두고자 해도 그만둘 수 없어 이미 나의 재주를 다하니, 선생님이 서 있는 모습이 우뚝한 듯하다. 비록 따르고자 하나 어디로부터 따라가야 할지 모르겠다.

이 말을 좀 더 쉽게 풀어보자. '선생님의 학문의 경지는 너무나 높아서 내가 미칠 수 있는 한계를 벗어나고, 학문의 내용은 심오해서 연구

할수록 더욱 어렵다. 그래서 금방 따라갈 수 있을 것처럼 앞에 있기도 하다가, 어느 틈엔가 내가 파악할 수 없는 뒤에 있기도 하다. 그래도 선생님께서는 차근차근 나를 잘 인도하셔서 학문도 가르쳐주시고 세상을 보는 눈을 넓혀주셨으며, 내가 실천적으로 학문을 할 수 있도록 예를 가지고 늘 나를 단속해 주셨다. 그러니 내가 그만두고자 해도 그만둘 수가 없어서 나의 힘을 다 쏟아 부었더니, 이제는 어렴풋이 선생님의 학문의 얼개가 보이는 듯하다. 그러나 아직 내 수준이 미치지 못해서 구체적으로 어디에서 어떻게 시작해서 따라가야 할지를 모르겠다'

안연은 이처럼 선생님과 자신의 차이가 크다고 생각했기에 감히 선생님께 의문을 제기할 생각을 아예 하지 않고 무조건 기뻐했는지도 모르겠다.

2

공자가 술회하는 나의 인생

15세: 배움에 뜻을 두다.

「자한」편에서 공자는 "내가 젊었을 적에 미천했기 때문에 비천한 일을 할 수 있는 것이 많다", "내가 세상에 등용되지 못했기 때문에 재주가 많다."고 하였다. 공자가 어렸을 적에 아버지가 세상을 떠나고 공자는 어머니를 모시고 살면서 생활을 꾸려가기 위해 여러 가지 일에 종사했던 것으로 보인다. 맹자는 공자가 젊은 시절에 창고를 지키거나 짐승을 치는 등의 일을 하였다고 증언하였다.

이런 상황에서 공자는 나이 열다섯에 배움에 뜻을 두었다고 회상하였다. 공자가 어떤 계기를 통해 그런 뜻을 가졌는지는 알 수 없지만, 주공을 시조로 모시고 있던 노나라에 주나라의 예가 상당히 잘 보존되고 있던 것도 영향을 주었음이 틀림없다. 『사기』에서 사마천은 공자가 어릴 적에 제기를 진설하며 놀았다고 전하고 있다.

공자가 15세 당시에 배움에 뜻을 두었다는 것은 학자의 길을 걷겠다는 의미이기보다는, 여러 실무적인 일들을 배워서 관직에 진출하거나 생활에 도움을 받겠다는 의미일 가능성이 크다. 당시의 학과목도 예 · 음악 · 활쏘기 · 수레 몰기 · 글씨 · 산수와 같은 실무적인 내용이 중심이었기 때문이다.

20세쯤에 결혼하였고, 바로 아들 공리(孔鯉)를 낳았다. 공리에 대해서는 「계씨」편에 다음과 같은 내용을 기록하고 있다.

> 진항(陳亢)이 공자의 아들인 백어(伯魚)에게 물었다. "그대는 특별하게 들은 것이 있습니까?" 대답하였다. "없습니다. 일찍이 홀로 서 계실 때 제가 빨리 걸어 뜰을 지나는데[過庭], '시를 배웠느냐?'라고 물으시기에 '아직 배우지 못하였습니다.'라고 대답하였더

니, '시를 배우지 않으면 말할 거리가 없다.'라고 하시므로 제가 물러가 시를 배웠습니다. 뒷날에 또 홀로 서 계실 때 내가 빨리 걸어 뜰을 지나는데, '예를 배웠느냐?'라고 물으시기에 '아직 배우지 못하였습니다.'라고 대답하였더니, '예를 배우지 않으면 행동할 기준이 없다.'라고 하시므로 제가 물러 나와 예를 배웠습니다. 이 두 가지를 들었습니다." 진항이 물러 나와 기뻐하면서 말하였다. "하나를 물어서 셋을 들었으니, 시를 듣고 예를 들었으며, 또 군자가 그 아들을 멀리하는 것을 들었다."

이 내용에 따라 박지원의 아들 박종채는 아버지의 언행을 기록한 『과정록(過庭錄)』을 쓰기도 하였다. 공리는 아버지보다 먼저 세상을 떠나서 공자를 마음이 아프게 하였으며, 사랑하던 제자 안연이 죽었을 때 그의 아버지인 안로가 공자의 수레를 팔아서 곽(槨)을 만들어주자고 했을 때에는 그것을 거절하면서 "재주가 있거나 재주가 없거나 또한 각각 자기의 아들을 말하는 것이다. 내 아들인 리(鯉)가 죽었을 때 관만 있었고 곽은 없었으니, 내가 수레를 팔아 도보로 걸어 다니며 곽을 만들어주지 못한 것은 내가 대부의 뒤를 따를 때에 도보로 걸어 다닐 수 없었기 때문이다."라고 하여 안타까움을 토로하기도 하였다.

30세: 자립하다.

15세 이후 열심히 공부한 결과 30세에는 자립할 수 있게 되었다. 자립할 수 있게 되었다는 것은 자신의 학문적 입장을 확립했을 뿐만 아니라, 경제적으로 어느 정도 자립할 수 있게 되었다는 의미일 것이다.

맹희자가 세상은 뜨면서 그의 아들 맹의자와 맹경숙에게 공자를 찾아가 예를 배우라고 한 것을 보면, 당시에 공자는 이미 예의 권위자로 인정을 받고 있었던 것으로 보인다. 맹경숙은 이런 인연으로 공자에게 배우게 된다.

40세: 흔들리지 않다.

공자는 이제 학문의 경지가 완숙하게 되어, 외부의 어떤 것에 의해 마음이 흔들리지 않게 되었다. 맹자의 언어로 말하자면 부동심(不動心)이 된 것이다. 공자는 "거친 밥을 먹으며 물을 마시고, 팔을 구부려 베개를 할지라도 즐거움이 또한 그 가운데 있으니, 정의롭지 않으면서 부유하고 귀함은 나에게 뜬구름과 같다."고 말하였다. 정치에의 열망은 버리지 않았지만, 그것을 자신의 욕망을 채우기 위한 것이 아니라, 백성을 위한 참된 정치를 추구하기 위한 것이었다. 그러므로 정의롭지 않은 권력에 대해서는 비판의 칼날을 들이대기를 주저하지 않았다.

당시 노나라는 제후국이었지만 정치는 제후가 아닌 제후의 신하인 대부들이 장악하고 있었다. 그들은 지방에 경제적 근거지를 가지고 있었고 독자적인 군사력까지 가지고 있었으므로 그것을 바탕으로 정치까지 좌우했던 것이다. 맹손, 숙손, 계손이 노나라의 정치적 실권을 장악하고 있었으며, 그 가운데서도 계손씨의 세력이 가장 강하였다. 임금은 존재하고 있었지만, 실질적으로 통치하지 못하였다. 그들은 마치 자신들이 임금인 양 행세하였다. 제후라야 태산에 제사를 드릴 수 있는 것인데, 계씨가 제사를 드렸으며, 심지어는 천자라야 쓸 수 있는 팔일무를 추게 하고, 천자가 쓰는 옹(雍)이라는 음악을 제사에 썼다. 주나라 예의 회복을 바라던 공자로서는 참을 수 없는 일이었다. 그래서 공자는 그들을 비판하기도 하고, 태산이 예의 근본을 물은 임방(林放)만도 못해서 그들이 드리는 제사를 받아먹겠느냐고 한탄하기도 하였다.

이때 공자의 처지에서 보자면 상황은 더 나빠져서, 대부의 신하인 가신(家臣)이 국가의 정권을 잡아 좌지우지하는 지경까지 이르게 되었다. 그 대표적인 사람은 양화(陽貨)였다. 『논어』의 한 편 이름이 되어 후세까지 길이길이 그 이름이 남게 된 사람이기도 하다. 『맹자』에서 "부자가 되자면 인을 행하지 못하고, 인을 행하자면 부자가 되지 못한다."는 양화의 말을 인용한 것을 본다면, 그는 정치적 수완을 지녔을 뿐만 아니라 상당한 학문적 수준과 문인적 기질도 지닌 사람으로 보인다.

양화는 공자를 자기편으로 끌어들이려고 하였다. 공자처럼 신망 있는 사람이 자신을 지지해준다면, 그 정권의 정당성 확보에 큰 도움을 줄 것이 분명하였기 때문이다. 양화는 공자를 만나자고 하였으나 공자는 단호하게 거절하였다. 양화는 꾀를 썼다. 양화는 공자에게 선물을 보냈다. 예에 정통한 공자가 예에 따라 자신에게 사례하러 올 것이라는 것을 예상한 것이다. 그러나 공자도 만만치 않았다. 양화가 없는 틈을 보아 사례하러 간 것이다. 그런데 우연히 길에서 양화와 마주치고 말았다. 공자와 양화 사이에는 다음과 같은 대화가 오고 갔다.

> 양화: "이리 오십시오. 내가 그대와 함께 말하겠습니다. 훌륭한 보배를 품고서 나라를 어지럽게 버려두는 것을 인이라고 할 수 있겠습니까?"
>
> 공자: "그렇다고 할 수 없습니다."
>
> 양화: "일하기를 좋아하면서 자주 때를 놓치는 것을 지혜라고 할 수 있겠습니까?"

공자: "그렇다고 할 수 없습니다."

양화: "해와 달이 흘러가니, 세월은 나를 위하여 기다려 주지 않습니다."

공자: "알았습니다. 나는 장차 벼슬을 할 것입니다."

　　공자는 양화에게 벼슬을 하겠다고 말했지만, 양화의 밑에서 벼슬을 하기보다는 차라리 노나라를 잠시 떠나 있는 길을 택했다. 공자는 이웃의 제나라로 갔다. 공자가 "제나라가 한 번 변하면 노나라에 이르고, 노나라가 한 번 변하면 도에 이를 것이다."라고 말한 것을 보면, 공자가 제나라의 문화적 수준을 높이 평가한 것을 알 수 있다. 공자 자신이 "남과 사귀기를 잘한다."고 칭찬했던 안영(晏嬰)이 정사를 담당하고 있었던 것도 제나라를 택한 하나의 요인일 수 있다.

　　이때 제나라의 경공(景公)이 정치에　대해 묻자 공자는 정치란 "임금은 임금답고, 신하는 신하다우며, 아버지는 아버지답고, 자식은 자식다운 것입니다."라는 유명한 대답을 한다. 경공은 공자를 등용하려는 생각을 하고 있었으나, 유학자들이란 형식적인 예나 따질 뿐 나라를 다스리는 데는 그리 쓸모가 없을 것이라는 안영의 반대로 자신의 생각을 접고 만다.

　　제나라에 가서 공자가 가장 기뻤던 것은 순임금의 음악인 소(韶)를 들은 일이었다. 그 음악에 얼마나 심취했던지 공자는 그것을 배우는 삼개월 동안이나 고기 맛을 모를 정도였다고 한다. 그리고 안연이 나라를 다스리는 방법을 물었을 적에도 음악은 소(韶)를 쓰겠다고 하였다. 이처럼 공자는 음악에도 뛰어난 감수성을 지닌 사람이었다. 노래를 잘 하는 사람이 있으면 반드시 앙코르를 청하고 자신도 답가를 불렀다고 한다.

　　이렇게 지내는 동안 공자는 50세가 되었고, 정치투쟁에서 패배한 양화가 노나라에서 제나라로 망명하자 공자는 다시 노나라로 돌아온다.

50세: 하늘이 나에게 명한 일을 알다.

공자가 고국에 와서 맨 먼저 맞닥뜨린 사건은 공산불요의 반란 사건
이었다. 공산불요는 원래 양화와 함께 계씨의 가신이었는데, 비(費) 땅
을 근거로 반란을 일으키고 공자를 불렀다. 공자는 가고자 하였지만,
자로의 반대로 가지 못하고 말았다.

그러나 공자에게도 정치적 지도자로서 성장할 수 있는 기회가 왔다.
공자의 50대는 그의 인생에서 유일하게 실제로 정치에 종사했던 시절
이었고, 상당한 치적도 이루었다. 먼저 공자는 중도(中都)의 우두머리가
되었고, 거기에서 정치를 잘하여 사공(司空)이 되었다가, 다시 사구(司寇)
가 되었다. 사구를 할 때에 노나라와 제나라의 임금들의 회맹에 참여
하여 외교적 성공을 거두어 노나라가 제나라로부터 이전에 빼앗겼던
땅을 찾아오는 혁혁한 공을 세우기도 하였다.

노나라에서 어느 정도 정치적 위치를 갖게 되자 공자는 자로와 함
께 제후인 정공의 권위를 회복하고 세 대부들의 세력을 약화하고자 하
였다. 그들의 근거지에 세워진 강고한 성벽들을 우선 헐어버리려고 한
것이다. 이 일은 처음에는 순조롭게 진행되었으나, 결국은 실패하였
다. 공자는 다시금 자신의 나라를 떠나지 않을 수 없었다.

공자는 맨 처음 위나라로 갔다. 위나라에는 제자 자로의 처남인 안수
유(顔讐由)가 살고 있었다. 공자 일행은 안수유와 현인 거백옥(蘧伯玉)의
집에서 유숙하였다. 공자는 거백옥이 군자다운 사람이라고 인정하였
다. 위나라의 제후인 영공은 공자를 잘 대우해 주었지만, 그뿐으로 등

용할 생각은 없었다. 그의 부인인 남자(南子)는 행실이 좋지 않기로 소문이 난 사람이었는데, 공자가 이 사람을 만남으로써 자로의 불만을 사기도 하였다.

공자는 영공이 자신을 등용할 생각이 없다는 것을 알고 송나라로 향했는데, 도중에 정나라의 광(匡) 땅에서 양호(揚虎)로 오인을 받아 목숨이 위태롭기도 하였다. 뒤처진 안연이 죽었을지도 모른다고 공자가 생각할 만큼 상황이 급박했던 것으로 보인다. 그러나 공자는 주나라의 문화를 후세에 전달할 사명을 하늘이 자신에게 주었다고 자부하였으므로, "문왕이 이미 돌아가셨으니, 문화가 여기에 있지 아니한가? 하늘이 장차 이 문화를 없애려 하신다면 문왕보다 뒤에 죽는 사람인 내가 이 문화에 참여하지 못했을 것이다. 하늘이 이 문화를 없애려 하지 않으신다면, 광 땅 사람들이 나를 어떻게 하겠는가?"라고 두려워하지 않고 담대하게 말하였다. 자신이 50세에 "하늘이 나에게 명한 일을 알았다."고 한 것은 바로 이것을 말한 것이다. 공자는 정치적으로는 실패하였지만, 바로 이 사명을 충실히 이행하였기 때문에 바로 공자가 된 것이다.

송나라에서는 환퇴(桓魋)로부터 생명의 위협을 받고, 진나라에 있을 때에는 양식이 떨어져 따르던 사람들이 병들어 아무도 일어나지 못하였다. 자로가 성난 얼굴로 공자를 뵙고, "군자도 어려울 때가 있습니까?"라고 묻자, 공자는 "군자는 본래 어려운 것이니, 소인은 어려우면 넘친다."고 자로를 달랬다. 초나라에서는 은자(隱者)들인 접여(接輿), 장저(長沮), 걸익(桀溺), 하조장인(荷蓧丈人)의 조롱을 받으면서도 자신이 세상을 구하겠다는 꿈을 접지 않았다.

60세, 무엇을 들어도 거슬리지 않는다.

세상의 온갖 풍파를 겪은 공자는 이제 무슨 소리를 들어도 귀에 거슬리지 않았다. 정나라에서 자신을 상갓집 개와 같다고 표현한 사람에 대해서도 공자는 웃으면서 잘 보았다고 인정해주었다.

그러나 15년에 가까운 타국 생활은 공자를 힘들게 하였다. 공자는 귀국을 결심하였다. 염구를 비롯한 제자들이 계씨의 가신으로서 노나라의 정치에 직접 참여하고 있던 것도 물론 공자에게 고국으로 돌아갈 명분을 주었다. 이때의 심정을 공자는 다음과 같이 표현하였다.

돌아갈 것이로다! 돌아갈 것이로다! 우리 고을의 젊은이들은 뜻이 커서 빛나게 문장을 이루고도 마름질할 줄 알지 못하는구나!

68세가 되던 해에 공자는 고국 노나라로 돌아왔다. 이제 공자에게 남은 사명은 두 가지였다. 하나는 하늘로부터 받은 명령대로 주나라의 문화를 후세에 전하기 위해 경전을 정리하는 일이었고, 다른 하나는 제자들을 교육하는 일이었다. 공자는 가르침을 받고자 하는 사람은 누구나 다 받아들였다.

이것은 당시로써는 획기적인 일이었다. 귀족의 자제만 교육받을 권리가 있다고 누구나 생각하고 있었기 때문이다.

공자의 만년은 기쁨과 슬픔이 교차하였다. 천하의 영재들을 얻어 교육하는 것은 기쁜 일이었지만, 그들이 앞서서 세상을 떠나는 것은 견디기 어려울 만큼 슬픈 일이었다. 먼저 아들 공리가 세상을 떠났다. 공자는 슬퍼하면서 자식을 위해 덧관을 만들어주지 못한 것은 안타까워하였다. 다음으로는 가장 사랑하던 제자 안연이 죽었다.

공자는 "아, 하늘이 나를 망치는구나! 하늘이 나를 망치는구나!"라고 소리치며 통곡하였다. 공자는 안연이 죽은 후에도 늘 그를 그리워하며, "안타깝도다! 나는 그가 나아가는 것만을 보았고 멈추는 것을 보지 못하였다."라고 말하였으며, 계강자가 "제자 가운데 누가 배우기를 좋아합니까?"라고 물었을 때도 "안회라는 자가 있어 배우기를 좋아했었는데, 불행히도 명이 짧아 죽었습니다. 지금은 없습니다."라고 대답하였다. 마지막으로 공자에게 타격을 준 것은 자로의 죽음이었다. 자로는 위나라의 난리에 연관되어 죽임을 당하였는데, 제자이자 동생같이, 평생을 함께 하던 자로의 죽음은 공자에게 큰 아픔으로 다가왔다.

70세, 내 마음대로 해도 법도에 들어맞다.

70세에 이른 공자는 이제 무슨 말이나 행동을 하더라도 그것이 하늘과 사람의 도리에 어긋나지 않는 천인합일의 경지를 이루었다. 공자는 73세에 다음과 말을 남기고 세상을 떠났다.

> 태산이 무너지려나 보다.
> 대들보가 부러지려나 보다.
> 철인이 시들려는가 보다.

이 말은 공자 자신이 한 말이라기보다는 후대에 덧붙여진 말일 가능성이 많지만, 공자의 장엄한 죽음을 잘 묘사하고 있다. 제자들은 부모상을 치르듯이 3년 상을 치렀으며, 제자들이 떠난 후 자공은 3년을 더 있다가 공자의 묘소를 떠났다.

이런 스승과 이런 제자들은 공자 이전에도 없었고 공자 이후에도 없었으며, 앞으로도 없을 것이다.

곡부 공묘의 대성전

『맹자』「공손추」: 맹자가 말하였다. "사람이 이 지구상에 생겨난 이래로 공자와 같은 분은 있지 않았다."

3

공자의 제자들

『논어』를 읽자면 공자의 제자들에 대한 사전 정보를 가지고 있는 것이 좋을 것이다. 자주 등장하는 몇 명의 제자들을 아래에 소개한다. 안연과 자공은 앞에서 이미 소개했기 때문에 생략한다.

용맹한 자로

자로는 공자의 제자 가운데 가장 나이가 많아서 리더 역할을 했다고 생각된다. 선생님 공자와 아홉 살 차이밖에 나지 않았으므로 어찌 보면 형과 아우 같은 사이였다. 그래서 공자에게 충고하는 역할도 자로가 하고 때로는 항의하는 일도 자로가 맡았다. 공자가 반란을 일으킨 공산불요나 필힐에게 가려고 했을 때 반대한 것도 자로였고, 남자(南子)를 만났을 때, 그리고 진나라와 채나라 사이에서 어려움을 당했을 때 강력히 항의를 제기한 것도 자로였다.

자로는 용감한 사람이었고, 단순·솔직·담백한 사람이었다. 공자는 자로가 장군이 되기에 합당한 사람이라고 인정하였고, 자로가 등용되었을 때는 실제로 군사적인 일을 담당하였다. 공자는 자로의 장점을 인정하면서도 그의 용감함이 급한 성격으로 발로되는 것을 경계하고 고쳐주려고 애썼다. 언젠가 자로가 "선생님께서 군대를 지휘하신다면 누구와 함께하시겠습니까?"라고 물은 적이 있었다. 자로는 군대의 일이라면 분명 자기와 함께하겠다고 말해주길 기대하였을 것이다. 그러나 공자의 대답은 자로의 기대를 벗어나는 것이었다. 공자는 "호랑이를 맨손으로 때려잡고 황하를 맨발로 건너 죽어도 후회하지 않는 사람과는 내가 함께하지 않을 것이니, 반드시 일에 임하여 두려워하며 도모하기를 좋아해서 이루는 사람과 함께 할 것이다."라고 말한 것이다. 물론 공자가 군대를 지휘한다면 반드시 자로와 함께 했을 것이다. 그러나 공자가 생각하기에 자로는 부족한 점이 있었다. 공자는 자로가 그러한 단점을 보완해주기를 바랐다.

공자는 자로가 그 급하고 직선적인 성격 때문에 천수를 다 누리지 못할까를 걱정했는데, 실제로 자로는 위나라의 왕위 계승 다툼에 휩쓸려 목숨을 잃고 말았다. 후배인 고시(高柴)가 목숨을 바칠 만큼 명분이 서는 일이 아니라고 말렸음에도 그러하였다. 공자는 위나라에서 난리가 일어났다는 말을 듣고 자로의 죽음을 직감하였고, 안타깝게도 공자의 걱정은 현실이 되고 말았다.

현실주의자 염구

염구는 현실주의자였고, 정치적으로도 공자의 제자 가운데 가장 뛰어난 수완을 보인 제자였다. 현실주의자였으므로 자신의 장점과 단점에 대해서도 잘 파악하였고, 자신의 능력 밖의 일을 애써 시도하려 하지 않았다. 공자는 염구에 대해 이 점을 불만족스러워 했던 것으로 보인다.

> 염구가 말하였다. "선생님의 도를 좋아하지 않는 것은 아니지만 힘이 충분하지 못합니다." 공자가 말하였다. "힘이 충분하지 못한 사람은 중간에 그만두는데, 지금 너는 스스로 한계를 긋는구나."

염구는 자신의 능력이 모자란다고 인정했지만, 공자는 그건 노력해보지도 않고 스스로 한계를 긋는 것이라고 나무란 것이다. 그러나 염구의 입장에서는 공자가 너무 이상적이라서 현실성이 부족하다고 본 것 같다. 실제로 정치를 담당하고 있으면서도 현안에 대해 선생님 공자와 상의하지 않았고, 공자는 이에 대해 서운한 감정을 드러내었다.

> 염구가 조정에서 물러 나오자, 공자가 말하였다. "어찌하여 늦었
> 는가?" 대답하여 말했다. "정치에 관한 일이 있었습니다." 공자가
> 말하였다. "사사로운 일이었겠지. 만일 정치에 관한 일이 있었다
> 면, 비록 나를 등용하지 않았으나 내가 참여하여 들었을 것이다."

참으로 정치에 관한 일이라면 당연히 나와 상의해야 하지 않느냐는 공자의 항의인 것이다. 염구와 공자의 현실 정치에 대한 이러한 생각의 차이는 결국 세금 문제를 계기로 큰 갈등을 유발하게 된다. 염구가 계씨의 생각에 동조하여 세금을 올리자, 공자는 "염구는 우리 무리가 아니니, 여러분들이여, 북을 울리며 성토해도 좋다."고까지 말하였다.

노력하는 제자 자하

자공이 자장과 자하 가운데 누가 나은가 물었을 때 공자는 "자장은 지나치고, 자하는 미치지 못한다."고 대답하였다. 자하의 어떤 점이 부족한지 적시하지는 않았지만, 스승 공자의 눈에 자하는 부족한 점이 많은 제자로 보였던 것을 분명한 것 같다. 그러나 자하는 꾸준히 노력하는 사람이었다.

자하가 정치에 대해 물었을 때 공자는 "빨리하려고 하지 말고, 조그만 이익을 보지 말아야 한다. 빨리하려고 하면 잘되지 않고, 조그만 이

익을 보면 큰일이 이루어지지 않는다."고 말해주었다. 자하는 공자의
이 말을 늘 잊지 않고 지켰던 것으로 보인다. 그것은 정치에서나 인격
수양의 면에서나 같았다. 자하 자신도 "배움을 넓게 하고 뜻을 독실하
게 하며, 간절히 묻고 가까이에서 생각하면 인이 그 가운데 있다."고 말
한 것을 보면 그는 자신의 주위에 있는 것들을 학문의 자료로 삼아 인
격을 완성하고 그것을 정치에 적용하려고 노력했던 것으로 보인다.

이러한 자하의 학문 태도는 어찌 보면 너무 작은 일에 치중하는 것으
로 보일 수 있다. 그래서 자유는 "자하의 제자들은 물 뿌리고 청소하며
응대하고 진퇴하는 예절에 대해서는 괜찮으나, 이는 말단이다. 근본적
인 것은 없으니, 어찌할 것인가?"라고 평가하기도 했던 것이다. 그러
나 자하는 빨리하려고 하지 않고 천천히 꾸준히 앞으로 나아가 공자의
높은 평가를 받는데까지 이르게 되었다.

> 자하가 물었다. "예쁜 웃음에 보조개가 있으며, 아름다운 눈동자
> 가 선명함이여! 흰색으로 꾸밈을 삼는다 하니, 무엇을 말한 것입니
> 까." 공자가 말하였다. "수놓는 일은 흰 실을 뒤에 놓는 것이다."
> "예가 뒤라는 말씀입니까." 공자가 말하였다. "나를 일으켜주는 사
> 람은 자하로다. 비로소 함께 시를 말할 수 있겠구나!"

선생님으로부터 "나를 일으켜주는 사람"이라는 평가를 받았으니, 크
게 인정을 받은 것이라고 할 수 있을 것이다. 자하는 이처럼 꾸준히 노
력하여 스승의 인정을 받은 제자였다.

스승과 닮았던 제자 유약

『논어』에서 유약을 유자라고 한 것을 보면 유약의 제자들이 『논어』의 편찬에 참여한 것을 분명한 것으로 보인다. 맹자에 의하면 공자가 세상을 떠난 후 제자들은 유약이 공자와 비슷하다고 하여 그를 스승으로 섬기려는 움직임이 있었지만, 증자의 반대로 무산되었다고 한다.

> 유자가 말하였다. "그 사람됨이 효성스럽고 우애가 있으면서 윗사람을 범하기를 좋아할 자가 드무니, 윗사람을 범하기를 좋아하지 않으면서 난을 일으키기를 좋아하는 사람은 있지 않다. 군자는 근본을 힘쓰니, 근본이 서면 도가 생기니 효성과 우애는 인(仁)을 행하는 근본일 것이다."

유약은 실천적인 학문 성향을 보인 것으로 생각된다. 그래서 스승 공자가 가르친 인을 행하는 방법은 멀리 있지 않고 바로 부모에게 효도하고 형제와 우애하는 것이라고 보았던 것이다. 아울러 그는 예의 실천을 강조했던 것으로 보이며, 그것도 한 번 세워진 예를 원칙적으로 지킬 것을 요구했던 것으로 보인다. 그는 원칙론자였다.

정치사상의 측면에서 그는 스승을 따라 백성이 나라의 근본이라는 생각을 가졌다. 애공이 유약에게 "올해 가뭄이 들어서 쓸 비용이 부족하니, 어떻게 해야 하겠는가?"라고 묻자, 유약은 "어찌하여 10분의 1 세금을 쓰지 않습니까?"라고 대답하였다. 애공은 어처구니가 없었을 것이다. 지금 10분의 2의 세금도 모자라서 세금을 올리면 어떠냐고 물은 것인데, 10분의 1의 세금을 쓰라고 하니 말이다. 그래서 애공이 "10분의 2 세금도 내가 오히려 부족한데, 어떻게 10분의 1 세금을 쓰겠는가?"라고 말하자, 유약은 "백성이 풍족하면 임금께서 누구와 더불어 부족하실 것이며, 백성이 풍족하지 못하다면 임금께서 누구와 더불어 풍족하시겠습니까?"라고 대답하였다. 정치의 요체는 임금이 백성과 그 즐거움과 어려움을 함께하는 것이라고 따끔하게 충고한 것이다. "백성이 어렵다면 임금도 그 어려움을 함께 나누어 가져야 합니다. 어찌 가뭄이 들어 백성들이 도탄에 빠졌는데, 임금 혼자 그 어려움을 벗어나고자 한다는 말입니까?" 이것이 유약이 애공에게 직접 하고 싶은 말이었을 것이다.

언변에 뛰어났던 재여

재여는 삼년상을 반대하고 일년상을 주장하면서 "3년의 상은 1년만 하더라도 너무 오래라고 할 것입니다. 군자가 3년 동안 예를 행하지 않으면 예가 반드시 무너지고, 3년 동안 음악을 익히지 않으면 음악이 반드시 무너질 것입니다. 묵은 곡식이 이미 다하고 새 곡식이 이미 오르며, 불씨를 만드는 나무도 바뀌니, 1년이면 그칠 만합니다."라고 하였다. 재여가 일년상을 주장하면서 그 근거로 1) 삼년상을 고집하면 예악이 무너질 것이라는 점, 2) 일 년이면 묵은 곡식이 다하고 새 곡식이 익으며, 불씨는 만드는 나무도 일 년이면 바뀌니, 일년상이 자연의 순환 과정에도 부합한다는 점을 든 것을 보면, 그가 언변에 뛰어났다는 공자의 평가가 적절했음을 알 수 있다.

그러나 재여는 언변에 뛰어난 대신 행동이 그 언변을 뒤따르지 못했던 것 같다. 그래서 공자는 "처음에는 내가 사람에 대해서 그 말을 듣고 그 행동을 믿었으나, 이제 내가 사람에 대해서 그 말을 듣고 그 행동을 살펴보게 되었으니, 재여 때문에 이를 고치게 되었다."라고 말하였다. 공자가 재여가 몇 번 자신의 말을 실천하지 못했다고 해서 이렇게 말하지는 않았을 것이고, 여러 차례 말과 실천이 어긋나는 점을 보고서 이렇게 말했을 것이다.

호기심 많은 번지

번지는 공자 학단의 전체적인 분위기와는 좀 어울리지 않는 생각을 가졌던 사람으로 보인다.

> 번지가 곡식 가꾸는 일을 배우기를 청하자 공자가 말하였다. "나는 곡식 가꾸는 늙은 농부만 못하다." 채소 가꾸는 일을 배우기를 청하자 말하였다. "나는 채소 가꾸는 늙은 농부만 못하다." 번지가 나가자 공자가 말하였다. "소인이구나, 번지여! 윗사람이 예를 좋아하면 백성들이 윗사람을 공경하지 않는 이가 없고, 윗사람이 정의를 좋아하면 백성들이 복종하지 않는 이가 없고, 윗사람이 믿음을 좋아하면 백성들이 감히 진실하게 하지 않는 이가 없는 것이다. 이렇게 되면 사방의 백성들이 아이를 포대기에 업고 올 것이니, 어찌 몸소 농사를 지을 필요가 있겠는가?"

번지는 공자 학단의 전체 분위기를 몰랐던 것일까? 그러지는 않았을 것이다. 그래서 조금 더 적극적으로 해설해본다면 번지는 공자에게 곡식 가꾸는 일이나 채소 가꾸는 것을 배우고 싶었던 것이 아니라, 그런 일도 가르칠 필요가 있는 것이라는 자신의 생각을 넌지시 알리고 싶어서 선생님께 질문한 것이 아니었을까?

공자의 도를 전한 증자

증자는 "나는 날마다 여러 번 내 몸을 살피니, '남을 위하여 일을 꾀하면서 진실하지 않은가?', '벗과 더불어 사귀면서 믿음직하지 아니한가?', '내가 익히지 않은 것을 전해주었는가?'이다."라고 말하였다. 증자는 이처럼 하루에도 여러 번 스스로 반성하는 사람이었으니, 매우 신중한 사람이었고 또한 내면적 수양에 집중한 사람이었음을 알 수 있다. 유학에서 내성외왕(內聖外王)을 강조하는데, 증자는 내성(內聖)을 강조한 사람이었다는 것이다. 그래서 청말의 강유위는 『논어』를 증자 계통에서 정리함으로써 『논어』가 내성을 매우 강조하는 책이 되었다고 분석하기도 하였다. 그것은 다음과 같은 증자의 말에서도 잘 드러난다. 증자가 세상을 떠나기 전에 제자들을 불러 모아 놓고 말하였다.

> 나의 발을 열어 보고 나의 손을 열어 보아라. 『시경』에 '전전긍긍하여, 깊은 연못에 임한 듯하고 엷은 얼음을 밟듯이 하라.'고 하였으니, 이제야 나는 어려움에서 벗어났음을 알겠구나, 제자들이여!

이를 보면 증자가 매우 신중한 사람임을 알 수 있는 동시에 그가 지극한 효자였다는 것을 알 수 있다. 그가 신중하게 세상을 살아간 것은 부모로부터 받은 몸을 손상하지 않고 온전히 지키기 위한 것이었기 때문이다. 그래서 『효경』이라는 책을 증자가 지었다고도 하는데, 확실한 것은 아니다.

공자가 세상을 떠난 뒤 자공이 6년 동안 공자의 묘소를 지키던 곳

『맹자』「등문공」: 맹자가 말하였다. "옛적에 공자가 별세하자, 3년이 지난 다음 문인들이 짐을 챙겨 장차 돌아갈 적에, 들어가서 자공에게 읍하고 서로 향하여 통곡하여 모두 목이 쉰 뒤에 돌아갔다. 자공은 다시 돌아와 묘 마당에 집을 짓고서 홀로 3년을 거처한 뒤에 돌아갔었다."

4

논어의 편찬과 주석서들

『논어』의 기본 자료가 되는 내용은 물론 공자의 제자들이 기록한 노트로부터 나왔을 것이다. 그리고 공자의 제자들에게도 경칭인 자(子)를 붙인 것으로 보면, 『논어』의 편찬은 공자의 재전제자(再傳弟子 : 제자의 제자)들 이후에 이루어진 것으로 보인다. 현재 우리가 보는 『논어』에서 유약을 유자, 증삼을 증자라고 한 것을 보면, 이들의 제자들이 『논어』의 편찬에 많이 관여한 것을 알 수 있다. 청말의 학자 강유위는 이들의 성향이 내적 수양으로 강조하는 사람들이었고, 그들이 『논어』를 편찬함으로써 내적 수양이 강조되고, 『논어』의 한 축이었을 외왕(外王) 부분, 즉 정치적 사회적 실천을 강조하는 부분은 축소되었을 것으로 추측하였다.

노나라에서 편찬이 이루어진 『논어』를 『노논어』, 제나라에서 편찬이 이루어진 『논어』를 『제논어』라고 불렀는데, 『제논어』는 『노논어』보다 두 편이 더 많은 22편으로 이루어져 있었다고 한다. 이 이후 한나라 때에 공자의 옛집에서 『고논어』가 발견됨으로써 한나라 초기에는 세 『논어』가 통용되었다. 전한 말에 장우(張禹)가 『노논어』를 중심으로 『제논어』를 합쳐서 20편의 『논어』를 만들어 『장우논어』를 편찬하였다. 청나라의 학자 최술은 그의 『수사고신록』에서 학문적으로 안목이 높지 않은 장우가 『논어』를 편찬하면서 많은 오류를 저질렀을 것이라고 비판하였다. 후한 말에는 정현이 이 『장우논어』를 중심으로 『고논어』를 참고하여 주석을 썼다고 한다. 그러므로 우리가 현재 보고 있는 『논어』는 『장우논어』가 기본이 된 것이라고 할 수 있다. 『논어』에 관한 이름난 주석서들로는 다음과 같은 것들이 있다.

논어주소

13경 주소에 포함되어 있으며, 위나라 하안(何晏)의 주에 송나라 형병 (邢昺)의 소를 단 것이다. 하안은 자신 이전의 여러 주석을 모아서『논어 집해』를 편찬하였는데, 이 책에서 후한의 공안국 · 포함 · 마융 · 정현, 위나라의 왕숙 · 진군 · 주생열의 견해를 소개하고 자신의 견해도 피력 하였다. 형병은 하안의『논어집해』에 소를 달고『논어주소』라고 이름을 지었다.

논어집주

주자의 사서집주 가운데 하나이며, 사서집주는 이전의 오경 중심에 서 사서 중심으로 바뀌는 전환을 이루기도 하였다. 주자는 유학의 도 가 공자-증자-자사-맹자로 이어졌다고 보고 이에 따라『논어』(공자)- 『대학』(증자)-『중용』(자사)-『맹자』(맹자)를 중시한 것이다. 주자는『논어집 주』를 쓰면서 자구(字句)에 얽매이기보다는 자신의 견해를 먼저 확실하 게 세우고 그에 따라 주석을 전개해 갔다고 할 수 있다. 이후 주자의 주석이 과거시험에서『논어』를 해석하는 기준이 됨으로써 동아시아에 서 절대적 권위를 누리게 된다. 지금까지도 우리나라에서는 한문교육 기관에서『논어』를 가르칠 때 주자의『논어집주』를 함께 가르치는 경우 가 많다.

논어정의

청나라의 유보남(劉寶楠)이 편찬을 시작하여 그의 아들 유공면(劉恭冕)이 완성한 책이다. 이전 학자들의 설을 널리 받아들이고, 고증을 매우 자세히 하고 있다. 『논어』 연구에서 청나라 고증학의 방법론을 잘 보여주는 책이라고 할 수 있다. 『논어』를 읽거나 연구하면서 의문을 해소하기 위해서는 반드시 함께 읽어야 할 책이다.

논어집석

정수덕(程樹德)이 편찬한 책인데, 가장 늦게 이루어졌으며, 따라서 이전의 주석들을 가장 많이 모아 놓고 있어서, 이 한 권만으로도 주석서의 역할을 거의 다 할 수 있겠다는 생각이 들 정도이다.

논어고금주

다산 정약용의 『논어』에 대한 주석서이다. 책 이름이 나타내는 것처럼 옛날로부터 당시까지의 주요 주석을 제시하고, 그 주석들에 대한 자신의 평가까지 제시하고 있는 책이다. 중국 주석들뿐만 아니라 일본 학자들의 주석까지 인용하고 있는 것을 보면 그의 학문적 열의를 느낄 수 있을 것이다. 2010년에 이지형 선생이 번역해서 출간하였다.

논어징

일본 에도시대의 고학파(古學派) 학자 오규 소라이(狄生徂徠)의 『논어』 주석서이다. 주자학을 비판하고 고학을 주장했던 학자답게 주자와는 다른 해석을 하고 있는 것을 많이 볼 수 있다. 『논어』 해석의 다양성을 보여준다는 점에서 의미가 있는 주석서라고 할 수 있다. 2010년에 역주자(임옥균) 등이 번역해서 출간하였다.

증자 사당

『논어』「태백」 : 증자가 병이 위중해지자 제자들을 불러 말하였다. "나의 발을 열어 보고 나의 손을 열어 보아라. 『시경』에 '전전긍긍하여, 깊은 연못에 임한 듯하고 엷은 얼음을 밟듯이 하라.'고 하였으니, 이제야 나는 어려움에서 벗어났음을 알겠구나, 제자들이여!"

고전의 향기 청고고아 (清古高雅)

論語
精讀

제2부

논어 정독

제一장 🍀 학이(學而)

누가 나를
알아주지 않아도

『논어』의 편 이름은
각 편의 맨 앞에 있는 글자를 따서 만들었다.
따라서 한 편의 내용이 하나의 주제를 갖고 편찬된 것이 아니다.
그래도 최대한 각 편의 특징을 드러내는 한 문장을 편 이름 다음에 넣어
독자들의 편의를 도모해 보도록 하였다.

1-01

子曰 學而時習之하니 不亦說乎아 有朋이 自遠方來하니 不亦樂乎아
자왈 학이시습지   불역열호   유붕   자원방래   불역낙호

人不知而不慍하니 不亦君子乎아
인부지이불온   불역군자호

 공자가 말하였다. "배우고 때에 맞추어 익히니 또한 기쁘지 않은가?
벗이 먼 곳으로부터 오니 또한 즐겁지 않은가? 남들이 알아주지 않더
라도 노여워하지 않으니 또한 군자답지 않은가?"

──── 1 학(學) 배우고 본받아서 자기의 것으로 만드는 것이다.

2 습(習) 새가 나는 것을 익히기 위해 날갯[羽]짓을 자주 하여 몸통의 흰색[白]이 드러나는 것이다. 이처럼 무엇인가를 익히기 위해 부지런히 되풀이하는 것이 바로 '습'이다.

3 붕(朋) 같은 길을 가는 사람.

4 온(慍) 노여워하다.

5 군자(君子) 도덕을 갖춘 사람으로, 도는 어떠한 원칙이고 덕은 그 도를 실천할 수 있는 능력이다.

해설 • 보통 이 문장 전체를 "~하면 ~하지 않겠는가?"라는 가정형으로 보지만, 공자가 자신의 경험을 술회하는 것으로 보아 "~하니 ~하지 않은가?"라는 현재형으로 풀이하였다.

•• '군자(君子)'가 명사로 쓰일 때는 덕을 이룬 사람에 대한 명칭이다. 그러나 여기에서 '군자(君子)'는 명사가 아니라 "군자답다"라는 형용사이다. '불(不)'은 형용사나 동사에 대한 부정이기 때문이다. 명사에 대한 부정은 '불(不)'이 아니라 '비(非)'이다.

1-02

有子曰 其爲人也孝弟오 而好犯上者鮮矣니 不好犯上이오
유 자 왈 기 위 인 야 효 제   이 호 범 상 자 선 의   불 호 범 상

而好作亂者未之有也니라 君子는 務本이니 本立而道生하나니 孝弟也者는
이 호 작 난 자 미 지 유 야   군 자 무 본   본 립 이 도 생   효 제 야 자

其爲仁之本與인저
기 위 인 지 본 여

유약이 말하였다. "그 사람됨이 효성스럽고 우애가 있으면서 윗사람을 범하기를 좋아할 자가 드무니, 윗사람을 범하기를 좋아하지 않으면서 난을 일으키기를 좋아하는 사람은 있지 않다. 군자는 근본을 힘쓰

니, 근본이 서면 도가 생기니 효도와 공손은 인(仁)을 행하는 근본일 것이다."

—— 1 유자(有子) 공자의 제자이니, 이름은 약(若)이다. 맹자의 의하면 공자가 세상을 떠난 후 제자들은 유약이 공자와 비슷하다고 하여 그를 스승으로 섬기려는 움직임이 있었다고 한다.

2 선(鮮) 드물다.

해설 • 위인지본(爲仁之本)은 "인의 근본이 된다."고 해석할 수도 있다. 다만 정자와 주자는 인이 근본이고 효도와 공손은 그 근본으로부터 나오는 것이라고 생각하였기 때문에 "인의 근본이 된다."고 해석하지 않고, "인을 행하는 근본이 된다"고 풀이한 것이다.

1-03

子曰 巧言令色이 鮮矣仁이니라
자 왈 교 언 영 색   선 의 인

공자가 말하였다. "말을 교묘하게 하며 얼굴빛을 꾸미는 사람 가운데는 드물도다, 어진 사람이!"

—— 1 교(巧) 교묘하게 하다.

2 영(令) 꾸미다.

해설 • "어진 사람이 드물다[仁鮮矣]"고 쓸 수 있는 문장인데, "드물도다, 어진 사람이[鮮矣仁]"이라고 써서 "드물다"는 말을 강조하였다.

1-04

¹曾子曰 吾日²三省吾身하노니 爲人謀而³不忠乎아
증 자 왈　오 일 삼 성 오 신　　　위 인 모 이 불 충 호

與朋友交而不信⁴乎아 傳不習乎아니라
여 붕 우 교 이 불 신 호　　전 불 습 호

　증삼이 말하였다. "나는 날마다 여러 번 내 몸을 살피니, '남을 위하여 일을 꾀하면서 진실하지 않은가?', '벗과 더불어 사귀면서 믿음직하지 아니한가?', '내가 익히지 않은 것을 전해주었는가?'

――― 1 증자(曾子) 공자(孔子)의 제자(弟子)이니, 이름은 삼(參)이고, 자(字)는 자여(子輿)이다.

　　2 삼(三) 꼭 세 번이라기보다는 여러 번이라는 뜻이다.

　　3 충(忠) 진실함으로, 자신의 속마음을 다 드러내는 것이다.

　　4 신(信) 믿음이 있는 것으로, 말한 것을 지키는 것이다.

해설　• 삼성(三省)을 주자는 세 가지로 살핀다고 풀이하였다.

　　•• 전불습호(傳不習乎)에 대해서는 여러 해석이 있다. 위에서처럼 전(傳)을 서술어로 보고 불습(不習)을 목적어로 본다면, "익히지 않은 것을 전해주었는가?"라고 해석할 수 있다. 전(傳)을 목적어를 강조하여 앞으로 뺀 것이라고 본다면, 불습(不習)이 서술어가 되어 "전해 받은 것을 익히지 않았는가?"라고 해석할 수 있다. 전이불습호(傳而不習乎)라는 문장에서 이(而)를 생략한 문장으로 본다면, "전해 받고서 익히지 않았는가?"라고 해석할 수 있다. 오규 소라이는 그의 『논어징』에서 전(傳)은 내가 스승에게 전해 받은 것이 아니라 내가 제자에게 전해주는 것을 말한다고 하여 "익히지 않은 것을 전해주었는가?"라는 해석을 지지하였다.

1-05

子曰 道¹千乘²之國하되 敬³事而信하며 節用而愛人하며 使民以時니라
자왈 도 천 승 지 국   경 사 이 신   절 용 이 애 인   사 민 이 시

공자가 말하였다. "일천 수레를 지닌 제후의 나라를 인도하는데, 일을 경건하게 하고 미덥게 하며, 쓰는 것을 절약하고 남을 사랑하며, 백성을 때에 맞게 부려야 한다."

1 도(道) 인도하는 것으로 도(導)와 같다.

2 천승(千乘) 전차 천대인데, 제후의 나라에서 제공하는 것이므로 '천승'은 '제후의 나라'를 가리키는 말로 쓴다.

3 경(敬) 외적으로는 사람이나 일을 공경하는 것이고, 내적으로는 마음을 집중하여 흩어지지 않게 하는 것이다.

해설 • 소라이는 "도천승지국(道千乘之國)"을 "천승의 나라에 길을 내는데"라고 해석하였다.

1-06

子曰 弟子入則孝¹하고 出則弟하며 謹而信하며 汎愛衆²하되 而親仁이니
자왈 제 자 입 즉 효   출 즉 제   근 이 신   범 애 중   이 친 인

行有餘力이어든 則以學文이니라
행 유 여 력   즉 이 학 문

공자가 말하였다. "제자는 집에 들어와서는 효도하고 집을 나가면 공손하며, 삼가고 미덥게 하며, 널리 사람들을 사랑하되 어진 사람을 친해야 하니, 행하고서 남은 힘이 있으면 글을 배운다."

    2 중(衆) 여러 사람.

해설 · 공자는 늘 글을 배우는 것보다 행동을 바르게 할 것을 앞세웠다.

1-07

1
子夏曰 賢賢易色하며 事父母하되 能竭其力하며 事君하되 能致其身하며
자 하 왈 현 현 이 색   사 부 모   능 갈 기 력   사 군   능 치 기 신

與朋友交하되 言而有信이면 雖曰未學이라도 吾必謂之學矣라하리라
여 붕 우 교   언 이 유 신   수 왈 미 학   오 필 위 지 학 의

　자하가 말하였다. "부부 사이에는 현명함을 현명하게 여기고 용모는 가볍게 여기며, 부모를 섬기되 그 힘을 다하며, 임금을 섬기되 그 몸을 바치며, 벗과 사귀되 말하고서 믿음이 있으면, 비록 배우지 못하였다고 말하더라도 나는 반드시 그가 배웠다고 말하겠다."

───　1 자하(子夏) 공자의 제자이니, 성은 복(卜)이고, 이름은 상(商)이다.

해설 · 주자는 '현현역색(賢賢易色)'이라고 읽고, "현명함을 현명하게 여기되 색을 좋아하는 마음과 바꾸며"라고 해석하였다.

1-08

1
子曰 君子不重則不威오 學則不固니라 主忠信하며
자 왈 군 자 부 중 즉 불 위   학 즉 불 고   주 충 신

無友不如己者오 過則勿憚改니라
무 우 불 여 기 자　　　과 즉 물 탄 개

　공자가 말하였다. "군자가 중후하지 않으면 위엄스럽지 않고 배움은 견고하지 못하다. 진실과 믿음을 주로하며, 자기보다 못한 이를 벗 삼지 말고, 허물이 있으면 고치기를 거리끼지 말아야 한다."

──── 1 고(固) 견고하다. 고루하다.

해설 • 학즉불고(學則不固)는 "배우면 고루하지 않다"고 해석할 수도 있다.

1-09

曾子曰 愼終追遠이면 民德이 歸厚矣리라
증 자 왈 신 종 추 원　　　민 덕　　귀 후 의

　증삼이 말하였다. "장례를 삼가고 먼 조상을 추모하면, 백성의 덕이 도타운 데로 돌아갈 것이다."

──── 1 종(終) 인생을 마치는 일, 곧 장례.
　　　 2 원(遠) 자신으로부터 먼 조상.

1-10

子禽이 問於子貢曰 夫子至於是邦也하여 必聞其政하나니 求之與아
자 금　문 어 자 공 왈 부 자 지 어 시 방 야　　　필 문 기 정　　　　구 지 여

抑與之與아 子貢曰 夫子는 溫良恭儉讓以得之니 夫子之求之也는
억 여 지 여   자 공 왈 부 자   온 양 공 검 양 이 득 지   부 자 지 구 지 야

其諸異乎人之求之與인저
기 저 이 호 인 지 구 지 여

  자금(子禽)이 자공에게 물었다. "선생님께서 이 나라에 이르러 반드시
그 정치를 들으시는데, 자신이 구한 것입니까? 아니면 허락한 것입니
까?" 자공이 말하였다. "선생님께서는 온화하며 선량하며 공손하며 검
소하며 사양하심으로 얻었으니, 선생님이 구하시는 것은 다른 사람들
이 구하는 것과는 다르실 것이다."

――― 1 자금(子禽) 공자의 제자로 성은 진(陳)이고, 이름은 항(亢)이다.
       2 자공(子貢) 공자의 제자로 성은 단목(端木)이고, 이름은 사(賜)이다.

1-11

子曰 父在에 觀其志오 父沒에 觀其行이니 三年을
자 왈 부 재   관 기 지   부 몰   관 기 행   삼 년

無改於父之道라야 可謂孝矣니라
무 개 어 부 지 도   가 위 효 의

  공자가 말하였다. "아버지가 계실 때는 아버지의 뜻을 살피고, 아버
지가 돌아가셨을 때는 아버지의 옛 행동을 살피는 것이니, 삼 년 동안
아버지의 도에 대해 고침이 없어야 효라고 말할 수 있을 것이다."

해설 ・ 觀其志, 觀其行에서 其를 어떻게 보느냐에 따라 해석이 달라진다. 其를
        아버지로 본다면 아버지의 뜻과 행동을 보는 것이고, 其를 아들로 본 다면

아들의 뜻과 행동을 보는 것이다. 문장으로만 본다면 其는 앞의 명사를 받으므로 父를 받는 것이 맞지만, 효에 대한 내용이므로 其가 아들을 받는 것이라고 볼 수도 있다.

1-12

有子曰 禮之用和爲貴하니 先王之道斯爲美라 小大由之니라 有所不行하니
유 자 왈 예 지 용 화 위 귀　　선 왕 지 도 사 위 미　　소 대 유 지　　　유 소 불 행

知和而和오 不以禮節之면 亦不可行也니라
지 화 이 화　　불 이 예 절 지　　역 불 가 행 야

　유약이 말하였다. "예는 조화를 귀하게 여기니, 선왕의 도는 이를 아름답게 여긴다. 작고 큰 일이 이를 따른다. 행하지 못할 일이 있으니, 조화를 알아서 조화하기만 하고 예로써 절제하지 않으면 또한 실행하지 못할 것이다."

해설　· 禮之用和爲貴에서 用은 以와 같다. 以A爲B는 A를 가지고 B로 삼다(여기다)는 뜻이므로, 조화를 귀한 것으로 여긴다는 말이다. 주자는 用을 體用의 用으로 보아 '예의 작용'으로 해석했다.

1-13

有子曰 信近於義면 言可復也며 恭近於禮면 遠恥辱也며
유 자 왈 신 근 어 의　　언 가 복 야　　공 근 어 례　　원 치 욕 야

因不失其親이면 亦可宗也니라
인 불 실 기 친　　역 가 종 야

유자가 말하였다. "믿음이 의에 가까우면 말을 실천할 수 있으며, 공손함이 예에 가까우면 치욕을 멀리할 수 있으며, 따르는 데 친할 만한 사람을 잃지 않으면 또한 으뜸으로 삼을 수 있을 것이다."

———— 1 복(復) 말을 실천하다.
2 인(因) 따르고 의지하다.

해설 · 인(因)에 대해서는 여러 해석이 있다. 주자는 다른 나라에 갔을 때 의지하여 주인으로 삼는 일로 보았다. 다산은 단순히 '계속해서'라는 의미를 갖는 접속사로 보았다. 소라이는 인(姻)과 같은 뜻을 갖는 글자로 보고 因不失其親을 "인척과 친하면서도 친족을 잃지 않는다면"이라고 해석하였다.

1-14

子曰 君子食無求飽하며 居無求安하며 敏於事而愼於言이오
자 왈 군 자 식 무 구 포   거 무 구 안   민 어 사 이 신 어 언

就有道而正焉이면 可謂好學也已니라
취 유 도 이 정 언   가 위 호 학 야 이

공자가 말하였다. "군자가 먹음에 배부름을 구하지 않으며, 거처함에 편안함을 구하지 않으며, 일에 민첩하며, 말에 대해 삼가고, 도를 가진 사람에게 나아가 바로잡으면 배움을 좋아한다고 말할 만하다."

———— 1 유도(有道) 도를 가진 사람.
2 정(正) 바로잡다.

1-15

子貢曰 貧而無諂하며 富而無驕하면 何如하니이까 子曰 可也나
자 공 왈 빈 이 무 첨   부 이 무 교   하 여   자 왈 가 야

未若貧而好樂하며 富而好禮者也니라 子貢曰 詩云 如切如磋¹하며
미 약 빈 이 호 악   부 이 호 예 자 야   자 공 왈 시 운 여 절 여 차

如琢如磨라하니 其斯之謂與인저 子曰 賜也는 始可與言詩已矣로다
여 탁 여 마   기 사 지 위 여   자 왈 사 야   시 가 여 언 시 이 의

告諸往而知來者온여
고 저 왕 이 지 래 자

  자공이 말하였다. "가난하여도 아첨함이 없으며 부유하여도 교만함
이 없으면 어떻습니까?" 공자가 말하였다. "괜찮으나 가난해도 음악
을 좋아하며, 부유해도 예를 좋아하는 사람만 같지 못하다." 자공이 말
하였다. "『시경』에 말하기를 '자르는 듯하고 가는 듯하며, 쪼는 듯하고
가는 듯하도다'라고 했으니 이것을 말한 것이겠지요." 공자가 말하였
다. "자공과는 비로소 함께 시를 말할 만하다. 지난 일을 알려주니 오
는 일을 아는구나!"

─── 1 절차탁마(切磋琢磨) 나무나 돌을 자르고 쪼고 가는 일. 학문하는 일을 비유
　　　한다.

해설　· 『논어』 원문은 "未若貧而樂, 富而好禮者也"로 되어 있으나, 문맥을 볼 때
　　　호악(好樂), 호예(好禮)로 보는 것이 옳다는 소라이의 견해를 받아들여 위
　　　와 같이 해석하였다.

1-16

子曰 不患人之不己知오 患不知人也니라
자 왈 불 환 인 지 불 기 지   환 부 지 인 야

　공자가 말하였다. "남이 자기를 알아주지 못함을 걱정하지 말고, 남을 알지 못함을 걱정해야 한다."

증삼의 묘소

『논어』「학이」 : 증삼이 말하였다. "나는 날마다 여러 번 내 몸을 살피니, '남을 위하여 일을 꾀하면서 진실하지 않은가?', '벗과 더불어 사귀면서 믿음직하지 아니한가?', '내 가 익히지 않은 것을 전해주었는가?'이다."

제 2 장

위정(爲政)

효도는 사람만이
할 수 있기에 귀하다

2-01

子曰 爲政以德이 譬如北辰이 居其所요 而衆星이 共之니라
자 왈 위정이덕 비여북신 거기소 이중성 공지

공자가 말하였다. "덕으로 정치하는 것은 비유하자면 북극성은 제자
리에 머물러 있고 뭇 별이 그것을 중심으로 도는 것과 같다."

———— 1 북신(北辰) 북극성(北極星).
    2 기소(其所) 그의 자리. 제자리.
    3 공지(共之) 공(共)은 공유한다는 뜻이다. 일정한 점에서 동일한 거리에 있는
      점들이 모인 것이 원이고, 원의 모든 점은 원 중심의 한 점을 공유한다. 이와
      같이 모든 별들이 북극성을 중심으로 돈다.
해설 • 공자는 법과 형벌에 의존하는 정치보다는 예와 덕을 앞세우는 정치를 선
      호하였다. 이는 이후 유가의 기본적인 정치철학이 되었다.

2-02

子曰 詩三百을 一言以蔽¹之하니 曰思無邪니라
자 왈 시 삼 백   일 언 이 폐 지   왈 사 무 사

　공자가 말하였다. "『시경』삼 백편을 한 마디의 말로 표현할 수 있으
니, '생각에 간사함이 없다'는 말이다."

─── 1 폐(蔽) 덮는다. 솥뚜껑이 솥을 완전히 덮어 가리는 것처럼, 한 마디 말로 『시
　　　경』의 시 삼백 편 전체의 내용을 대표할 수 있다는 말이다.

해설　• "생각에 간사함이 없다"는 말은 원래 『시경(詩經)·노송(魯頌)』『구편駉
　　　篇)』에 나온다. 『시경』의 시 삼백 편 전체의 내용은 모두 사람의 감정을 속
　　　이지 않고 있는 그대로 드러내었다는 공자의 말이다.

2-03

子曰 道¹之以政하고 齊之以刑이면 民免而無恥니라 道之以德하고 齊之以禮
자 왈 도 지 이 정   제 지 이 형   민 면 이 무 치   도 지 이 덕   제 지 이 례

면 有恥且格²이니라
　유 치 차 격

　공자가 말하였다. "정치로 인도하고 형벌로 가지런히 하면 백성이
벌을 면하기만 하고 부끄러움은 없다. 덕으로 인도하고 예로 가지런히
하면 부끄러움이 있고 또한 바르게 될 것이다."

─── 1 도(道) 인도하다[導].
　　　2 격(格) 바르다[正]. 이르러온다[至]는 뜻도 있다.

해설　• 격(格)은 격자창(格子窓)이라고 하는데서 알 수 있듯이 네모반듯하다는
　　　뜻이다. 또한 『시경·대아』「억」편에서 "신이 이르러온다[神之格思]"라고
　　　했듯이 "이르러온다"는 뜻도 갖고 있다. 그래서 『대학』의 격물(格物)을 해
　　　석하면서도 주자는 "대상에 이르러간다"고 해석하였고, 양명은 "대상을 바
　　　로 잡는다"라고 달리 해석하였다.

2-04

子曰 吾十有五而志于學하고 三十而立하고 四十而不惑하고
자 왈 오 십 유 오 이 지 우 학　　삼 십 이 립　　사 십 이 불 혹

五十而知天命하고 六十而耳順하고 七十而從心所欲하여 不踰矩[1]라
오 십 이 지 천 명　　육 십 이 이 순　　칠 십 이 종 심 소 욕　　불 유 구

　공자가 말하였다. "나는 열다섯 살이 되어 배움에 뜻을 두었고 서른
살이 되어 자립하였으며, 마흔 살이 되어 의심하지 않았고 쉰 살이 되
어 천명을 알았으며, 예순 살이 되어 귀로 듣는 것이 순조로웠고 일흔
살이 되어 마음이 하고자 하는 것을 따라도 법도를 넘지 않았다."

──── 1 구(矩) 원래를 네모를 그리는 자인데, 여기서는 법도를 의미한다.

2-05

孟懿子問孝[1]한대 子曰 無違니라 樊遲御[2]러니 子告之曰 孟孫이 問孝於我어늘
맹 의 자 문 효　　자 왈 무 위　　번 지 어　　자 고 지 왈 맹 손　　문 효 어 아

我對曰 無違라호라 樊遲曰 何謂也이까 子曰 生事之以禮하며 死葬之以禮
아 대 왈 무 위　　번 지 왈 하 위 야　　자 왈 생 사 지 이 례　　사 장 지 이 례

하고 祭之以禮니라
제 지 이 례

맹의자(孟懿子)가 효에 대해서 묻자 공자가 말하였다. "어김이 없어야 합니다." 번지(樊遲)가 수레를 몰았는데 공자가 그에게 고해주었다. "맹의자가 나에게 효를 묻기에 내가 대답하기를 '어김이 없어야 한다'고 말하였다." 번지가 말하였다. "무엇을 말씀하신 것입니까" 공자가 말하였다. "살아계셔서는 예로 섬기며, 돌아가셔서는 예로 장례지내고 예로 제사지내는 것이다."

───
1 맹의자(孟懿子) 노(魯)나라의 대부로 중손씨(仲孫氏)이고 이름이 하기(何忌)이다. 의(懿)는 시호이다.
2 번지(樊遲) 공자의 제자로 이름은 수(須)이다.

해설 · 공자가 맹의자에게 어기지 말라고 한 것은 부모의 말을 어기지 말라는 말이 아니라 예를 어기지 말라는 말이었다. 무조건 부모의 말을 어기지 않고 따르는 것이 효가 아니라, 예에 맞게 섬기는 것이 효라는 말이다.

2-06

1
孟武伯이 問孝한대 子曰 父母엔 唯其疾之憂니라
맹 무 백   문 효   자 왈 부 모   유 기 질 지 우

맹무백이 효에 대해 묻자 공자가 말하였다. "부모님에 대해서는 오직 그 질병을 걱정하는 것입니다."

───
1 맹무백(孟武伯) 맹의자의 아들로 이름은 체(彘)이다.

해설 · 주자는 "부모가 자식을 사랑하는 마음은 이르지 않는 데가 없으나, 오직

자식에게 질병이 있을까 염려하여 항상 근심함을 말한 것이다. 자식이 이 것을 체득하여 부모의 마음으로 자기의 마음을 삼는다면, 어찌 효를 행하지 않을 수 있겠는가?"라고 하여 부모가 자식의 질병을 근심하는 것으로 풀이하였다.

·· 기(其)를 부모 자신으로 보고 자신이 질병에 걸려 자식에게 부담이 될까 걱정한다고 풀이하기도 한다.

2-07

1
子游問孝한대 子曰 今之孝者는 是謂能養이니 至於犬馬하여도
자 유 문 효   자 왈 금 지 효 자   시 위 능 양   지 어 견 마

皆能有養이니 不敬이면 何以別乎리오
개 능 유 양   불 경   하 이 별 호

자유가 효에 대해 묻자 공자가 말하였다. "지금의 효라고 하는 것은 길러줄 수 있는 것을 말하는데, 개와 말에 이르러서도 모두 길러 줄 수 있으니, 공경하지 않으면 무엇을 가지고 구별하겠는가?"

―――― 1 자유(子游) 공자의 제자로 성은 언(言)이고, 이름은 언(偃)이다.

해설 · "개와 말에 이르러서도 모두 사람을 봉양할 수 있다."고 해석하는 경우도 있다. 그러나 "사람이 개와 말을 기른다(봉양한다)[人能養犬馬]"고 할 수는 있지만, "개와 말이 사람을 기른다(봉양한다)[犬馬能養人]"고는 할 수 없을 듯하다.

2-08

子夏問孝한대 子曰 色難¹이니 有事어든 弟子²服³其勞하고
자 하 문 효　　자 왈 색 난　　유 사　　제 자 복 기 노

有酒食어든 先生饌⁴이 曾是以爲孝乎아
유 주 사　　선 생 찬　　증 시 이 위 효 호

　자하가 효에 대해 묻자 공자가 말하였다. "얼굴빛을 보는 것이 어려
우니, 부모에게 일이 있으면 아우와 자녀가 그 수고로움을 대신하고,
술과 밥이 있으면 아버지나 형이 드시도록 하는 것, 도대체 이것을 가
지고 효라고 할 수 있다는 말인가?"

―――　1 색난(色難) 아버지와 형의 얼굴빛을 보고 그 뜻을 판단하는 것이 어렵다는
　　　　말이다.
　　　2 제자(弟子) 아우와 자녀.
　　　3 복(服) 대신한다.
　　　4 선생(先生) 먼저 세상에 태어난 분들. 여기서는 제자(弟子)와 상대되는 아버
　　　　지와 형을 가리킨다.
해설　· 색난(色難)은 "아우와 자녀가 얼굴빛을 부드럽게 갖는 것이 어렵다"고
　　　　풀이하기도 한다.

2-09

子曰 吾與回言¹에 終日不違如愚러니 退而省其私한대 亦足以發²하나니
자 왈 오 여 회 언　　종 일 불 위 여 우　　퇴 이 성 기 사　　역 족 이 발

回也不愚로다
회 야 불 우

공자가 말하였다. "내가 안회와 말하는데 하루가 다 가도록 내 말을 어기지 않아서 어리석은 사람인 듯하였는데, 물러간 뒤 그 사생활을 살펴보니 또한 충분히 밝혀 실천하고 있으니, 안회는 어리석지 않다!"

―――― 1 안회(顔回) 공자의 제자이니, 성은 안(顔)이고, 자는 자연(子淵)이다.
2 발(發) 밝혀 실천한다.

해설 • 안회는 이론적으로 따져 묻기보다는 묵묵히 실천하는 제자였다는 공자의 말이다.

2-10

子曰 視其所以하고 觀其所由하며 察其所安이면
자 왈 시 기 소 이   관 기 소 유   찰 기 소 안

人焉廋哉리오 人焉廋哉리오
인 언 수 재   인 언 수 재

공자가 말하였다. "무엇을 가지고 하는지를 보고, 무엇을 따르는지를 살피며, 무엇을 편안하게 여기는지를 관찰하면, 그 사람이 어디에 숨겠는가? 그 사람이 어디에 숨겠는가?"

해설 • "무엇을 가지고 하는지를 본다."는 것을 그 사람이 일을 할 때 취하는 수단이나 방법이 정당한지를 본다는 것이다. "무엇을 따르는지를 살핀다."는 것은 그 사람이 어떤 목표를 따라 살아가고 있는지를 살핀다는 것이다. "무엇을 편안하게 여기는지를 관찰한다."는 것은 그 사람의 현재 능력이 무엇을 가장 편안하고 자연스럽게 할 수 있는지를 관찰한다는 것이다. 이렇게 관찰한다면 그 사람을 판단할 수 있으므로, 그 사람은 자기 자신을 숨길 수 없게 된다.

2-11

子曰 溫故而知新이면 可以爲師矣니라
자 왈 온 고 이 지 신   가 이 위 사 의

　공자가 말하였다. "옛것을 익히고 새것을 알면 스승이 될 수 있다."

해설　·온고지신(溫故知新)이라는 고사성어가 여기에서 나왔다.

2-12

子曰 君子는 不器니라
자 왈 군 자   불 기

　공자가 말하였다. "군자는 그릇 노릇을 하지 않는다."

해설　·그릇은 아무리 크더라도 한계가 있다. "그릇 노릇을 하지 않는다."는 것
　　　은 한 분야에 국한되지 않는다는 의미이다. 옛날의 군자가 하는 역할은 주
　　　로 정치적 지도자였기 때문에 한 분야의 전문가보다는 사람을 조직하고 사
　　　회를 통합하며 국가를 이끄는 통합적 안목과 능력이 요구되었다.

2-13

子貢이 問君子한대 子曰 先行其言이오 而後從之니라
자 공   문 군 자   자 왈 선 행 기 언   이 후 종 지

　자공이 군자에 대해 묻자 공자가 말하였다. "먼저 그 말을 행하고 뒤

에 따르는 것이다."

2-14

子曰 君子는 周而不比하며 小人은 比而不周니라
자 왈 군 자　　주 이 불 비　　　소 인　　비 이 부 주

　공자가 말하였다. "군자는 두루 사귀고 편을 가르지 않으며, 소인은
편을 가르고 두루 사귀지 않는다."

―――　**1** 주(周) 두루 사귀다.
　　　　2 비(比) 편을 가르다.

2-15

子曰 學而不思則罔하고 思而不學則殆니라
자 왈 학 이 불 사 즉 망　　　사 이 불 학 즉 태

　공자가 말하였다. "배우기만 하고 생각하지 않으면 사리에 어둡고,
생각만 하고 배우지 않으면 위태롭다."

2-16

子曰 攻乎異端이면 斯害也已니라
자 왈 공 호 이 단   사 해 야 이

공자가 말하였다. "다른 학술을 공격하면 해로울 뿐이다."

―――― 1 공(攻) 공격하다.

2 이단(異端) 자신의 학술과는 다른 학술.

해설 · 공(攻)을 주자는 전공하는 것으로 풀이하였다.

2-17

子曰 由아 誨女知之乎인저 知之爲知之오 不知爲不知 是知也니라
자 왈 유   회 여 지 지 호   지 지 위 지 지   불 지 위 불 지 시 지 야

공자가 말하였다. "중유(仲由)야. 너에게 안다는 것을 가르쳐 주겠다. 아는 것을 안다고 하고 모르는 것을 모른다고 하는 것, 이것이 아는 것이다."

―――― 1 유(由) 공자의 제자로, 성은 중(仲)이고, 자는 자로(子路)이다.

2-18

子張이 學干祿한대 子曰 多聞闕疑오 愼言其餘則寡尤며 多見闕殆오
자 장   학 간 록   자 왈 다 문 궐 의   신 언 기 여 즉 과 우   다 견 궐 태

愼行其餘則寡悔니 言寡尤하며 行寡悔면 祿在其中矣니라
신 행 기 여 즉 과 회   언 과 우   행 과 회   녹 재 기 중 의

　자장이 봉록을 구하는 방법을 배우려 하자 공자가 말하였다. "많이 듣고 의심스러운 부분을 놓아두고 그 나머지를 삼가서 말하면 허물이 적으며, 많이 보고 위태로운 것을 놓아두고 그 나머지를 삼가서 실행하면 후회하는 일이 적을 것이니, 말에 허물이 적으며 실행에 후회하는 일이 적으면 봉록이 그 가운데 있다."

───── 1 자장(子張) 공자의 제자로, 성은 전손(顓孫)이고, 이름은 사(師)이다.
　　　2 간(干) 구하다.
　　　3 녹(祿) 벼슬하는 사람이 받는 봉록.
　　　4 궐(闕) 그대로 놓아두다.

2-19

哀公이 問曰 何爲則民服이니이까 孔子對曰 擧直錯諸枉則民服하고
애 공   문 왈 하 위 즉 민 복   　공 자 대 왈 거 직 조 저 왕 즉 민 복

擧枉錯諸直則民不服이니이다
거 왕 조 저 직 즉 민 불 복

　애공이 물었다. "무엇을 행하면 백성이 복종합니까." 공자가 대답하였다. "정직한 사람을 들어서 굽은 사람 위에 두면 백성이 복종하고, 굽은 사람을 들어서 정직한 사람 위에 두면 백성이 복종하지 않습니다."

───── 1 조(錯) 놓아둔다.

해설 • 이 문장은 '諸'를 어떻게 해석하는가에 따라 달라질 수 있다. '諸'를 '지어 (至於)'의 준말인 '저(諸)'로 본다면 위와 같이 해석할 수 있다. '諸'를 여럿 이라는 뜻의 '제(諸)'로 본다면 "정직한 사람을 들어 쓰고 굽은 사람을 놓아 두면 백성이 복종하고, 굽은 사람을 들어 쓰고 정직한 사람을 놓아두면 백 성이 복종하지 않습니다."라고 해석할 수 있다.

2-20

1
季康子問 使民敬忠以勸하되 如之何리이까 子曰 臨之以莊則敬하고
계 강 자 문 사 민 경 충 이 권   여 지 하   자 왈 임 지 이 장 즉 경

孝慈則忠하고 擧善而敎不能則勸이니다
효 자 즉 충   거 선 이 교 불 능 즉 권

　계강자가 물었다. "백성으로 하여금 공경하고 충성스럽게 하며 이것 을 권면하게 하려는데, 어떻게 하면 되겠습니까?" 공자가 말하였다. "엄숙하게 대하면 공경하고, 효도하고 자애하면 충성하고, 잘 하는 사 람을 들어 쓰고 잘 못하는 사람을 가르치면 권면될 것입니다."

―――　1 계강자(季康子) 노나라 대부인 계손씨(季孫氏)이다. 이름은 비(肥)이고, 시호 는 강(康)이다.

2-21

1
或謂孔子曰 子는 奚不爲政이니이까 子曰 書云孝乎인저 惟孝하며 友于兄弟
혹 위 공 자 왈 자   해 불 위 정   자 왈 서 운 효 호   유 효   우 우 형 제

하여 施於有政이라하니 是亦爲政이니 奚其爲爲政이리오
시 어 유 정　　　　시 역 위 정　　　해 기 위 위 정

　어떤 사람이 공자에게 말했다. "선생님께서는 어찌하여 정치를 하지 않습니까?" 공자가 말하였다 "『서경』에 효를 말하기를 '효도하며 형제 간에 우애하여 정치에 베푼다'고 하니, 이것이 또한 정치를 하는 것이다. 어찌하여 벼슬해서 정치하는 것만이 정치이겠는가?"

──　1 서(書)『서경』. 가장 먼저 글로 써졌기 때문에 서(書)로 부른 것으로 생각된다.

2-22

子曰 人而無信이면 不知其可也로다 大車無輗하며
자 왈 인 이 무 신　　　부 지 기 가 야　　　대 거 무 예

小車無軏이면 其何以行之哉리오
소 거 무 월　　　기 하 이 행 지 재

　공자가 말하였다. "사람이면서 믿음이 없으면 사람이 될 수 있을지 알지 못하겠다. 큰 수레에 끌채 끝이 없고 작은 수레에 끌채 끝이 없으면 무엇을 가지고 갈 수 있겠는가?"

──　1 예(輗)・월(軏) 수레 끌채의 끝 부분으로 말의 멍에에 연결한다.

해설　・믿음이 사람이 사람일 수 있는 가장 핵심적인 요소라는 공자의 말이다.

2-23

子張이 問十世를 可知也이까 子曰 殷因於夏禮하니 所損益을
자 장　문 십 세　가 지 야　　자 왈 은 인 어 하 례　　소 손 익

可知也며 周因於殷禮하니 所損益을 可知也라 其或繼周者면
가 지 야　주 인 어 은 례　　소 손 익　가 지 야　기 혹 계 주 자

雖百世라도 可知也니라
수 백 세　　가 지 야

　자장이 물었다. "십세를 알 수 있습니까?" 공자가 말하였다. "은나라
는 하나라의 예를 따랐으니 덜고 더한 것을 알 수 있으며, 주나라는 은
나라의 예를 따랐으니 덜고 더한 것을 알 수 있다. 혹 주나라를 계승하
는 자가 있다면 비록 백세 뒤의 일이라도 알 수 있다."

―――　1 인(因) 따르다.

해설　· 중국의 고대 국가가 하나라-은나라-주나라 순으로 이어졌기 때문에 이
　　　렇게 말한 것이다.

2-24

子曰 非其鬼而祭之諂也오 見義不爲無勇也니라
자 왈 비 기 귀 이 제 지 첨 야　견 의 불 위 무 용 야

　공자가 말하였다. "제사 지낼 귀신이 아닌데 제사 지내는 것은 아첨
이고, 옳은 일을 보고서도 하지 않는 것은 용기가 없는 것이다."

수레의 모습

『논어』「위정」: 공자가 말하였다. "사람이면서 믿음이 없으면 사람이 될 수 있을지 알지 못하겠다. 큰 수레에 끌채 끝이 없고 작은 수레에 끌채 끝이 없으면 무엇을 가지고 갈 수 있겠는가?"

제 3 장

팔일(八佾)

예란 무엇이며,
음악이란 무엇인가?

3-01

孔子謂季氏¹하되 八佾²로 舞於庭하니 是可忍也면 孰不可忍也리오
공자위계씨   팔일   무어정   시가인야   숙불가인야

공자가 계씨에 대해 말하였다. "팔일로 뜰에서 춤을 추니, 이를 차마
한다면 무엇을 차마 하지 못하겠는가?"

---

 1 계씨(季氏) 노나라의 대부인 계손씨(季孫氏)이다.
 2 일(佾) 춤추는 행렬로, 천자는 8인이 8행으로 총 64명이고, 천자의 신하인
  제후는 6인 6행으로 총 36명이며, 제후의 신하인 대부는 4인 4행으로 총 16
  인이다.

해설 • 노나라의 대부인 계씨가 천자가 쓰는 춤인 팔일무를 자기 집안 사당 뜰
    에서 춤을 추게 한 것에 대해 비판한 것이다.

3-02

¹ ^{2 3} ⁴
三家者以雍徹이러니 子曰 相維辟公이어늘
삼 가 자 이 옹 철　　　자 왈 상 유 벽 공

天子穆穆을 奚取於三家之堂고
천 자 목 목　　해 취 어 삼 가 지 당

　삼가(三家)의 사람이 옹(雍)으로 제사를 마치니, 공자가 말하였다. "'돕
는 이는 제후인데 천자는 온화한 모습이로다'라는 내용을 어찌 삼가의
집에서 취할 것인가?"

──── 1 삼가(三家) 노나라 대부로 실권을 장악하고 있던 맹손씨, 숙손씨, 계손씨.
　　　 2 옹(雍) 『시경』 「주송(周頌)」의 편명으로 천자가 제사를 마칠 때 연주하던 음
　　　　 악. 『시경』에는 원래 곡조가 있었는데, 현재는 가사만 남아있는 것이다.
　　　 3 철(徹) 제사를 마치고 진설하였던 제기 등을 거두는 것이다.
　　　 4 상(相) 여기서는 "돕는다"는 뜻이다.

해설　• 노나라 대부로 실권을 장악하고 있던 맹손씨, 숙손씨, 계손씨가 천자가
　　　 제사를 마칠 때 연주하던 음악인 옹(雍)을 연주하면서 자기들의 제사를 마
　　　 치자 공자가 그에 대해 비판한 것이다. 공자가 「옹(雍)」 시의 내용을 빌려
　　　 서 비판하는 모습이 인상적이다.

3-03

子曰 人而不仁이면 如禮何며 人而不仁이면 如樂何오
자 왈 이 불 인　　 여 례 하　 인 이 불 인　　 여 악 하

　공자가 말하였다. "사람이면서 어질지 않으면 예는 무엇 하며, 사람
이면서 어질지 않으면 음악은 무엇 하겠는가?"

3-04

林放이 問禮之本한대 子曰 大哉라 問이여
임방   문 예 지 본   자왈 대 재   문

禮與其奢也론 寧儉이오 喪與其易也론 寧戚이니라
예 여 기 사 야   영 검   상 여 기 이 야   영 척

　임방이 예의 근본을 묻자 공자가 말하였다. "훌륭하도다, 질문이여!
예는 사치스럽기보다는 차라리 검소해야 하고, 장례는 매끄럽게 치르
기보다는 차라리 슬퍼해야 한다."

──── 1 임방(林放) 노나라 사람으로 자는 자구(子丘)라고 한다.
　　　2 이(易) 매끄럽게 잘 행하다.

3-05

子曰 夷狄之有君이 不如諸夏之亡也니라
자왈 이 적 지 유 군   불 여 제 하 지 무 야

　공자가 말하였다. "이적에게 임금이 있는 것이 중국에 임금이 없는
것만 같지 못하다."

──── 1 제하(諸夏) 중국.

해설　· 공자가 중국문화의 우수성을 강조한 말이라고 할 수 있다. 주자는 "이적
　　　에게 임금이 있는 것이 중국에 임금이 없는 것과는 같지 않다."고 해석하
　　　여, 공자가 당시 중국의 어지러움을 탄식한 것으로 보았다.

3-06

季氏旅¹於泰山이러니 子謂冉有²曰 女弗能救與아 對曰 不能이로소이다
계 씨 여 어 태 산   자 위 염 유 왈 여 불 능 구 여   대 왈 불 능

子曰 嗚呼라 曾謂泰山이 不如林放乎아
자 왈 오 호   증 위 태 산   불 여 임 방 호

　계씨가 태산에서 여제를 지냈는데 공자가 염유에게 말하였다. "네가 바로잡을 수 없었느냐?" 염유가 "할 수 없었습니다."라고 대답하자 공자가 말하였다. "아! 도대체 태산이 임방만 못하다는 말인가?"

———　1 여(旅) 제후가 자신의 나라 안에 있는 산과 강에 행하는 제사.
　　　2 염유(冉有) 공자의 제자로, 이름은 구(求)이다.

해설　· 신령스러운 태산이 예의 근본을 물었던 임방만도 못해서 잘못된 제사를 받아먹겠느냐는 말이다.

3-07

子曰 君子無所爭이나 必也射乎인저 揖讓而升하여
자 왈 군 자 무 소 쟁   필 야 사 호   읍 양 이 승

下而飮하나니 其爭也君子니라
하 이 음   기 쟁 야 군 자

　공자가 말하였다. "군자는 다투는 일이 없으나, 반드시 활쏘기에서는 다툴 것이다. 절하고 사양하여 올라갔다가 내려와 진 사람이 벌주를 마시니, 그 다툼이 군자답다."

3-08

子夏問日 巧笑倩兮¹며 美目盼兮²여 素以爲絢兮³라하니 何謂也이까 子日
자하문왈 교소천혜   미목반혜   소이위현혜   하위야   자왈

繪事後素⁴⁵니라 日禮後乎인저 子日 起予者는 商也로다 始可與言詩已矣로다
회사후소   왈예후호   자왈 기여자   상야   시가여언시이의

    자하가 물었다. "예쁜 웃음에 보조개가 있으며, 아름다운 눈동자가
선명함이여! 흰색으로 꾸밈을 삼는다 하니, 무엇을 말한 것입니까." 공
자가 말하였다. "수놓는 일은 흰 실을 뒤에 놓는 것이다.""예가 뒤라
는 말씀입니까." 공자가 말하였다. "나를 일으켜주는 사람은 자하로
다. 비로소 함께 시를 말할 수 있겠구나!"

—— 1 천(倩) 보조개가 예쁜 모양.
    2 반(盼) 눈동자의 흑백이 분명한 모양.
    3 현(絢) 꾸민다.
    4 회사(繪事) 수놓는 일.
    5 후소(後素) 수놓을 때 흰 실을 나중에 놓는다.

해설 • 수놓은 일에서 흰 실을 맨 마지막에 놓아 수를 완성하는 것처럼, 학문도
      예로 완성하는 것이라는 말이다. 주자는 회사후소(繪事後素)를 "그림을 그
      리는 일은 흰 바탕을 마련한 뒤에 하는 것이다."라고 해석하였다.

3-09

子日 夏禮를 吾能言之나 杞不足徵也며 殷禮를 吾能言之나 宋不足徵也는
자왈 하례   오능언지   기부족징야   은례   오능언지   송부족징야

文獻이 不足故也니 足則吾能徵之矣리라
문 헌 부 족 고 야   족 즉 오 능 징 지 의

　공자가 말하였다. "하나라의 예를 내가 말할 수 있지만 기나라에서
증거하기에 부족하며, 은나라의 예를 내가 말할 수 있지만 송나라에서
증거하기에 부족한 것은 문헌이 부족하기 때문이니, 충분하다면 내가
증거할 수 있다."

해설　• 기나라는 하나라를 이은 나라이고, 송나라는 은나라를 이은 나라이기 때
　　　문에 기나라와 송나라에서 하나라와 은나라를 증거한다고 말한 것이다.

3-10

子曰 禘自旣灌而往者는 吾不欲觀之矣라
자 왈 체 자 기 관 이 왕 자   오 불 욕 관 지 의

　공자가 말하였다. "체(禘) 제사에서 이미 술을 부어 신을 내려오게 한
뒤로는 내가 보려고 하지 않는다."

────　1 체(禘) 천자가 시조에게 드리는 제사.
　　　2 관(灌) 제사할 때 술을 땅 위에 붓고 그 향기로 신을 내려오게 하는 절차.

해설　• 주자는 술을 부어 신을 내려오게 한 뒤로는 정성이 흐트러지므로 공자가
　　　보려고 하지 않았다고 풀이하였다. 다산 정약용은 제후국인 노나라에서 천
　　　자의 예를 행하는 것이 옳지 않은데, 술을 부어 신을 내려오게 한 뒤로는
　　　천자의 예악을 쓰므로 공자가 보려고 하지 않았다고 풀이하였다.

3-11

或問禘之說한대 子曰 不知也로라 知其說者之於天下也에
혹 문 체 지 설   자 왈 부 지 야   지 기 설 자 지 어 천 하 야

其如示諸斯乎인저하고 指其掌하다
기 여 시 저 사 호   지 기 장

　어떤 사람이 체(禘) 제사의 설에 대해 질문하자 공자는 "알지 못하겠다. 그 설을 아는 사람은 천하에 대해서 여기에 놓고 보는 것 같을 것이다."라고 하고, 자신의 손바닥을 가리켰다.

해설　• 천하를 손바닥에 놓고 본다는 것은 천하를 쉽게 다스릴 수 있다는 것이다.

3-12

祭如在하며 祭神如神在러다 子曰 吾不與祭면 如不祭니라
제 여 재   제 신 여 신 재   자 왈 오 불 여 제   여 부 제

　조상을 제사할 때는 조상이 있는 듯이 하며, 신을 제사할 때는 신이 있는 듯이 하였다. 공자가 말하였다. "내가 제사에 참여하지 않으면 마치 제사하지 않은 것 같다."

해설　• 소라이는 '제여재(祭如在)'를 옛말로 보고 '제신여신재(祭神如神在)'를 그것을 풀이한 말로 보아서 "'제사할 때 있는 듯이 하였다'는 말은 '신을 제사할 때 신이 있는 듯이 했다'는 말이다"라고 풀이하였다.

3-13

王孫賈問曰 與其媚於奧론 寧媚於竈라니 何謂也이까
왕 손 가 문 왈   여 기 미 어 오   영 미 어 조   하 위 야

子曰 不然하다 獲罪於天이면 無所禱也니라
자 왈 불 연   획 죄 어 천   무 소 도 야

　　왕손가가 물었다. "'안방 신에게 아첨하기보다는 차라리 부엌 신에게
아첨한다.'고 하니 무엇을 말한 것입니까?" 공자가 말하였다. "그렇지
않다. 하늘에 죄를 얻으면 기도할 곳이 없다."

───　1 왕손가(王孫賈) 위(衛)나라의 대부이다.
　　　2 오(奧) 안방 신.
　　　3 조(竈) 부엌 신.

해설　· 부엌에는 먹을 것이 많으므로 부엌 신이 안방 신보다 실속이 있다. 왕손
　　　가는 실속이 없는 임금을 가까이하는 것보다는 실권자인 자신을 가까이 하
　　　는 것이 실속이 있을 것이라고 공자에게 충고한 것이다. 공자는 안방 신이
　　　나 부엌 신보다 훨씬 권위 있는 하늘을 끌어들여 하늘의 뜻을 따르는 것이
　　　현실적인 이해관계보다 중요한 것이라고 하면서 왕손가의 말을 부정하였다.

3-14

子曰 周監於二代하니 郁郁乎文哉여 吾從周하리라
자 왈 주 감 어 이 대   욱 욱 호 문 재   오 종 주

　　공자가 말하였다. "주나라는 하나라와 은나라를 본받았으니, 빛나고
빛나는 문화여! 나는 주나라를 따르겠다."

3-15

子入大廟_{하여} 每事_를 問_{한대} 或曰 孰謂鄹人之子 知禮乎_아
자 입 태 묘   매 사 문   혹 왈 숙 위 추 인 지 자 지 례 호

入大廟_{하여} 每事_를 問_{이온여} 子聞之_{하고} 曰是禮也_{니라}
입 태 묘   매 사 문   자 문 지   왈 시 례 야

공자가 태묘에 들어가 매사를 묻자 어떤 사람이 말하였다. "누가 추 땅 사람의 아들이 예를 안다고 말하였는가? 태묘에 들어가서 매사를 묻는구나!" 공자가 듣고 말하였다. "이것이 예이다."

1 태묘(大廟) 노나라 시조인 주공을 제사하는 사당.
2 추(鄹) 노나라의 고을 이름으로, 공자의 아버지 숙량흘(叔梁紇)이 그곳의 대 부를 역임하였으므로 공자를 추 땅 사람의 아들이라고 말한 것이다.

해설 · '추 땅 사람의 아들'이라고 말한 것은 공자를 얕본 것이다.

3-16

子曰 射不主皮_는 爲力不同科_니 古之道也_{니라}
자 왈 사 부 주 피 위 력 부 동 과   고 지 도 야

공자가 말하였다. "활을 쏘는데 가죽을 뚫는 것을 주로하지 않는 것은 힘의 등급이 같지 않기 때문이니, 그것이 옛날의 도이다."

1 피(皮) 과녁의 가운데에 붙인 가죽.

2 과(科) 등급.

해설 • 소라이는 '사부주피(射不主皮)'와 '위력부동과(爲力不同科)'를 두 가지 일
로 보아, "활을 쏘는것은 가죽을 뚫는 것을 주로하지 않고, 백성들의 힘을
동원하는 것은 등급을 같게 하지 않았다."고 해석하였다.

3-17

子貢이 欲去告朔之餼羊한대 子曰 賜也아 爾愛其羊가 我愛其禮하노라
자공   욕거곡삭지희양   자왈 사야   이애기양   아애기례

　자공이 초하루를 고하는 희생양을 없애고자 하자 공자가 말하였다.
"사(賜)야, 너는 그 양을 아까워하느냐? 나는 그 예를 아까워한다."

3-18

子曰 事君盡禮를 人이 以爲諂也라하니라
자왈 사군진례   인   이위첨야

　공자가 말하였다. "임금을 섬기는데 예를 다하는 것을 사람들이 아
첨한다고 한다."

3-19

定公이 問君使臣하며 臣事君하되 如之何이까
정공   문군사신   신사군   여지하

孔子對曰 君使臣以禮하며 臣事君以忠이니이다
공자대왈 군사신이례   신사군이충

　정공이 물었다. "임금이 신하를 부리며, 신하가 임금을 섬기는데 어떻게 해야 합니까?" 공자가 대답하였다. "임금은 예로 신하를 부리며 신하는 충성으로 임금을 섬겨야 합니다."

───── 1 정공(定公) 노나라의 임금으로 이름은 송(宋)이다.

3-20

子曰 關雎는 樂而不淫하고 哀而不傷이니라
자왈 관저   낙이불음   애이불상

　공자가 말하였다. "「관저」는 즐거우면서도 지나치지 않고, 슬프면서도 마음을 상하게 하지 않는다."

───── 1 관저(關雎) 『시경』의 첫 편으로 주남(周南) 국풍(國風)에 속한다.
　　　2 음(淫) 지나치다.
　　　3 상(傷) 슬픔이 지나쳐 마음을 상하다.

3-21

哀公이 問社於宰我한대 宰我對曰 夏后氏는 以松이오
애공 문사어재아   재아대왈 하후씨 이송

殷人은 以栢이오 周人은 以栗이니 曰使民戰栗이니이다
은인 이백   주인 이율   왈사민전율

子聞之하고 曰成事라 不說하며 遂事라 不諫하며 旣往이라 不咎로다
자문지   왈성사 불설   수사 불간   기왕   불구

　애공이 재아에게 사(社)에 대해 묻자, 재아가 대답하였다. "하나라 사
람은 소나무를 심고, 은나라 사람은 잣나무를 심고, 주나라 사람은 밤
나무를 심었으니, 백성으로 하여금 두려워 떨게 한 것입니다." 공자가
듣고 말하였다. "이루어진 일이기 때문에 말하지 않으며, 끝난 일이기
때문에 충고하지 않으며, 이미 지나간 일이기 때문에 탓하지 않는다."

―――　1 사(社) 토지의 신을 제사하는 곳으로 나무를 심어 신목(神木)으로 삼았는데,
　　　　 하나라에서는 소나무를, 은나라에서는 잣나무를, 주나라에서는 밤나무를 심
　　　　 었다.
　　　　2 재아(宰我) 공자의 제자이니, 이름은 여(予)이다.

해설　• 사(社)에 나무를 심는 것은 그 토지에 적당한 나무를 심는 것일 뿐인데,
　　　　 재아가 밤 율(栗)을 전율(戰栗)로 해석하여 견강부회하였기 때문에, 공자가
　　　　 꾸짖은 것이다.

3-22

子曰 管仲之器小哉라 或曰 管仲은 儉乎이까 曰管氏有三歸하며 官事를
자왈 관중지기소재   혹왈 관중 검호   왈관씨유삼귀   관사

³不攝하니 焉得儉이리오 然則管仲은 知禮乎이까 曰邦君이라야 ⁴樹塞門이어늘
불섭   언득검   연즉관중   지례호   왈방군   수색문

管氏亦樹塞門하며 邦君이라야 爲兩君之好에 ⁵有反坫이어늘 管氏亦有反坫
관 씨 역 수 색 문   방 군   위 양 군 지 호   유 반 점   관 씨 역 유 반 점

이라 管氏而知禮면 孰不知禮리오
    관 씨 이 지 례   숙 부 지 례

공자가 말하였다. "관중은 그릇이 작았다." 어떤 사람이 말하였다. "관중은 검소하였습니까?" "관중은 누각을 셋이나 두었으며, 관직의 일을 겸직시키지 않았으니, 어찌 검소하다고 할 수 있겠는가?" "그러면 관중은 예를 알았습니까?" "나라의 임금이라야 담장으로 문을 가리는데 관중이 또한 담장으로 문을 가렸으며, 나라의 임금이라야 두 임금이 좋게 모일 때 술잔을 놓는 자리를 만드는데 관중이 또한 술잔을 놓는 자리를 만들었다. 관중이 예를 안다면 누가 예를 알지 못하겠는가?"

---

1 관중(管仲) 제 나라의 대부로, 이름은 이오(夷吾)이다.
2 삼귀(三歸) 세 누각. 이 밖에도 '세 부인', '지명', '세금'이라는 등의 여러 설이 있다.
3 섭(攝) 겸한다.
4 수색문(樹塞門) 담장을 문 안에 세워서 안과 밖을 가리는 것이다.
5 반점(反坫) 제후들의 예식으로, 두 기둥 사이에 술잔을 놓는 자리를 만들어 놓고 주인과 손님이 술잔을 주고받다가 다 마친 뒤에 술잔을 자리 위에 놓는 것이다.

3-23

子語魯大師樂曰 樂은 其可知也니 始作에 翕如也하고 從之에 純如也하며
자 어 노 태 사 악 왈   악   기 가 지 야   시 작   흡 여 야   종 지   순 여 야

皦如也하며 繹如也하여 以成이니라
교 여 야   역 여 야   이 성

   공자가 노나라 태사에게 음악에 대해 말하였다 "음악은 알 수 있으
니, 처음 연주를 시작할 때에 조화롭고 계속 연주할 때에 순수하며 밝
으며 이어져서 완성되는 것이다."

---
1 태사(大師) 음악을 관장하던 관리.
2 흡(翕) 조화로운 모양.
3 종(從) 계속하는 모양.
4 순(純) 순수한 모양.
5 교(皦) 밝은 모양.
6 역(繹) 이어지는 모양.
7 성(成) 음악의 한 장.

3-24

儀封人이 請見曰 君子之至於斯也에 吾未嘗不得見也로다
의 봉 인   청 현 왈 군 자 지 지 어 사 야   오 미 상 부 득 견 야

從者見之한대 出曰 二三子는 何患於喪乎리오 天下之無道也久矣라
종 자 현 지   출 왈 이 삼 자 하 환 어 상 호   천 하 지 무 도 야 구 의

天將以夫子로 爲木鐸이니라
천 장 이 부 자   위 목 탁

의(儀) 땅의 국경을 지키는 사람이 공자를 만나 뵙기를 청하며 말하였다. "군자가 이곳에 오면 내가 일찍이 만나보지 않은 적이 없었다." 공자를 모시는 사람이 뵙게 해주자 나와서 말하였다. "그대들은 어찌 공자가 벼슬을 잃은 것을 근심하는가? 천하에 도가 없어진 지 오래되었기 때문에, 하늘이 장차 공자로 목탁을 삼을 것이다."

———— 1 의(儀) 위(衛)나라의 고을 이름.
　　　 2 봉인(封人) 국경을 지키는 사람.
　　　 3 목탁(木鐸) 쇠로 입을 만들고 나무로 혀를 만들어 이것을 흔들어서 여러 사람들을 경계하는 것이다.

해설　• 공자가 일시적으로 벼슬을 잃고 여러 나라를 떠돌아다니고 있지만, 장차 천하 사람들의 스승이 될 것이라고 칭송한 것이다.

3-25

子謂韶하되 盡美矣오 又盡善也라하고 謂武하되 盡美矣오 未盡善也라하다
자 위 소　　진 미 의　우 진 선 야　　　 위 무　　진 미 의　 미 진 선 야

　공자가 순임금의 음악인 소(韶)를 평가하여 "지극히 아름답고 지극히 선하다"고 하였고, 무왕의 음악인 무(武)를 평가하여 "지극히 아름답지만, 지극히 선하지는 못하다"고 하였다.

———— 1 소(韶) 순임금의 음악.
　　　 2 무(武) 무왕의 음악.

3-26

子曰 居上不寬하며 爲禮不敬하며 臨喪不哀면 吾何以觀之哉리오
자 왈 거 상 불 관   위 례 불 경   임 상 불 애   오 하 이 관 지 재

　공자가 말하였다. "윗자리에 있으면서 너그럽지 않으며, 예를 행하면서 공경스럽지 않으며, 장례에 임하여 슬퍼하지 않으면, 내가 무엇으로 그를 살펴보겠는가?"

주공 사당

『논어』「팔일」: 공자가 주공의 사당에 들어가 매사를 묻자 어떤 사람이 말하였다. "누가 추 땅 사람의 아들이 예를 안다고 말하였는가? 주공의 사당에 들어가서 매사를 묻는구나!" 공자가 듣고 말하였다. "이것이 예이다."

제4장

리인(里仁)

인이란 무엇인가?

4-01

子曰 里仁이 爲美하니 擇不處仁이면 焉得知리오
자 왈 리 인 위 미 택 불 처 인 언 득 지

공자가 말하였다. "마을이 어진 것이 아름다우니, 가려서 어진 데 거처하지 않으면 어디에서 지혜로움을 얻겠는가?"

해설 · '리인(里仁)'은 "어진 데 거처하다"라고 풀이하기도 한다.

4-02

子曰 不仁者는 不可以久處約이며 不可以長處樂이라
자 왈 불 인 자 불 가 이 구 처 약 불 가 이 장 처 락

仁者는 安仁하고 知者는 利仁이니라
인자 안인 지자 이인

　공자가 말하였다. "어질지 않은 사람은 오랫동안 어려움에 거처하지
못하며 오랫동안 즐거움에 거처하지 못한다. 어진 사람은 어진 것을
편안하게 여기고 지혜로운 사람은 어진 것을 이롭게 여긴다."

―――― 1 약(約) 있어야 할 것이 모자라는 어려운 상황.

4-03

子曰 惟仁者라야 能好人하며 能惡人이니라
자 왈 유 인 자 능 호 인 능 오 인

　공자가 말하였다. "오직 어진 사람이라야 사람을 좋아할 수 있으며
사람을 미워할 수 있다."

해설　· 어진 사람은 사사로움에 치우치지 않고 공평하여, 좋아할 만한 사람은
　　　좋아하고 미워할 만한 사람은 미워한다는 말이다.

4-04

子曰 苟志於仁矣면 無惡也니라
자 왈 구 지 어 인 의 무 악 야

　공자가 말하였다. "만일 어진 데에 뜻을 둔다면 나쁜 점이 없을 것이
다."

4-05

子曰 富與貴는 是人之所欲也나 不以其道로 得之어든 不處也하며
자왈 부여귀　시인지소욕야　불이기도　득지　불처야

貧與賤이 是人之所惡也나 不以其道로 得之라도 不去也니라
빈여천　시인지소오야　불이기도　득지　불거야

君子去仁이면 惡乎成名이리오 君子無終食之間을 違仁이니
군자거인　오호성명　군자무종식지간　위인

造次에 必於是하며 顚沛에 必於是니라
조차　필어시　전패　필어시

　　공자가 말하였다. "부유함과 귀함은 사람들이 원하는 것이지만, 바른 도리로 얻지 않으면 차지하지 않으며, 가난함과 천함은 사람들이 싫어하는 것이지만, 바른 도리로 얻지 않더라도 떠나지 않을 것이다. 군자가 인을 버리면 어디에서 군자라는 이름을 이루겠는가? 군자는 밥을 먹는 동안이라도 인을 어기지 않으니, 급하고 구차한 때에도 반드시 인에 의지하며 엎어지고 넘어지는 때에도 반드시 인에 의지한다."

───── 1 조차(造次) 급하고 구차한 것.
　　　 2 전패(顚沛) 엎어지고 넘어지는 것.

4-06

子曰 我未見好仁者와 惡不仁者로다 好仁者는 無以尙之오 惡不仁者는
자왈 아미견호인자　오불인자　호인자　무이상지　오불인자

其爲仁矣 不使不仁者로 加乎其身이니라 有能一日에 用其力於仁矣乎아
기위인의 불사불인자　가호기신　유능일일　용기력어인의호

我未見力不足者로다 蓋有之矣어늘 我未之見也로다
아 미 견 력 부 족 자　　개 유 지 의　　아 미 지 견 야

　공자가 말하였다. "내가 어진 것을 좋아하는 사람과 어질지 않은 것
을 미워하는 사람을 보지 못하였다. 어진 것을 좋아하는 사람은 더할
나위 없고, 어질지 않은 것을 미워하는 사람은 어질지 않은 것을 자신
에게 몸에 가까이하지 않는다. 하루라도 그 힘을 어진 것에 쓰는 자가
있는가? 나는 힘이 부족한 사람을 보지 못하였다. 아마도 있을 것인데
내가 보지 못하였나 보다."

―――　1 무이상지(無以尙之) '상(尙)'은 '상(上)'과 같으니, 그 이상 가는 것이 없다는
　　　　뜻이다.

4-07

子曰 人之過也各於其黨[1]이니 觀過면 斯知仁矣니라
자 왈 인 지 과 야 각 어 기 당　　　관 과　　사 지 인 의

　공자가 말하였다. "사람이 지나치는 것이 각각 종류가 있으니, 지나
치는 것을 살펴보면 인을 알 수 있다."

―――　1 당(黨) 무리, 종류라는 뜻이다.

해설　• 어진 사람은 어진 데에 지나치고 어질지 못한 사람은 어질지 못한 데에
　　　지나친다. '인(仁)'을 '인(人)'으로 보아 "지나치는 것을 살펴보면 사람을 알
　　　수 있다"고 해석하기도 한다.

4-08

子曰 朝聞道면 夕死라도 可矣니라
자 왈 조 문 도　　석 사　　가 의

공자가 말하였다. "아침에 도를 들으면 저녁에 죽어도 좋다."

4-09

子曰 士志於道而恥惡衣惡食者는 未足與議也니라
자 왈 사 지 어 도 이 치 악 의 악 식 자　　미 족 여 의 야

공자가 말하였다. "선비로서 도에 뜻을 둔다고 하면서도 거친 옷과 거친 음식을 부끄러워하는 자와는 함께 뭘 의논하기에 부족하다."

4-10

子曰 君子之於天下也에 無適也하며 無莫也하여 義之與比니라
자 왈 군 자 지 어 천 하 야　　무 적 야　　무 막 야　　의 지 여 비

공자가 말하였다. "군자가 세상에 살면서 꼭 해야 하겠다는 것도 없고 꼭 하지 않아야겠다고 하는 것도 없어서 오직 정의를 따를 뿐이다."

───── 1 적(適) 꼭 해야 한다.

2 막(莫) 꼭 하지 않아야 한다.

4-11

子曰 君子는 懷德¹하고 小人은 懷土하며 君子는 懷刑하고 小人은 懷惠니라
자왈 군자 회덕　소인 회토　군자 회형　소인 회혜

　공자가 말하였다. "군자는 덕을 생각하고 소인은 땅을 생각하며, 군자는 형벌을 생각하고 소인은 은혜를 생각한다."

──── 1 회(懷) 생각하다. 그리워하다.

4-12

子曰 放於利而行¹이면 多怨이니라
자왈 방어리이행　다원

　공자가 말하였다. "이익에 따라 행동하면 원망이 많다."

──── 1 방(放) 따르다. 의지하다.

4-13

子曰 能以禮讓爲國乎¹면 何有며 不能以禮讓爲國이면 如禮何리오
자왈 능이예양위국호　하유　불능이예양위국　여례하

공자가 말하였다. "예로 사양하는 것으로 나라를 다스릴 수 있다면 무슨 어려움이 있으며, 예로 사양하는 것으로 나라를 다스릴 수 없다면 예의 절차는 무엇 하겠는가?"

───── 1 하유(何有) "무슨 어려움이 있겠는가[何難之有]?"의 준말이다.

4-14

子曰 不患無位오 患所以立하며 不患莫己知오 求爲可知也니라
자 왈 불 환 무 위   환 소 이 립   불 환 막 기 지   구 위 가 지 야

공자가 말하였다. "지위가 없는 것을 근심하지 말고 지위에 설 자격을 근심하며, 자기를 알아주지 않는 것을 근심하지 말고 알아주게 되기를 구해야 한다."

4-15

子曰 參乎아 吾道는 一以貫之니라 曾子曰 唯라 子出이어늘
자 왈 삼 호   오 도   일 이 관 지   증 자 왈 유   자 출

門人이 問曰 何謂也이까 曾子曰 夫子之道는 忠恕而已矣니라
문 인   문 왈 하 위 야   증 자 왈 부 자 지 도   충 서 이 이 의

공자가 말하였다. "증삼(曾參)아! 나의 도는 하나로 꿰뚫었다." 증자가 말하였다. "예." 공자가 나가니 문인들이 물었다. "무엇을 말씀하신 것

입니까?" 증자가 말하였다. "선생님의 도는 충(忠)과 서(恕)일 뿐이다."

4-16

子曰 君子는 喻於義¹하고 小人은 喻於利니라
자 왈 군 자　유 어 의　　소 인　유 어 리

공자가 말하였다. "군자는 정의에 밝고, 소인은 이익에 밝다."

―― 1 유(喻) 밝다. 밝게 깨우치다.

4-17

子曰 見賢思齊焉하며 見不賢而內自省也니라
자 왈 견 현 사 제 언　　견 불 현 이 내 자 성 야

공자가 말하였다. "현명한 사람을 보고서는 같아질 것을 생각하며, 현명하지 못한 사람을 보고서는 마음속으로 스스로를 반성해야 한다."

4-18

子曰 事父母하되 幾諫¹이니 見志不從하고 又敬不違하며 勞而不怨이니라
자 왈 사 부 모　기 간　　견 지 부 종　　우 경 불 위　　노 이 불 원

공자가 말하였다. "부모를 섬길 적에는 가만히 간청해야 하니, 뜻이 나를 따르지 않음을 보더라도 또한 공경해서 어기지 않으며 수고를 하여도 원망하지 않아야 할 것이다."

4-19

子曰 父母在어시든 不遠遊하며 遊必有方이니라
자 왈 부 모 재   불 원 유   유 필 유 방

공자가 말하였다. "부모가 계시면 멀리 가서 놀지 않으며, 놀더라도 반드시 일정한 장소가 있어야 한다."

4-20

子曰 三年을 無改於父之道라야 可謂孝矣니라
자 왈 삼 년   무 개 어 부 지 도   가 위 효 의

공자가 말하였다. "삼 년 동안 아버지의 도에 대해 고침이 없어야 효라고 말할 수 있을 것이다."

4-21

子曰 父母之年은 不可不知也니 一則以喜오 一則以懼니라
자 왈 부 모 지 년   불 가 부 지 야   일 즉 이 희   일 즉 이 구

　공자가 말하였다. "부모의 나이는 기억하지 않아서는 안 되니, 한편
으로는 기쁘고 한편으로는 두려운 것이다."

해설　· 부모님이 오래 생존하고 계신 것은 기쁘고, 부모님이 생존해 계실 날이
　　　얼마 남지 않은 것은 두려운 것이다.

4-22

子曰 古者에 言之不出은 恥躬之不逮也니라
자 왈 고 자   언 지 불 출   치 궁 지 불 체 야

　공자가 말하였다. "옛날에 말을 쉽게 하지 않은 것은 몸이 미치지 못
할까 부끄러워해서이다."

4-23

子曰 以約失之者鮮矣니라
자 왈 이 약 실 지 자 선 의

　공자가 말하였다. "단속해서 실수하는 경우는 드물다."

4-24

子曰 君子는 欲訥於言而敏於行이니라
자왈 군자　욕눌어언이민어행

　공자가 말하였다. "군자는 말에는 어눌하고, 행동에는 민첩하고자
한다."

4-25

子曰 德不孤라 必有隣이니라
자왈 덕불고　필유린

　공자가 말하였다. "덕 있는 사람은 외롭지 않다. 반드시 이웃이 있
다."

4-26

子遊曰 事君數이면 斯辱矣오 朋友數이면 斯疏矣니라
자유왈 사군삭　사욕의　붕우삭　사소의

자유가 말하였다. "임금을 섬기는데 자주 간쟁하면 욕을 당하고, 벗에게 자주 간쟁하면 멀어지게 된다."

공자가 『춘추』를 지은 곳

『맹자』「등문공」

공자가 말하였다. "나를 알아주는 것도 오직 『춘추』 때문일 것이며, 나를 꾸짖는 것도 오직 『춘추』 때문일 것이다."

제5장

공야장(公冶長)

공자의 제자들

5-01

子謂公冶長하되 可妻也로다 雖在縷絏之中이나 非其罪也라하고
자 위 공 야 장   가 처 야   수 재 루 설 지 중   비 기 죄 야

以其子로 妻之하다 子謂南容하되 邦有道에 不廢하며 邦無道에
이 기 자   처 지   자 위 남 용   방 유 도   불 폐   방 무 도

免於刑戮이라하고 以其兄之子로 妻之하다
면 어 형 륙   이 기 형 지 자   처 지

　공자가 공야장을 평하여 "내 딸을 아내로 삼아줄 만하다. 비록 감옥
에 묶여있으나 그의 죄가 아니다."라고 하고 자신의 딸을 아내로 삼아
주었다. 공자가 남용을 평하여 "나라에 도가 있으면 버려지지 않으며
나라에 도가 없으면 형벌을 면할 것이다."라고 하고 형의 딸을 아내로
삼아주었다.

―――― 1 공야장(公冶長) 공자의 제자이다.

2 누설(縲絏) 죄인을 포승으로 묶는 것.

3 남용(南容) 공자의 제자이니, 이름은 도(縚) 또는 괄(适)이고, 자는 자용(子容)이다. 남쪽의 궁실에 거주하였으므로 사람들이 남궁(南宮) 또는 남(南)이라 불렀다.

5-02

子謂子賤¹하되 君子哉라 若人이여 魯無君子者면 斯焉取斯리오
자 위 자 천　　　군 자 재　약 인　　노 무 군 자 자　　사 언 취 사

공자가 자천을 평하여 말하였다. "군자답도다, 그와 같은 사람이여! 노나라에 군자가 없다면 이 사람이 어디에서 이런 군자다움을 취하였겠는가?"

―――― 1 자천(子賤) 공자의 제자이니, 성은 복(宓)이고, 이름은 부제(不齊)이다.

5-03

子貢이 問曰 賜也는 何如하니이까 子曰 女는 器也니라 曰何器也니이까
자 공　문 왈 사 야　하 여　　　자 왈 여　기 야　　왈 하 기 야

曰瑚璉也¹니라
왈 호 련 야

자공이 물었다. "저는 어떻습니까?" 공자가 말하였다. "너는 그릇이다." "어떤 그릇입니까?" "제사 때 쓰는 귀한 그릇이다."

—— 1 호련(瑚璉) 종묘에서 기장과 피를 담는 옥으로 만든 제기(祭器)이니, 가장 귀
중하고 아름다운 그릇이다. 하(夏)나라에서는 호(瑚)라 하고, 은(殷)나라에서
는 연(璉)이라 하고, 주(周)나라에서는 보궤(簠簋)라고 하였다.

해설 • 자공은 실무적인 능력이 뛰어난 제자였기 때문에 공자가 이렇게 평가한
것으로 보인다.

5-04

或曰 雍也는 仁而不佞이로다 子曰 焉用佞이리오
혹 왈 옹 야   인 이 불 녕   자 왈 언 용 녕

禦人以口給하여 屢憎於人하나니 不知其仁이어니와 焉用佞이리오
어 인 이 구 급   누 증 어 인   부 지 기 인   언 용 녕

　어떤 사람이 말하였다. "염옹은 어질지만, 말은 잘하지 못한다." 공
자가 말하였다. "말재주를 어디에 쓰겠는가? 사람들에게 말재주로만
응답하다가 자주 사람들에게 미움을 받는 것이니, 그가 어진지는 알지
못하겠으나 말재주를 어디에 쓰겠는가?"

—— 1 옹(雍) 공자의 제자이니, 성은 염(冉)이고 자는 중궁(仲弓)이다.
　　2 녕(佞) 말재주.
　　3 구급(口給) 말재주가 넉넉하다.

5-05

子使漆雕開¹로 仕한대 對曰 吾斯之未能信이로이다 子說하다
자 사 칠 조 개   사   대 왈 오 사 지 미 능 신   자 열

　　공자가 칠조개로 하여금 벼슬하게 하니, "제가 이것을 아직 자신할
수 없습니다."라고 대답하였다. 공자가 기뻐하였다.

──── 1 칠조개(漆雕開) 공자의 제자이니, 자는 자약(子若)이다.

5-06

子曰 道不行이라 乘桴하여 浮于海하리니 從我者는 其由與인저
자 왈 도 불 행   승 부   부 우 해   종 아 자   기 유 여

子路聞之하고 喜한대 子曰 由也는 好勇이 過我나 無所取材로다
자 로 문 지   희   자 왈 유 야   호 용   과 아   무 소 취 재

　　공자가 말하였다. "도가 행해지지 않기 때문에 뗏목을 타고 바다에
뜨려 하는데, 나를 따라올 사람은 아마도 자로일 것이다." 자로가 듣고
기뻐하니, 공자가 말하였다. "자로는 용맹을 좋아하는 것이 나보다 나
으나, 재목을 취할 것이 없다."

孟武伯이 問 子路는 仁乎이까 子曰 不知也로라 又問한대 子曰 由也는
맹 무 백 문 자 로 인 호   자 왈 부 지 야   우 문   자 왈 유 야

千乘之國에 可使治其賦也어니와 不知其仁也로다 求也는 何如하니이까
천 승 지 국 가 사 치 기 부 야   부 지 기 인 야   구 야   하 여

子曰 求也는 千室之邑과 百乘之家에 可使爲之宰也어니와 不知其仁也로다
자 왈 구 야 천 실 지 읍 백 승 지 가 가 사 위 지 재 야   부 지 기 인 야

赤也는 何如하니이까 子曰 赤也는 束帶立於朝하여 可使與賓客言也어니와
적 야 하 여   자 왈 적 야 속 대 립 어 조   가 사 여 빈 객 언 야

不知其仁也로다
부 지 기 인 야

　맹무백이 물었다. "자로는 어집니까?" 공자가 말하였다. "알지 못하겠습니다." 또 물으니, 공자가 말하였다. "자로는 일천 수레를 지닌 제후의 나라에서 그 군대를 다스리게 할 수 있으나 그가 어진지는 알지 못하겠습니다." "염구는 어떻습니까?" 공자가 말하였다. "염구는 일천 가구의 읍과 일백 수레를 지닌 대부의 집에서 일꾼의 우두머리가 되게 할 수 있으나, 그가 어진지는 알지 못하겠습니다." "공서적은 어떻습니까?" 공자가 말하였다. "공서적은 띠를 띠고서 조정에 서서 다른 나라의 외교관과 말하게 할 수 있으나, 그가 어진지는 알지 못하겠습니다."

―――　1 부(賦) 군대. 군대의 재정.
　　　2 재(宰) 일꾼들의 우두머리.
　　　3 적(赤) 공자의 제자이니, 성은 공서(公西)이고, 자는 자화(子華)이다. 예에 밝았던 사람으로 알려지고 있다.
　　　4 빈객(賓客) 외교사절.

5-08

子謂子貢曰 女與回也로 孰愈오 對曰 賜也는 何敢望回리이까
자 위 자 공 왈 여 여 회 야   숙 유   대 왈 사 야   하 감 망 회

回也는 聞一以知十하고 賜也는 聞一以知二하노이다 子曰 弗如也니라
회 야 문 일 이 지 십   사 야 문 일 이 지 이   자 왈 불 여 야

吾與女弗如也니라
오 여 여 불 여 야

　　공자가 자공에게 말하였다. "너와 안회 가운데 누가 나으냐?" 자공
이 대답하였다. "제가 어찌 감히 안회를 바라볼 수 있겠습니까? 안회
는 하나를 들으면 열을 알고, 저는 하나를 들으면 둘을 압니다." 공자
가 말하였다. "그만 같지 못하다. 나와 너는 그만 같지 못하다."

해설　·주자는 "오여여불여야(吾與女弗如也)"를 "나는 네가 그만 못함을 인정한
　　　다."라고 해석하였다.

5-09

宰予晝寢이어늘 子曰 朽木엔 不可雕也며 糞土之牆엔 不可杇也니
재 여 주 침   자 왈 후 목 불 가 조 야 분 토 지 장 불 가 오 야

於予與에 何誅리오 子曰 始吾於人也에 聽其言而信其行이러니
어 여 여   하 주   자 왈 시 오 어 인 야 청 기 언 이 신 기 행

今吾於人也에 聽其言而觀其行하노니 於予與에 改是라
금 오 어 인 야 청 기 언 이 관 기 행   어 여 여   개 시

　　재여가 낮에 침실에 있자 공자가 말하였다. "썩은 나무에는 조각을

할 수 없으며, 썩은 흙으로 쌓은 담장에는 흙손질을 할 수 없으니, 재여에 대해 무엇을 꾸짖겠는가?" 공자가 말하였다. "처음에는 내가 사람에 대해서 그 말을 듣고 그 행동을 믿었으나, 이제 내가 사람에 대해서 그 말을 듣고 그 행동을 살펴보게 되었으니, 재여 때문에 이를 고치게 되었다."

─── 1 주(誅) 꾸짖다.

5-10

子曰 吾未見剛者로다 或이 對曰 申棖이니이다
자 왈 오 미 견 강 자　　 혹　 대 왈 신 정

子曰 棖也는 慾이어니 焉得剛이리오
자 왈 정 야 　 욕　　 언 득 강

　공자가 말하였다. "내가 굳센 사람을 보지 못하였다." 어떤 사람이 "신정입니다."라고 대답하자 공자가 말하였다. "신정은 욕심이 있으니, 어찌 굳셀 수 있겠는가?"

5-11

子貢曰 我不欲人之加諸我也를 吾亦欲無加諸人하노이다
자 공 왈 아 불 욕 인 지 가 저 아 야　　오 역 욕 무 가 저 인

子曰 賜也아 非爾所及也니라
자왈 사야   비 이 소 급 야

　자공이 말하였다. "저는 남이 나에게 행하기를 원하지 않는 것을 저
또한 남에게 행하지 않고자 합니다." 공자가 말하였다 "자공아, 네가
할 수 있는 일이 아니다."

5-12

子貢曰 夫子之文章은 可得而聞也어니와 夫子之言性與天道는
자공왈 부 자 지 문 장　가 득 이 문 야　　 부 자 지 언 성 여 천 도

不可得而聞也니라
불 가 득 이 문 야

　자공이 말하였다. "선생님의 문장은 들을 수 있었으나, 선생님이 성
과 천도를 말씀하시는 것은 듣지 못하였다."

5-13

子路는 有聞이오 未之能行하여선 惟恐有聞하니라
자로　유 문　미 지 능 행　　유 공 유 문

　자로는 듣고서 실행하지 못하면 오직 또 들을까를 두려워하였다.

5-14

子貢이 問曰 孔文子를 何以謂之文也이까 子曰 敏而好學하며
자공 문왈 공문자 하 이 위 지 문 야 자왈 민 이 호 학

不耻下問이라 是以謂之文也니라
불 치 하 문 시 이 위 지 문 야

　자공이 물었다. "공문자를 무엇 때문에 '문'이라 일컬은 것입니까" 공
자가 말하였다 "민첩하고 배우기를 좋아하며 아랫사람에게 묻기를 부
끄러워하지 않으니, 이런 까닭으로 문이라 일컬은 것이다."

―――　1 공문자(孔文子) 위(衛)나라의 대부로 이름은 어(圉)이고 시호는 문(文)이다.

5-15

子謂子産하되 有君子之道 四焉이니 其行己也恭하며
자 위 자 산 유 군 자 지 도 사 언 기 행 기 야 공

其事上也敬하며 其養民也惠하며 其使民也義니라
기 사 상 야 경 기 양 민 야 혜 기 사 민 야 의

　공자가 자산을 평하여 말하였다. "그에게 군자의 도가 네 가지 있었
으니, 몸소 행할 때 공손하며, 윗사람을 섬길 때 공경하며, 백성을 기
를 때 은혜로우며, 백성을 부릴 때 공평하였다."

―――　1 자산(子産) 정(鄭)나라 대부로 성은 공손(公孫)이고 이름은 교(僑)이다.

5-16

子曰 晏平仲¹은 善與人交로다 久而敬之온여
자 왈 안 평 중　　 선 여 인 교　　 구 이 경 지

　공자가 말하였다. "안평중은 남과 사귀기를 잘하였다. 오래되어도 공경하였으니!"

― 1 안평중(晏平仲) 제나라의 대부로. 이름은 영(嬰)이다. 경공(景公)을 도와 패업을 이루게 하였다.

5-17

子曰 臧文仲¹은 居蔡²하며 山節³藻梲⁴하니 何如其知也리오
자 왈 장 문 중　 거 채　　 산 절 조 절　　 하 여 기 지 야

　공자가 말하였다. "장문중은 점치는 거북을 가지고 있었으며, 사당의 기둥머리에 산을 그리고 동자기둥에 마름풀을 그렸으니, 그의 지혜로움은 어떠한 것인가?"

― 1 장문중(臧文仲) 노나라의 대부로 이름은 진(辰)이고 시호는 문(文)이다.
　 2 채(蔡) 점을 치는 데 쓰는 큰 거북.
　 3 절(節) 기둥머리.
　 4 절(梲) 대들보 위의 짧은 기둥으로 동자기둥이라고 한다.

해설　· '점치는 거북을 갖는 것'과 '사당의 기둥머리에 산을 그리고 동자기둥에 마름풀을 그리는 것'은 모두 천자가 할 수 있는 일인데, 장문중이 그런 일을 하였으니 예를 벗어난 것이고 따라서 그를 지혜롭다고 할 수 없다는 말

이다. 주자는 '거채(居蔡)'와 '산절조절(山節藻梲)'을 하나의 일로 보고 "점치는 거북을 보관하는 집의 기둥머리에 산을 그리고 동자기둥에 마름풀을 그렸다."고 해석하고, 그것이 귀신에게 아첨하는 일이 되므로 지혜롭지 않은 일이라고 풀이하였다.

5-18

子張이 問日 令尹¹子文²이 三仕爲令尹하되 無喜色하며 三已之하되 無慍色하
자장 문왈 영윤자문 삼사위영윤 무희색 삼이지 무온색

여 舊令尹之政을 必以告新令尹하니 何如하니이까 子日 忠矣니라 日仁矣乎
구영윤지정 필이고신영윤 하여 자왈 충의 왈인의호

이까 日未知로다 焉得仁이리오 崔子³弑齊君이어늘 陳文子有馬十乘⁴이러니
왈미지 언득인 최자시제군 진문자유마십승

棄而違之하고 至於他邦하여 則日 猶吾大夫崔子也라하고 違之하며 之一邦
기이위지 지어타방 즉왈 유오대부최자야 위지 지일방

하여 則又日 猶吾大夫崔子也라하고 違之하니 何如하니이까 子日 淸矣니라
즉우왈 유오대부최자야 위지 하여 자왈 청의

日仁矣乎이까 日未知로다 焉得仁이리오
왈인의호 왈미지 언득인

자장이 물었다. "초나라의 영윤인 자문이 세 번 벼슬하여 영윤이 되었으면서도 기뻐하는 얼굴빛이 없었고, 세 번 그만두었으면서도 화내는 얼굴빛이 없었으며, 옛 영윤의 정사를 반드시 새 영윤에게 고해주었는데 어떻습니까?" 공자가 말하였다. "충성스럽다." "어집니까?" "알지 못하겠다. 어찌 어질다고 할 수 있겠는가?" "최자가 제나라 임금

을 시해하니 진문자가 말 십승을 가지고 있다가 버리고 떠나 다른 나라에 이르러서 곧 말하기를, '우리 대부 최자와 같다.'라 하고 떠나 다른 나라에 가서 곧 또 말하기를, '우리 대부 최자와 같다.'라 하고 떠났으니 어떻습니까?" 공자가 말하였다. "청렴하다." "어집니까?" "알지 못하겠다. 어찌 어질다고 할 수 있겠는가?"

───── 1 영윤(令尹) 초(楚)나라의 벼슬 이름으로, 백관(百官)을 통솔하였다.
　　　2 자문(子文) 성은 투(鬪)이고, 이름은 곡오도(穀於菟)이다.
　　　3 최자(崔子) 제(齊)나라의 대부로 이름은 저(杼)이다.
　　　4 진문자(陳文子) 제나라 대부로 이름은 수(須)이다.

해설　• 공자는 백성을 사랑하는 마음을 가지고 정치를 행하여 그 구체적인 성과를 냈을 때만 그 사람이 어질다고 인정하였기 때문에 초나라의 영윤과 진문자에 대해서 "충성스럽다", "청렴하다"고만 인정하고, "어질다"고는 인정하지 않은 것이다.

5-19

1
季文子三思而後에 行하더니 子 聞之하고 曰再斯可矣니라
계 문 자 삼 사 이 후　　행　　　자 문 지　　　왈 재 사 가 의

　계문자가 세 번 생각한 뒤에 실행하였더니, 공자가 듣고 말하였다. "두 번이면 된다."

───── 1 계문자(季文子) 노나라의 대부로 이름은 행보(行父)이다.

해설　• 계문자의 경우 이리저리 헤아리는 것보다는 과감한 실천이 더 필요했다고 공자가 평가한 것으로 보인다. 주자는 지나치게 생각하면 오히려 사사로운 생각이 일어나 일을 그르친다고 보았다.

5-20

子曰 甯武子¹邦有道則知하고 邦無道則愚하니 其知엔
자 왈 영 무 자 방 유 도 즉 지   방 무 도 즉 우   기 지

可及也어니와 其愚엔 不可及也니라
가 급 야   기 우   불 가 급 야

공자가 말하였다. "영무자는 나라에 도가 있으면 지혜롭고 나라에 도가 없으면 어리석었으니, 그의 지혜에는 미칠 수 있지만 그의 어리석음에는 미치지 못할 것이다."

─── 1 영무자(甯武子) 위나라의 대부로 이름은 유(俞)이고 시호는 무자(武子)이다.

해설 ・ 이 구절은 영무자가 나라에 도가 있을 때는 벼슬에 나아가서 자신의 지혜를 발휘하고, 나라에 도가 없을 때는 나아가지 않아 어리석은 것 같았으며, 전자보다 후자가 어려운 일이라고 일반적으로 이해할 수 있다. 그러나 영무자의 사적과 관련지어 고찰하면 다른 해석도 가능하다. 주자는 영무자가 문공 때에 나라에 도가 있어서 지혜를 발휘하였는데 이때 뚜렷한 공적을 이룬 것이 없으므로 이것이 그의 지혜에 미칠 수 있는 것이고, 성공 때에 나라에 도가 없을 때 어려움을 무릅쓰고 나라와 임금이 보존되게 한 것이 바로 지혜롭다는 자들이 꺼린 영무자의 어리석음이었는데, 이것이 어려운 일로서 미칠 수 없는 것이라고 해설하였다. 다산은 주자의 설에 찬성하였고 다만 영무자가 문공을 섬겼다는 것만을 부정하였다.

5-21

子在陳하여 曰歸與歸與인저 吾黨之小子¹狂簡하여 斐然成章이오
자 재 진 하 여   왈 귀 여 귀 여   오 당 지 소 자 광 간   비 연 성 장

不知所以裁之로다
부 지 소 이 재 지

　공자가 진나라에 있으면서 말하였다. "돌아갈 것이로다! 돌아갈 것
이로다! 우리 고을의 젊은이들은 뜻이 커서 빛나게 문장을 이루고도
마름질할 줄 알지 못하는구나!"

────　1 광간(狂簡) 뜻이 큰 모습이다.

해설　· 큰 옷감을 마련하였으면 그것을 잘 마름질하여 옷을 만들어야 한다. 고
　　　향으로 돌아가 학문과 인격이 뛰어난 젊은이들이 그들의 능력을 발휘할 수
　　　있도록 해주고 싶다는 말이다.

5-22

子曰 伯夷叔齊는 不念舊惡이라 怨是用希니라
자 왈 백 이 숙 제　　불 념 구 악　　원 시 용 희

　공자가 말하였다. "백이와 숙제는 예전의 나쁜 일을 생각하지 아니
하므로, 원망이 이 때문에 드물었다."

────　1 백이(伯夷)·숙제(叔齊) 고죽국(孤竹國)의 두 왕자로 청렴한 사람들로 알려
　　　지고 있다.
　　　2 시용(是用) 시이(是以)와 같다.

5-23

子曰 孰謂微生高直고 或이 乞醯焉이어늘 乞諸其鄰而與之온여
자 왈 숙 위 미 생 고 직   혹   걸 혜 언   걸 저 기 린 이 여 지

공자가 말하였다. "누가 미생고를 곧은 사람이라고 말하였는가? 어떤 사람이 식초를 구하자 이웃집에서 구해다가 주었다네."

―――― 1 미생고(微生高) 노나라 사람으로 성은 미생이고 이름은 고인데, 당시에 곧은 사람으로 소문이 나 있었다.

해설 • 공자가 정색하고 미생고를 비판한 것이라기보다는 가볍게 힐책을 한 것으로 보인다.

5-24

子曰 巧言令色足恭을 左丘明이 恥之러니 丘亦恥之하노라 匿怨而友其人을
자 왈 교 언 영 색 주 공   좌 구 명   치 지   구 역 치 지   익 원 이 우 기 인

左丘明이 恥之러니 丘亦恥之하노라
좌 구 명   치 지   구 역 치 지

공자가 말하였다. "말을 교묘하게 하고 얼굴빛을 꾸미며 지나치게 공손한 것을 좌구명이 부끄러워했는데, 나도 또한 부끄러워한다. 원망을 숨기고 그 사람을 벗하는 것을 좌구명이 부끄러워했는데, 나도 또한 부끄러워한다."

―――― 1 주(足) '지나치다'는 뜻으로 음은 '주'이다. 족공(足恭)으로 보아 발을 공손하

게 한다는 뜻으로 해석하기도 한다.

2 좌구명(左丘明) 노나라 사람으로 성이 좌구이고 이름이 명이다. 『춘추좌전』
을 지은 좌구명은 이 사람과는 다른 사람이다.

5-25

顔淵季路侍러니 子曰 盍各言爾志리오 子路曰 願車馬와 衣輕裘를
안 연 계 로 시   자 왈 합 각 언 이 지   자 로 왈 원 거 마   의 경 구

與朋友共하여 敝之而無憾하노이다 顔淵이 曰願無伐善하며 無施勞하노이다
여 붕 우 공   폐 지 이 무 감   안 연   왈 원 무 벌 선   무 시 로

子路曰 願聞子之志하노이다 子曰 老者를 安之하며 朋友를 信之하며 少者
자 로 왈 원 문 자 지 지   자 왈 노 자   안 지   붕 우   신 지   소 자

를 懷之니라
회 지

안연과 자로가 공자를 모시고 있었는데, 공자가 말하였다. "각각 너
희들의 뜻을 말해보지 않겠느냐?" 자로가 말하였다. "수레와 말, 옷과
가벼운 갖옷을 친구와 같이 쓰다가 낡아지더라도 유감스럽게 여기지
않기를 원합니다." 안연이 말하였다. "착함을 자랑하지 않으며, 수고로
움을 남에게 베풀지 않기를 원합니다." 자로가 말하였다. "선생님의 뜻
을 듣기를 원합니다." 공자가 말하였다. "노인을 편안하게 해주고, 친
구를 믿으며, 젊은이를 품어주고자 한다."

―――
1 합(盍) 하불(何不)과 같고 "～하지 않겠느냐?", "어찌 하지 않느냐?"는 뜻이다.
2 벌(伐) 자랑하다.

해설 • 주자는 '시로(施勞)'를 '공로를 과장하는 것'으로 보았다.

5-26

子曰 已矣乎라 吾未見能見其過而內自訟者也로다
자 왈 이 의 호   오 미 견 능 견 기 과 이 내 자 송 자 야

공자가 말하였다. "그만이로다! 내가 자신의 허물을 보고 마음으로
자책할 수 있는 사람을 아직 보지 못하였다."

───── 1 자송(自訟) 자책하다.

5-27

子曰 十室之邑에 必有忠信이 如丘者焉이어니와 不如丘之好學也니라
자 왈 십 실 지 읍   필 유 충 신   여 구 자 언   불 여 구 지 호 학 야

공자가 말하였다. "열 집으로 이루어진 마을에 반드시 진실과 믿음
이 나와 같은 사람은 있겠지만, 내가 배움을 좋아하는 것만은 같지 못
할 것이다."

제 6 장

옹야(雍也)

공자와 제자들

6-01

子曰 雍也는 可使南面¹이로다 仲弓이 問子桑伯子²한대 子曰 可也簡이니
자왈 옹야   가사남면   중궁 문자상백자   자왈 가야간

라 仲弓曰 居敬而行簡하여 以臨其民이면 不亦可乎이까 居簡而行簡이면
중궁왈 거경이행간   이임기민   불역가호   거간이행간

無乃大簡乎이까 子曰 雍之言이 然하다
무내태간호   자왈 옹지언   연

  공자가 말하였다. "중궁은 임금 노릇을 하게 할 만하다." 중궁이 자
상백자에 관하여 묻자, 공자가 대답하였다. "괜찮다, 간소하니까." 중
궁이 말하였다. "공경에 거처하고 간소함을 행하여 백성에게 임하면
또한 괜찮치 않습니까? 간소함에 거처하고 간소함을 행하면 너무 간소
한 것이 아닙니까?" 공자가 말하였다. "중궁의 말이 옳다."

6-02

哀公이 問弟子孰爲好學이니이까 孔子對曰 有顔回者好學하여 不遷怒¹하며
애 공   문 제 자 숙 위 호 학   공 자 대 왈 유 안 회 자 호 학   불 천 노

不貳過하더니 不幸短命死矣라 今也則亡하니 未聞好學者也니이다
불 이 과   불 행 단 명 사 의   금 야 즉 무   미 문 호 학 자 야

   애공이 물었다. "제자 가운데 누가 배우기를 좋아합니까?" 공자가
대답하였다. "안회라고 하는 제자가 배우기를 좋아하여 노여움을 옮기
지 않으며 잘못을 두 번 하지 않았는데, 불행히도 명이 짧아서 죽었기
때문에 이제는 없으니, 배우기를 좋아하는 제자에 대해 듣지 못하였습
니다."

   1 불천노(不遷怒) 어떤 사람에게 화가 날 만한 일이 있다고 해서 그 화를 다른
사람에게 옮기지 않았다는 말이다.

6-03

子華使於齊¹러니 冉子爲其母請粟한대 子曰 與之釜²하라 請益한대 曰與之庾³
자 화 시 어 제   염 자 위 기 모 청 속   자 왈 여 지 부   청 익   왈 여 지 유

하라하여늘 冉子與之粟五秉한대 子曰 赤之適齊也에 乘肥馬하며 衣輕裘
염 자 여 지 속 오 병   자 왈 적 지 적 제 야   승 비 마   의 경 구

하니 吾는 聞之也하니 君子는 周急이오 不繼富라호라 原思爲之宰러니
오 문 지 야   군 자   주 급   불 계 부   원 사 위 지 재

與之粟九百이어늘 辭한대 子曰 毋하라 以與爾鄰里鄉黨乎인저
여 지 속 구 백   사   자 왈 무   이 여 이 린 리 향 당 호

　자화가 제나라에 사신으로 갔는데 염구가 그의 어머니를 위하여 곡
식을 청하니 공자가 말하였다. "여섯 말 네 되를 주어라." 더 주기를
청하니 말하였다. "열여섯 말을 주어라." 염구가 곡식 팔백 말을 주자,
공자가 말하였다. "적(赤)이 제나라에 갈 때 살찐 말을 타고 가벼운 갖
옷을 입었다. 나는 들으니 군자는 급한 사람을 두루 도와주고 부유한
사람에게 더 주지 않는다고 하였다." 원사가 일꾼들의 우두머리가 되
자 곡식 구백을 주었는데, 사양하자 공자가 말하였다. "사양하지 말아
라. 너의 이웃, 마을, 고을에 주어라."

---

1 자화(子華) 공서적(公西赤)을 말한다.
2 부(釜) 여섯 말 네 되.
3 유(庾) 열여섯 말.
4 병(秉) 일백 육십 말.
5 주(周) 부족한 것을 두루 공급해 주다.

6-04

子謂仲弓曰 犁牛之子 騂且角이면 雖欲勿用이나 山川은 其舍諸아
자 위 중 궁 왈 리 우 지 자 성 차 각   수 욕 물 용   산 천   기 사 저

공자가 중궁에 대해 말하였다. "얼룩소의 새끼가 색깔이 붉고 또한 뿔이 단정하면 비록 제사에 쓰지 않고자 하더라도 산과 내가 놓아두겠는가?"

―――― 1 이우(犁牛) 얼룩 소.

2 성(騂) 붉은 색깔.

해설 • 얼룩소는 무늬가 알록달록하기 때문에 제사에는 쓰지 않지만, 그런 얼룩소의 새끼라도 색이 순색으로 붉고 뿔이 반듯하다면 제사에 쓸 수 있다는 것이다. 색이 붉고 뿔이 좋은 새끼라면, 그 소가 얼룩소의 새끼라서 사람들이 쓰지 않으려고 할지라도, 산과 내의 신이 좋아해서 그냥 두지 않고 제사로 받으려고 할 것이라는 말이다. 즉, 사람이 재주가 있다면 그 부모가 비록 훌륭하지 못한 사람이라도 그런 것과 관계없이 쓰일 것이라는 말을 얼룩소와 새끼에 비유한 것이다.

• 전해 오는 말에 따르면 중궁의 아버지는 미천한 출신이었고 행실이 좋지 않았다고 한다. 그것이 항상 마음에 걸려서 중궁은 스스로 재주가 있으면서도 등용되지 못할까 걱정이 많았다. 이런 제자의 마음을 읽은 공자가 제자의 마음을 풀어준 것이다. "너는 재주가 있으니 걱정하지 마라. 너만 재주가 있다면 출신이나 집안 형편이 무슨 장애가 되겠느냐?"라고 제자를 격려한 것이다.

6-05

子曰 回也는 其心이 三月不違仁이오 其餘則日月至焉而已矣니라
자 왈 회 야　 기 심　 삼 월 불 위 인　　기 여 즉 일 월 지 언 이 이 의

공자가 말하였다. "안회는 그 마음이 석 달 동안 인을 어기지 않고, 그 나머지 사람들은 하루나 한 달에 한 번 인에 이를 따름이다."

6-06

季康子問 仲由는 可使從政也與이까 子曰 由也는 果하니 於從政乎에 何有
계강자문 중유   가사종정야여   자왈 유야 과   어종정호 하유

리오 曰賜也는 可使從政也與이까 曰賜也는 達하니 於從政乎에 何有리오
왈사야 가사종정야여   왈사야 달   어종정호   하유

曰求也는 可使從政也與이까 曰求也는 藝하니 於從政乎에 何有리오
왈구야 가사종정야여   왈구야 예   어종정호   하유

계강자가 물었다. "자로는 정치에 종사하게 할 만합니까?" 공자가 말하였다. "자로는 과단성이 있으니 정치에 종사하는데 무엇이 어렵겠습니까!" "자공은 정치에 종사하게 할 만합니까?" "자공은 사리에 통달하였으니 정치에 종사하는데 무엇이 어렵겠습니까!" "염구는 정치에 종사하게 할 만합니까?" "염구는 재주가 많으니 정치에 종사하는데 무엇이 어렵겠습니까!"

6-07

季氏使閔子騫으로 爲費宰[1]한대 閔子騫曰 善爲我辭焉하라 如有復我者인댄
계씨사민자건   위비재   민자건왈 선위아사언   여유부아자

則吾必在汶上矣[2]로리라
즉오필재문상의

계씨가 민자건으로 하여금 비(費) 고을의 우두머리로 삼고자 하니, 민자건이 말하였다. "나를 위하여 잘 말하라. 만일 내게 다시 말하면 곧

내가 반드시 문수 가에 있을 것이다."

―― 1 비(費) 계씨의 고을 이름.
　　2 문(汶) 제나라 남쪽과 노나라 북쪽 경계에 있는 강 이름.

해설 • 국경에 가서 여차하면 망명할 수도 있으니, 다시는 그런 말을 하지 말라
　　　고 못을 박은 것이다.

6-08

伯牛有疾이어늘 子問之할새 自牖로 執其手曰 亡之러니 命矣夫인저
백 우 유 질　　　자 문 지　　　자 유　　집 기 수 왈 무 지　　　명 의 부

斯人也而有斯疾也할새 斯人也而有斯疾也할새
사 인 야 이 유 사 질 야　　　사 인 야 이 유 사 질 야

　백우가 병에 걸리자 공자가 문안할 때 창문으로부터 그 손을 잡고 말
하였다. "이런 일이 있을 리가 없는데, 운명이구나! 이 사람이 이 병에
걸렸으니! 이 사람이 이 병에 걸렸으니!"

6-09

子曰 賢哉라 回也여 一簞食와 一瓢飮으로 在陋巷을 人不堪其憂어늘
자 왈 현 재　　회 야　　일 단 사　　일 표 음　　　재 누 항　　인 불 감 기 우

回也不改其樂하니 賢哉라 回也여
회 야 불 개 기 락　　　현 재　　회 야

공자가 말하였다. "현명하도다, 안회여! 한 그릇의 밥을 먹고 한 바가지의 물을 마시고서 누추한 거리에서 사는 것을 사람이 그 근심을 견디지 못하는 법인데, 안회는 그 즐거움을 고치지 않으니 현명하도다, 안회여!"

6-10

冉求曰 非不說子之道언마는 力不足也로이다 子曰 力不足者는 中道而廢하
염 구 왈 비 불 열 자 지 도   역 부 족 야   자 왈 역 부 족 자   중 도 이 폐

나니 今女는 畵이로다
      금 여   획

염구가 말하였다. "선생님의 도를 좋아하지 않는 것은 아니지만 힘이 충분하지 못합니다." 공자가 말하였다. "힘이 충분하지 못한 사람은 중간에 그만두는데, 지금 너는 스스로 한계를 긋는구나!"

6-11

子謂子夏曰 女爲君子儒오 無爲小人儒하라
자 위 자 하 왈 여 위 군 자 유   무 위 소 인 유

공자가 자하에게 말하였다. "너는 군자다운 선비가 되고 소인다운 선비가 되지 마라."

6-12

子游爲武城宰러니 子曰 女得人焉爾乎아 曰有澹臺滅明者하니
자유위무성재　　자왈 여득인언이호　왈유담대멸명자

行不由徑하며 非公事어든 未嘗至於偃之室也하나니이다
행불유경　　비공사　미상지어언지실야

　자유가 무성의 우두머리가 되자, 공자가 말하였다. "너는 사람을 얻었는가?" 자유가 말하였다. "담대멸명이라는 사람이 있는데, 다닐 때에 지름길로 가지 않으며 공적인 일이 아니면 저의 집에 온 적이 없습니다."

───　1 무성(武城) 노나라에 속한 읍.
　　　2 담대멸명(澹臺滅明) 담대(澹臺)는 성이고, 멸명(滅明)은 이름이며, 자는 자우(子羽)이다.

6-13

子曰 孟之反은 不伐이로다 奔而殿하여 將入門할새 策其馬曰 非敢後也라
자왈 맹지반　불벌　분이전　장입문　책기마왈 비감후야

馬不進也라하니라
마부진야

　공자가 말하였다. "맹지반은 자랑하지 않는구나! 패하여 달아날 때 뒤에 있다가 장차 문에 들어가려 할 때 그 말을 채찍질하여 '감히 뒤에 가려는 것이 아니라, 말이 나아가지 아니하였다.'라고 하였다."

1 맹지반(孟之反) 노나라 대부로 이름은 측(側)이다.

2 벌(伐) 자랑하다.

3 분(奔) 패하여 달아나다.

4 전(殿) 군대의 뒤를 말한다.

6-14

子曰 不有祝鮀之佞^{1 2}이며 而有宋朝³之美면 難乎免於今之世矣니라
자 왈 불 유 축 타 지 녕　　　이 유 송 조 지 미　난 호 면 어 금 지 세 의

공자가 말하였다. "축이라는 악기를 다루는 악관인 타(鮀)의 말재주를 갖거나, 송나라 공자인 조(朝)의 아름다움을 갖지 않으면, 오늘날의 세상에서 어려움을 벗어나기 어렵다."

1 축(祝) 종묘에서 쓰는 악기의 일종.

2 타(鮀) 위(衛)나라 대부로 자는 자어(子魚)인데, 말재주가 있었다고 한다.

3 조(朝) 송나라 공자로 용모가 아름다운 사람이었다고 한다.

6-15

子曰 誰能出不由戶리오마는 何莫由斯道也오
자 왈 수 능 출 불 유 호　　하 막 유 사 도 야

공자가 말하였다. "누가 문을 통하지 않고 나갈 수 있겠는가? 그런데 어찌 아무도 이 도를 통하지 않는가?"

6-16

子曰 質勝文則野¹오 文勝質則史²니 文質³이 彬彬然後에 君子니라
자 왈 질 승 문 즉 야　　문 승 질 즉 사　　문 질　　빈 빈 연 후　　군 자

공자가 말하였다. "바탕이 꾸밈을 이기면 촌스럽고 꾸밈이 바탕을
이기면 호화로우니, 꾸밈과 바탕이 잘 어우러진 다음에야 군자이다."

───── 1 야(野) 촌스럽다.
　　　　2 사(史) 꾸밈이 넘쳐서 호화롭다.
　　　　3 빈빈(彬彬) 잘 어우러진 모습이다.

6-17

子曰 人之生也直하니 罔之生也는 幸而免이니라
자 왈 인 지 생 야 직　　　망 지 생 야　　행 이 면

공자가 말하였다. "사람의 삶은 정직한 것인데, 정직하지 않고서도
살아 있는 것은 다행히 죽음을 면한 것이다."

6-18

子曰 知之者不如好之者오 好之者不如樂之者니라
자 왈 지 지 자 불 여 호 지 자　　호 지 자 불 여 낙 지 자

공자가 말하였다. "아는 사람은 좋아하는 사람만 같지 못하고, 좋아하는 사람은 즐거워하는 사람만 같지 못하다."

6-19

子曰 中人以上은 可以語上也어니와 中人以下는 不可以語上也니라
자 왈 중 인 이 상   가 이 어 상 야   중 인 이 하   불 가 이 어 상 야

공자가 말하였다. "지혜가 중간 이상인 사람에게는 최상의 진리를 말해줄 수 있으나, 지혜가 중간 이하인 사람에게는 최상의 진리를 말해줄 수 없다."

6-20

樊遲 問知한대 子曰 務民之義오 敬鬼神而遠之면 可謂知矣니라 問仁한대
번 지 문 지   자 왈 무 민 지 의 경 귀 신 이 원 지 가 위 지 의   문 인

曰仁者 先難而後獲이면 可謂仁矣니라
왈 인 자 선 난 이 후 획   가 위 인 의

번지가 지혜에 대하여 묻자, 공자가 말하였다. "백성의 정의에 힘쓰고, 귀신을 공경하면서도 멀리하면 지혜롭다고 말할 수 있을 것이다." 인에 대하여 묻자, 공자가 말하였다. "어진 자가 어려움을 먼저하고 얻음을 뒤에 하면 인이라고 말할 수 있을 것이다."

6-21

子曰 知者는 樂水¹하고 仁者는 樂山이니 知者는 動하고 仁者는 靜하며
자왈 지자 요수 인자 요산 지자 동 인자 정

知者는 樂²하고 仁者는 壽니라
지자 낙 인자 수

공자가 말하였다. "지혜로운 사람은 물을 좋아하고 어진 사람은 산을 좋아하니, 지혜로운 사람은 움직이고 어진 사람은 고요하며, 지혜로운 사람은 즐거워하고 어진 사람은 장수한다."

―― 1 요(樂) 기뻐하고 좋아하다.
2 낙(樂) 즐거워하다.

6-22

子曰 齊一變이면 至於魯하고 魯一變이면 至於道니라
자왈 제일변 지어노 노일변 지어도

공자가 말하였다. "제나라가 한 번 변하면 노나라에 이르고, 노나라가 한 번 변하면 도에 이를 것이다."

6-23

子曰 觚¹不觚면 觚哉觚哉아
자 왈 고 불 고   고 재 고 재

　공자가 말하였다. "모난 그릇이라는 것이 모가 나지 않았으면 모난 그릇이겠는가? 모난 그릇이겠는가?"

─── 1 고(觚) 모가 난 그릇.

6-24

宰我問曰 仁者는 雖告之曰 井有仁焉이라도 其從之也로소이다 子曰
재 아 문 왈 인 자   수 고 지 왈 정 유 인 언   기 종 지 야   자 왈

何爲其然也리오 君子는 可逝也언정 不可陷也며 可欺也언정 不可罔也니라
하 위 기 연 야   군 자   가 서 야   불 가 함 야   가 기 야   불 가 망 야

　재아가 물었다. "어진 사람에게는 비록 우물에 인이 있다고 말하여도 따라 들어갈 것입니다." 공자가 말하였다. "어찌 그렇겠는가? 군자를 가도록 할 수는 있지만 빠지도록 할 수는 없으며, 그럴듯하게 속일 수는 있지만 엉터리로 속일 수는 없을 것이다."

해설　· 주자는 정유인언(井有仁焉)의 인(仁)을 인(人)으로 보았다.

6-25

子曰 君子博學於文이오 約之以禮면 亦可以弗畔矣夫인저
자왈 군자박학어문　약지이례　역가이불반의부

　공자가 말하였다. "군자가 문장을 널리 배우고 예로 단속하면 또한
어긋나지 않을 수 있을 것이다."

6-26

子見南子한대 子路不說이라 夫子矢之曰 予所否者인댄
자견남자　자로불열　부자시지왈 여소부자

天厭之 天厭之시리라
천염지 천염지

　공자가 남자(南子)를 만나자 자로가 기뻐하지 아니하였다. 공자가 맹
세하여 말하였다. "내가 잘못하였다면 하늘이 싫어할 것이다! 하늘이
싫어할 것이다!"

――― 1 남자(南子) 위나라 영공의 부인으로, 행실이 좋지 않았다고 알려지고 있다.
2 시(矢) 맹세하다.

6-27

子曰 中庸之爲德也 其至矣乎인저 民鮮久矣니라
자왈 중용지위덕야 기지의호　　민선구의

　공자가 말하였다. "중용의 덕이 지극하도다! 백성들 가운데 오래 할
수 있는 사람이 드물다."

──── 1 중용(中庸) 일상생활 속에서 알맞음을 실천하는 것이다.

6-28

子貢曰 如有博施於民而能濟衆인댄 何如하니이까 可謂仁乎이까
자공왈 여유박시어민이능제중　　하여　　가위인호

子曰 何事於仁이리오 必也聖乎인저 堯舜도 其猶病諸니라 夫仁者는
자왈 하사어인　　필야성호　　요순　기유병저　　부인자

己欲立而立人하며 己欲達而達人이니라 能近取譬면 可謂仁之方也已니라
기욕립이립인　　기욕달이달인　　능근취비　가위인지방야이

　자공이 말하였다. "만일 백성에게 널리 베풀고 대중을 구제하면 어
떻습니까? 인이라고 말할 수 있습니까?" 공자가 말하였다. "어찌 인을
행하는 정도이겠는가? 반드시 성스러움일 것이다. 요임금과 순임금도
오히려 부족하게 여기셨다. 어진 사람은 자기가 서고자 하면 남을 세
워주며, 자기가 통달하고자 하면 남을 통달하게 한다. 가까운 데서 취
하여 비유할 수 있으면 인의 방법이라고 말할 수 있을 것이다."

제
7
장

술이 (述而)

공자의 자기 평가
─나는 누구인가?

7-01

子曰 述而不作하며 信而好古를 竊比於我老彭하노라
자 왈 술 이 부 작　　신 이 호 고　　절 비 어 아 노 팽

　공자가 말하였다. "진술만 하고 창작하지는 않으며, 믿으면서 옛것을 좋아하는 것을 가만히 우리 노팽에게 비교하노라."

─── 1 노팽(老彭) 상나라의 대부인데, 성명은 전갱(箋鏗)이며 『대대예기(大戴禮記)』
　　에 보인다.

7-02

子曰 黙而識之하며 學而不厭하며 誨人不倦이 何有於我哉오
자 왈 묵 이 지 지　　학 이 불 염　　회 인 불 권　　하 유 어 아 재

공자가 말하였다. "침묵하는 가운데 기억하며, 배우고서 싫어하지 않으며, 사람 가르치는 데 게으르지 않은 것, 이 가운데 무엇이 나에게 있는가?"

7-03

子曰 德之不脩와 學之不講과 聞義不能徙하며 不善不能改 是吾憂也니라
자 왈 덕 지 불 수   학 지 불 강   문 의 불 능 사   불 선 불 능 개 시 오 우 야

　공자가 말하였다. "덕을 닦지 못하는 것과 배움을 강구하지 못하는 것과 정의를 듣고서도 실천할 수 없고 착하지 못함을 고칠 수 없는 것, 이것이 나의 근심이다."

7-04

子之燕居에 申申如也하며 夭夭如也러라
자 지 연 거   신 신 여 야   요 요 여 야

　공자는 평소 거처할 적에 몸가짐이 여유로웠으며 얼굴빛이 부드러웠다.

───　1 연거(燕居) 한가하여 일이 없을 때이다.
　　　2 신신여(申申如) 몸가짐이 여유로운 모습이다.
　　　3 요요여(夭夭如) 얼굴빛이 부드러운 모습이다.

7-05

子曰 甚矣라 吾衰也여 久矣라 吾不復夢見周公이여
자왈 심의 　오쇠야 　구의 　오불부몽현주공

　공자가 말하였다. "심하도다, 내가 노쇠한 것이! 오래되었도다, 내가 다시 꿈에 주공을 뵙지 못한 것이!"

7-06

子曰 志於道하며 據於德하며 依於仁하며 游於藝니라
자왈 지어도 　거어덕 　의어인 　유어예

　공자가 말하였다. "도에 뜻을 두며 덕에 근거하며 인에 의지하며 예에 노닐어야 할 것이다."

7-07

子曰 自行束脩以上은 吾未嘗無誨焉이로다
자왈 자행속수이상 　오미상무회언

　공자가 말하였다. "육포 한 묶음을 가져온 사람으로부터 그 이상으로는 내가 일찍이 가르치지 않은 적이 없다."

해설 · 옛날에 스승으로 모시고자 할 때는 작은 예물을 드리는 것이 예였는데,
공자는 아무리 작은 예를 표시한 사람일지라도 모두 가르쳤다는 말이다.

7-08

子曰 不憤이어든 不啓하며 不悱어든 不發이라 擧一隅에 不以三隅反이어든
자 왈 불 분   불 계   불 비   불 발   거 일 우   불 이 삼 우 반

則不復也니라
즉 불 부 야

공자가 말하였다. "이해가 되지 않아서 애태우지 않으면 열어 보여
주지 않으며, 표현이 되지 않아서 애태우지 않으면 말해주지 않는다.
한 모퉁이를 들어 보여주었는데, 세 모퉁이를 들어 추론하지 못하면
더 말해주지 않는다."

—— 1 분(憤) 이해하려고 해도 되지 않아서 애태우는 모습이다.
2 비(悱) 표현하려고 해도 되지 않아서 애태우는 모습이다.

7-09

子食於有喪者之側에 未嘗飽也로다 子於是日에 哭則不歌러라
자 식 어 유 상 자 지 측   미 상 포 야   자 어 시 일   곡 즉 불 가

공자는 장례를 치르는 사람의 곁에서 먹을 때는 일찍이 배부르게 먹은 적이 없었다. 공자는 어떤 날에 죽은 사람을 위해 곡하면 그 날에는 노래를 부르지 않았다."

해설 ・ 죽은 사람을 함께 애도하고, 애도하는 사람의 마음가짐에 동조한 것이다.

7-10

子謂顔淵日 用之則行하고 舍之則藏을 惟我與爾有是夫인저 子路日
자 위 안 연 왈 용 지 즉 행   사 지 즉 장   유 아 여 이 유 시 부   자 로 왈

子行三軍則誰與¹시리이까 子日 暴虎馮河하여 死而無悔者를 吾不與也니
자 행 삼 군 즉 수 여   자 왈 포 호 빙 하   사 이 무 회 자   오 불 여 야

必也臨事而懼하며 好謀而成者也니라
필 야 임 사 이 구   호 모 이 성 자 야

공자가 안연에게 말하였다. "등용하면 자기의 뜻을 행하고 놓아두면 숨는 것을 오직 나와 네가 할 수 있을 것이다." 자로가 말하였다. "선생님께서 군대를 지휘하신다면 누구와 함께하시겠습니까?" 공자가 말하였다. "호랑이를 맨손으로 때려잡고 황하를 맨몸으로 건너 죽어도 후회하지 않는 사람과는 내가 함께하지 않을 것이니, 반드시 일에 임하여 두려워하며 도모하기를 좋아해서 이루는 사람과 함께 할 것이다."

───── 1 삼군(三軍) 제후의 군대로 전군(前軍) · 중군(中軍) · 후군(後軍)을 합하여 말하는 것이다.

7-11

子曰 富而可求也인댄 雖執鞭之士라도 吾亦爲之어니와
자 왈 부 이 가 구 야   수 집 편 지 사   오 역 위 지

如不可求인댄 從吾所好하리라
여 불 가 구   종 오 소 호

  공자가 말하였다. "내가 원하는 것을 부유함을 통해서 구할 수 있는
것이라면 비록 채찍을 잡는 무사라도 내가 또한 하겠지만, 만일 구할
수 없는 것이라면 내가 좋아하는 일을 하겠다."

해설 • 공자가 추구하는 인을 부유해진다고 해서 얻을 수 있다면 부유함을 위해
서 하찮은 직업이라도 가질 수 있다. 그러나 부유해진다고 해서 얻을 수 있
는 것이 아니므로 자신이 좋아하는 일을 하면서 인을 추구하겠다는 것이다.

7-12

子之所愼은 齊戰疾이러라
자 지 소 신   재 전 질

  공자가 삼간 것은 재계와 전쟁과 질병이었다.

7-13

子 在齊聞韶하고 三月을 不知肉味하여 曰不圖爲樂之至於斯也라
자 재 제 문 소   삼 월   부 지 육 미   왈 부 도 위 악 지 지 어 사 야

공자가 제나라에 있으면서 순임금의 음악인 소(韶)를 듣고, 배우는 삼 개월 동안 고기 맛을 알지 못하고 말하였다. "음악을 배우는 것이 이러한 경지에 이를 줄 생각하지도 못하였다."

―― 1 소(韶) 순임금의 음악.

해설 • 음악에 심취하여 고기의 맛도 알지 못할 정도였다는 말이다.

7-14

冉有曰 夫子爲衛君乎아 子貢曰 諾이라 吾將問之하리라 入曰 伯夷叔齊는
염유왈 부자위위군호   자공왈 낙   오장문지   입왈 백이숙제

何人也이까 曰古之賢人也니라 曰怨乎이까 曰求仁而得仁이어니 又何怨이리
하인야   왈고지현인야   왈원호   왈구인이득인   우하원

오 出曰 夫子不爲也시리라
   출왈 부자불위야

염유가 말하였다. "선생님께서 위나라 임금을 위하여 일하실까?" 자공이 말하였다. "좋다. 내가 장차 여쭈어 보겠다." 들어가서 말하였다. "백이와 숙제는 어떤 사람입니까." "예전의 현명한 사람이다." "원망하였습니까?" 공자가 말하였다. "인을 구하여 인을 얻었는데, 또 무엇을 원망하였겠는가?" 나와서 말하였다. "선생님께서는 위나라 임금을 위하여 일하지 않으실 것이다."

―― 1 위공(衛君) 출공(出公) 첩(輒)이다.

해설 • 위나라 영공(靈公)이 그 아들 괴외(蕢聵)를 내쫓아서 진(陳) 나라로 간

후에 영공이 죽으니, 나라 사람들이 괴외의 아들 첩(輒)을 세워 임금을 삼았는데, 그가 출공(出公)이었다. 진나라에서 이 말을 듣고 괴외를 위나라로 돌려보냈는데, 출공이 군사를 내어 자기 아버지를 막았다. 아버지와 아들 사이에 왕위를 놓고 다툰 것이다. 이러한 출공에 대한 스승 공자의 생각을 확실하게 알고 싶었던 자공은 그들과는 전혀 다르게 왕위를 서로 사양하였던 백이와 숙제를 예로 들어 질문하였다. 공자는 그들이 어진 사람이며 자신들의 처지를 원망하지도 않았다고 자공에게 일러주었다. 이 말을 들은 자공은 스승 공자가 백이, 숙제와는 전혀 다른 길을 가고 있는 출공을 도와 일하지 않을 것을 확실히 알게 되었다.

7-15

子曰 飯疏食飲水하고 曲肱而枕之라도 樂亦在其中矣니 不義而富且貴는
자 왈 반 소 사 음 수　　곡 굉 이 침 지　　낙 역 재 기 중 의　　불 의 이 부 차 귀

於我에 如浮雲이니라
어 아　　여 부 운

　공자가 말하였다. "거친 밥을 먹으며 물을 마시고, 팔을 구부려 베개를 할지라도 즐거움이 또한 그 가운데 있으니, 정의롭지 않으면서 부유하고 귀함은 나에게 뜬구름과 같다."

7-16

子曰 加我數年하여 五十以學易이면 可以無大過矣리라
자 왈 가 아 수 년　　오 십 이 학 역　　가 이 무 대 과 의

공자가 말하였다. "나에게 몇 년을 더해 주어서 나이 오십에 주역를 배운다면 큰 허물이 없을 수 있을 것이다."

7-17

子所雅言은 詩書오 執禮 皆雅言也러다
자 소 아 언   시 서   집 례 개 아 언 야

공자가 늘 말한 것은 『시경』과 『서경』이었고, 예를 집행하는 것들도 늘 말하는 것이었다.

해설 • 주자는 시서(詩書)와 집례(執禮)를 합하여 "공자가 늘 말한 것은 『시경』과 『서경』, 예를 집행하는 것이었으니, 모두 늘 말하는 것이었다."라고 해석하였다. 그렇게 볼 수도 있으나, 그렇게 해석할 경우에 아언(雅言)이 중복되어 압축적으로 표현하는 일반적인 『논어』의 문투와는 달리 늘어진 표현이 되므로, 위와 같이 해석해 보았다.

7-18

葉公이 問孔子於子路어늘 子路不對라 子曰 女奚不曰 其爲人也發憤忘食
섭 공   문 공 자 어 자 로   자 로 부 대   자 왈 여 해 불 왈 기 위 인 야 발 분 망 식

하며 樂以忘憂하여 不知老之將至云爾오
낙 이 망 우   부 지 노 지 장 지 운 이

섭공이 자로에게 공자에 대해 물었는데, 자로가 대답하지 못하였다.

공자가 말하였다. "너는 어찌 말하지 않았느냐? '그 사람됨이 분발하여 먹기를 잊으며, 즐거워하여 근심을 잊어서 늙음이 장차 이르게 됨을 알지 못한다.'라고."

---

1 섭공(葉公) 초나라 섭 땅의 우두머리인 심저량(沈諸梁)인데, 자는 자고(子高)이다. 공이라고 한 것은 참칭(스스로 칭함)한 것이다.

7-19

子曰 我非生而知之者라 好古敏以求之者也로다
자 왈 아 비 생 이 지 지 자   호 고 민 이 구 지 자 야

　공자가 말하였다. "나는 태어나면서 아는 사람이 아니라, 옛것을 좋아하여 민첩하게 구하는 사람이다."

7-20

子 不語怪力亂神이러라
자 불 어 괴 력 난 신

　공자는 괴이함과 힘과 어지러움과 귀신을 말하지 아니하였다.

7-21

子曰 三人行이면 必有我師焉이니 擇其善者而從之오 其不善者而改之니라
자왈 삼인행 필유아사언 택기선자이종지 기불선자이개지

    공자가 말하였다. "세 사람이 길을 간다면 반드시 나의 스승이 있으니, 착한 일을 가려서 따르고 착하지 않은 일을 가려서 고쳐야 한다."

7-22

子曰 天生德於予니 桓魋其如予何리오
자왈 천생덕어여 환퇴기여여하

    공자가 말하였다. "하늘이 덕을 나에게 내주셨으니, 환퇴가 나를 어찌 하겠는가?"

---

1 환퇴(桓魋) 송나라 사마(司馬) 벼슬을 한 상퇴(向魋)이니, 환공에게서 나왔으므로 환씨(桓氏)로 칭한 것이다.

해설 • 『사기』에서 이 구절에 대해서 "공자가 송나라에 가서 제자와 큰 나무 아래에서 예를 익히고 있는데, 환퇴가 그 나무를 베어버리므로 공자가 옷을 갈아입고 피하여 갔다. 제자들이 빨리 가는 것이 좋겠다고 하자, 이렇게 대답하고 정나라로 간 것이다."라고 하였다.

7-23

子曰 二三子는 以我爲隱乎아 吾無隱乎爾로라 吾無行而不與二三子者
자왈 이삼자 이아위은호 오무은호이 오무행이불여이삼자자

是丘也니라
시구야

공자가 말하였다. "그대들은 내가 숨긴다고 생각하는가? 나는 숨긴
것이 없다. 내가 행하면서 그대들과 함께하지 않은 것이 없으니, 이것
이 나이다."

7-24

子以四敎하니 文行忠信이라
자이사교   문행충신

공자는 네 가지로 가르치셨는데, 문장과 행동과 진실과 믿음이었다.

7-25

子曰 聖人을 吾不得而見之矣어든 得見君子者면 斯可矣니라 善人을
자왈 성인 오부득이견지의   득견군자자 사가의   선인

吾不得而見之矣어든 得見有恒者면 斯可矣니라 亡而爲有하며
오부득이견지의   득견유항자 사가의   무이위유

虛而爲盈하며 約而爲泰면 難乎有恒矣니라
허 이 위 영   약 이 위 태   난 호 유 항 의

공자가 말하였다. "성인을 내가 볼 수 없으면 군자라도 볼 수 있으면 된다. 착한 사람을 내가 볼 수 없으면 늘 한결같은 사람이라도 볼 수 있으면 된다. 없는데도 있는 체하며, 비었는데도 찬 체하며, 가난한데도 사치하면 늘 한결같기 어렵다."

7-26

子는 釣而不綱하며 弋不射宿이러다
자   조 이 불 강   익 불 석 숙

공자는 낚시질은 하였지만 그물질은 하지 않았으며, 주살질은 하였지만 잠자는 것을 쏘지 아니하였다.

─── 1 강(綱) 굵은 노끈으로 그물을 이어서 물을 막아 고기를 잡는 것이다.
     2 익(弋) 실을 화살을 매어서 쏘는 것이다.
     3 석(射) '화살을 쏘아 맞힌다.'는 뜻으로 음은 '석'이다.

7-27

子曰 蓋有不知而作之者아 我無是也로라 多聞하여 擇其善者而從之하며
자 왈 개 유 부 지 이 작 지 자   아 무 시 야   다 문   택 기 선 자 이 종 지

多見而識之하노니 知之次也니라
다 견 이 지 지   지 지 차 야

공자가 말하였다. "지혜롭지 않으면서도 창작하는 사람이 있는가? 나는 그러한 일이 없다. 많이 듣고서 그 가운데 좋은 것을 가려 따르며 많이 보고서 기억하니, 나는 지혜로운 사람의 다음 가는 사람이다."

해설   • 이 장은 마땅히 이편 첫 장에서 공자 자신이 "진술만 하고 창작하지는 않았다"고 한 말과 짝지어 보아야 할 것이다.

7-28

1
互鄕은 難與言이러니 童子見이어늘 門人이 惑이라 子曰 與其進也오
호 향   난 여 언   동 자 현   문 인   혹   자 왈 여 기 진 야

不與其退也니 唯何甚이리오 人이 潔己以進이어든 與其潔也오 不保其往也
불 여 기 퇴 야   유 하 심   인   결 기 이 진   여 기 결 야   불 보 기 왕 야

니라

호향 사람과는 말하기 어려웠는데, 그곳의 어린이가 공자를 뵙자 문인들이 의심하였다. 공자가 말하였다. "그가 나아온 것을 인정하고 그가 물러가서 하는 행동까지 인정하지는 않는 것이니, 어찌 심하게 하겠는가? 사람이 자기를 깨끗이 하여 나오거든 그의 깨끗함을 인정하고, 그의 뒷날까지 보장하지는 못하는 것이다."

─── 1 호향(互鄕) 노나라 고을의 이름.

7-29

子曰 仁遠乎哉아 我欲仁이면 斯仁이 至矣니라
자왈 인원호재　아욕인　　사인　지의

　공자가 말하였다. "인이 멀리 있는가? 내가 인을 하고자 하면 이에
인이 이르는 것이다."

7-30

陳司敗問 昭公이 知禮乎이까 孔子曰 知禮니라 孔子退어늘
진사패문 소공　지례호　공자왈 지례　공자퇴

揖巫馬期而進之하여 曰吾聞君子는 不黨이라하니 君子도 亦黨乎아
읍무마기이진지　왈오문군자　부당　　군자　역당호

君取於吳하니 爲同姓이라 謂之吳孟子라하니라 君而知禮면 孰不知禮리오
군취어오　위동성　위지오맹자　　　군이지례　숙부지례

巫馬期以告한대 子曰 丘也幸이로다 苟有過어든 人必知之온여
무마기이고　자왈 구야행　구유과　인필지지

　진나라 사패가 "소공은 예를 아십니까?"라고 묻자, 공자는 "예를 아
신다."라고 말하였다. 공자가 물러나가자 사패는 무마기에게 읍하여
나오게 하고서 말하였다. "나는 군자가 편을 가르지 않는다고 들었는
데, 군자도 또한 편을 가릅니까? 임금이 오나라에서 부인을 취하였는
데, 성이 같기 때문에 오맹자라고 하였습니다. 임금이 예를 알면 누가
예를 알지 못하겠습니까?" 무마기가 사패의 이 말을 알려주자 공자가

말하였다. "나는 행복한 사람이다. 허물이 있으면 사람들이 반드시 아는구나!"

7-31

子與人歌而善이어든 必使反之하고 而後和之러다
자 여 인 가 이 선   필 사 반 지   이 후 화 지

공자가 사람들과 함께 노래할 적에 노래를 잘 부르면 반드시 다시 부르게 하고 뒤에 화답하였다.

7-32

子曰 文莫吾猶人也아 躬行君子는 則吾未之有得호라
자 왈 문 막 오 유 인 야   궁 행 군 자   즉 오 미 지 유 득

공자가 말하였다. "문장이야 내가 다른 사람과 같지 않겠는가? 그러

나 군자의 일을 몸소 행하는 것은 내가 아직 터득하지 못하였다."

7-33

子曰 若聖與仁은 則吾豈敢이리오 抑爲之不厭하며 誨人不倦은
자 왈 약 성 여 인   즉 오 기 감   억 위 지 불 염   회 인 불 권

則可謂云爾已矣니라 公西華曰 正唯弟子不能學也로소이다
즉 가 위 운 이 이 의   공 서 화 왈 정 유 제 자 불 능 학 야

공자가 말하였다. "성스러운 사람과 어진 사람을 내가 어찌 감히 바라겠는가? 그러나 그렇게 되도록 노력하여 싫어하지 않으며, 그렇게 되도록 사람을 가르치는데 게을리하지 않았다고는 말할 수 있을 따름이다." 공서화가 말하였다. "바로 제자가 배우지 못한 것입니다."

7-34

子 疾病이어늘 子路請禱하다 子曰 有諸아 子路對曰 有之하니 誄¹에
자 질 병   자 로 청 도   자 왈 유 저   자 로 대 왈 유 지   뇌

曰禱爾于上下神祇라하니이다 子曰 丘之禱久矣니라
왈 도 이 우 상 하 신 기   자 왈 구 지 도 구 의

공자의 병이 심해지자 자로가 기도를 요청하였다. 공자가 말하였다. "그런 경우가 있느냐?" 자로가 대답하였다. "있습니다. 제문에 '위아래

의 신에게 너에 대해 빈다.'고 하였습니다." 공자가 말하였다. "내가 그렇게 기도한 지는 오래되었다."

---

1 뇌(誄) 죽은 자를 슬퍼하여 그 평생의 일을 기록한 글.

7-35

子曰 奢則不孫하고 儉則固니 與其不孫也론 寧固니라
자 왈 사 즉 불 손　　검 즉 고　　여 기 불 손 야　　영 고

  공자가 말하였다. "사치하면 공손하지 않고 검소하면 고루하니, 공손하지 않기보다는 차라리 고루한 것이 낫다."

7-36

子曰 君子는 坦蕩蕩이오 小人은 長戚戚이니라
자 왈 군 자　 탄 탕 탕　　소 인　 장 척 척

  공자가 말하였다. "군자는 한결같이 여유롭고, 소인은 늘 조마조마하다."

7-37

子는 溫而厲하며 威而不猛하며 恭而安이러다
자 온이려   위이불맹   공이안

　공자는 온화하면서도 엄격하며, 위엄이 있으면서도 사납지 않으며,
공손하면서도 편안하였다.

제 8 장

태백(泰伯)

그리운 성인들

8-01

子曰 泰伯은 其可謂至德也已矣로다 三以天下讓하되 民無得而稱焉이온여
자 왈 태 백　　기 가 위 지 덕 야 이 의　　　삼 이 천 하 양　　　민 무 득 이 칭 언

　공자가 말하였다. "태백은 지극한 덕을 가진 사람이라고 말할 만하
다. 세 번 천하를 양보하였으나 백성들이 칭송할 수 없었다."

해설　• 양보하면서도 자신을 드러내지 않았기 때문에 백성들은 알지 못하여 칭
　　　송조차 할 수 없었다는 말이다.

8-02

子曰 恭而無禮則勞하고 慎而無禮則葸하고 勇而無禮則亂하고
자 왈 공 이 무 례 즉 로　　　신 이 무 례 즉 시　　　용 이 무 례 즉 난

直而無禮則絞니라 君子篤於親則民興於仁하고 故舊不遺則民不偷³니라
직 이 무 례 즉 교　　　군 자 독 어 친 즉 민 흥 어 인　　　고 구 불 유 즉 민 불 투

공자가 말하였다. "공손하지만 예가 없으면 수고롭게 되고, 삼가지
만 예가 없으면 두려워하게 되고, 용감하지만 예가 없으면 혼란스럽
고, 강직하지만 예가 없으면 조급하다. 군자가 친척에게 독실하게 대
하면 백성들은 인에 흥기하고, 오래 사귄 사람을 버리지 않으면 백성
들이 각박해지지 않는다."

―――　1 시(葸) 두려워하다.
　　　2 교(絞) 조급하다.
　　　3 투(偷) 각박하다.

8-03

曾子有疾하여 召門弟子 曰啓予足하며 啓予手하라 詩云戰戰兢兢하여
증 자 유 질　　소 문 제 자　왈 계 여 족　　　계 여 수　　시 운 전 전 긍 긍

如臨深淵하며 如履薄氷이라하니 而今而後에야 吾知免夫라 小子아
여 림 심 연　　여 리 박 빙　　　이 금 이 후　　오 지 면 부　소 자

증자가 병이 위중해지자 제자들을 불러 말하였다. "나의 발을 열어
보고 나의 손을 열어 보아라. 『시경』에 '전전긍긍하여, 깊은 연못에 임
한 듯하고 엷은 얼음을 밟듯이 하라.'고 하였으니, 이제야 나는 어려움
에서 벗어났음을 알겠구나, 제자들이여!"

8-04

曾子有疾이어늘 孟敬子問之러니 曾子言曰 鳥之將死에 其鳴也哀하고
증 자 유 질　　　맹 경 자 문 지　　증 자 언 왈 조 지 장 사　　기 명 야 애

人之將死에 其言也善이라 君子所貴乎道者三이니 動容貌에 斯遠暴慢矣며
인 지 장 사　　기 언 야 선　　군 자 소 귀 호 도 자 삼　　동 용 모　　사 원 포 만 의

正顔色에 斯近信矣며 出辭氣에 斯遠鄙倍矣라 邊豆之事則有司存이라[1]
정 안 색　　사 근 신 의　　출 사 기　　사 원 비 배 의　　변 두 지 사 즉 유 사 존

　증자가 병이 위중해지자 맹경자가 문병을 왔다. 증자가 말하였다.
"새가 장차 죽으려고 할 때는 울음소리가 슬프고, 사람이 장차 죽으려
고 할 때는 그 말이 착한 법입니다. 군자가 도에 대해서 귀하게 여기는
것이 세 가지 있으니, 용모를 움직일 때는 사나움과 태만함을 멀리하
며, 얼굴빛을 바르게 할 때는 믿음에 가깝게 하며, 말과 소리를 낼 때
는 비루함과 도리에 위배되는 것을 멀리하여야 합니다. 제기를 다루는
일은 실무자가 있습니다."

──── 1 변두(邊豆) 제기.

8-05

曾子曰 以能으로 問於不能하며 以多로 問於寡하며 有若無하며 實若虛하며
증 자 왈 이 능　　문 어 불 능　　이 다　　문 어 과　　유 약 무　　실 약 허

犯而不校[1]를 昔者吾友嘗從事於斯矣러니라
범 이 불 교　　석 자 오 우 상 종 사 어 사 의

증자가 말하였다. "능하면서 능하지 못한 이에게 물으며, 학식이 많으면서 적은 이에게 물으며, 있어도 없는 것 같고, 꽉 차있어도 빈 것 같으며, 자신을 범하여도 따지지 않는 것을 옛적에 내 벗이 일찍이 이 일에 종사하였다."

―― 1 교(校) 비교하다. 따지다.
해설 · 주자는 증자가 말한 '내 벗'이 안연이라고 하였다.

8-06

曾子曰 可以託六尺之孤하며 可以寄百里之命이오 臨大節而不可奪也면
증 자 왈 가 이 탁 육 척 지 고   가 이 기 백 리 지 명   임 대 절 이 불 가 탈 야

君子人與아 君子人也니라
군 자 인 여   군 자 인 야

증자가 말하였다. "여섯 척의 어린 임금을 맡길 만하고, 백 리 되는 나라의 운명을 부탁할 만하며, 큰 절개에 임해서 그 뜻을 빼앗을 수 없다면, 군자다운 사람인가? 군자다운 사람이다."

―― 1 고(孤) 고아라는 뜻인데, 여기서는 어린 임금을 말한다.

8-07

曾子曰 士不可以不弘毅니 任重而道遠이라 仁以爲己任하니
증 자 왈 사 불 가 이 불 홍 의   임 중 이 도 원   인 이 위 기 임

不亦重乎아 死而後已니 不亦遠乎아
불역중호　사이후이　불역원호

　증자가 말하였다. "선비는 넓고 굳세지 않을 수 없다. 짐이 무겁고 길이 멀기 때문이다. 인으로써 자기의 짐으로 삼으니, 또한 무겁지 아니한가? 죽은 뒤에라야 끝나니, 또한 멀지 아니한가?"

──── 1 의(毅) 굳센 모양이다.
　　　2 임(任) 짐.

8-08

子曰 興於詩하며 立於禮하며 成於樂이라
자왈 흥어시　　입어례　　성어악

　공자가 말하였다. "시에서 흥기하며, 예에서 서며, 음악에서 완성된다."

8-09

子曰 民은 可使由之오 不可使知之니라
자왈 민　가사유지　불가사지지

　공자가 말하였다. "백성은 따르게 할 수는 있어도 알게 할 수는 없다."

8-10

子曰 好勇疾貧이면 亂也오 人而不仁을 疾之已甚이면 亂也니라
자 왈 호 용 질 빈   난 야   인 이 불 인   질 지 이 심   난 야

　공자가 말하였다. "용기를 좋아하고 가난을 싫어하면 난을 일으킬
것이며, 사람이 어질지 못한 것을 너무 미워하면 난을 일으킬 것이다."

8-11

子曰 如有周公之才之美라도 使驕且吝이면 其餘는 不足觀也已니라
자 왈 여 유 주 공 지 재 지 미   사 교 차 인   기 여   부 족 관 야 이

　공자가 말하였다. "주공의 재주와 같은 아름다움을 가지고 있더라
도, 교만하고 인색하다면 그 나머지는 볼 것이 없다."

8-12

子曰 三年學에 不至於穀¹을 不易得也니라
자 왈 삼 년 학   부 지 어 곡   불 이 득 야

　공자가 말하였다. "삼 년을 배우고서도 봉록에 뜻을 두지 않는 자를
쉽게 얻지 못하겠다."

8-13

子曰 篤信好學하며 守死善道니라 危邦不入하고 亂邦不居하며
자 왈 독 신 호 학 　 수 사 선 도 　 위 방 불 입 　 난 방 불 거

天下有道則見하고 無道則隱이라 邦有道에 貧且賤焉이 恥也며
천 하 유 도 즉 현 　 무 도 즉 은 　 방 유 도 　 빈 차 천 언 　 치 야

邦無道에 富且貴焉이 恥也니라
방 무 도 　 부 차 귀 언 　 치 야

　공자가 말하였다. "독실하게 믿고 배우기를 좋아하며, 훌륭한 도리를 지켜 죽는 것이다. 위태로운 나라에는 들어가지 않고, 어지러운 나라에는 살지 않으며, 천하에 도가 있으면 나타나고, 도가 없으면 숨어야 한다. 나라에 도가 있을 때는 가난하고 천한 것이 부끄러우며, 나라에 도가 없을 때는 부유하고 귀한 것이 부끄럽다."

8-14

子曰 不在其位하여는 不謀其政이라
자 왈 부 재 기 위 　 불 모 기 정

　공자가 말하였다. "그 자리에 있지 않으면 그와 관련된 정사를 도모하지 않는다."

8-15

子曰 師摯之始에 關雎之亂이 洋洋乎盈耳哉라
자 왈 사 지 지 시   관 저 지 난   양 양 호 영 이 재

　공자가 말하였다. "악사인 지(摯)가 처음 벼슬할 때 연주하던 「관저」의 마지막 악장이 넘실넘실 귀에 가득하구나!"

───　1 사(師) 악사.
　　　2 난(亂) 음악의 마지막 악장.
　　　3 양양(洋洋) 물이 넘실넘실한 모양으로, 여기에서는 아름다운 음률이 생생하게 들리는 것 같은 상태를 말한다.

8-16

子曰 狂而不直하며 侗而不愿하며 悾悾而不信을 吾不知之矣로다
자 왈 광 이 부 직   동 이 불 원   공 공 이 불 신   오 부 지 지 의

　공자가 말하였다. "과격하고 정직하지 못하며, 무지하고 진실하지 못하며, 무능하고 미덥지 못한 사람을 나는 알지 못하겠다."

───　1 동(侗) 무지한 모습이다.
　　　2 원(愿) 진실한 모습이다.
　　　3 공공(悾悾) 무능한 모습이다.

8-17

子曰 學如不及이오 猶恐失之니라
자 왈 학 여 불 급　　유 공 실 지

　공자가 말하였다. "배움은 따라가지 못할 듯이 하고, 오히려 배운 것
을 잃을까 두려워하여야 한다."

8-18

子曰 巍巍乎라 舜禹之有天下也而不與焉이여
자 왈 외 외 호　　순 우 지 유 천 하 여 이 불 여 언

　공자가 말하였다. "우뚝하도다, 순임금과 우임금은 천하를 가지시고
도 거기에 관여하지 않으셨으니!"

8-19

子曰 大哉라 堯之爲君也여 巍巍乎唯天이 爲大어시늘 唯堯則之하니
자 왈 대 재　요 지 위 군 야　외 외 호 유 천　위 대　　유 요 측 지

蕩蕩乎民無能名焉이로다 巍巍乎其有成功也여 煥乎其有文章이여
탕 탕 호 민 무 능 명 언　　외 외 호 기 유 성 공 야　환 호 기 유 문 장

　공자가 말하였다. "위대하도다, 요가 임금노릇을 하심이여! 우뚝하

게 오직 저 하늘만이 큰데, 오직 요임금만이 본받으셨으니, 넓고 넓어 백성들이 무어라 형용하지 못하는구나! 우뚝하도다, 그 공을 이룸이여! 환하도다, 그 문장이 있음이여!"

8-20

舜이 有臣五人而天下治하니라 武王이 曰予有亂臣¹十人호라 孔子曰 才難
순   유신오인이천하치   무왕   왈여유난신십인   공자왈 재난

이 不其然乎아 唐虞之際 於斯爲盛하나 有婦人焉이라 九人而已니라
불기연호   당우지제 어사위성   유부인언   구인이이

三分天下에 有其二하여 以服事殷하니 周之德은 其可謂至德也已矣로다
삼분천하   유기이   이복사은   주지덕   기가위지덕야이의

　　순임금이 어진 신하 다섯 사람을 가짐에 천하가 다스려졌다. 무왕이 말하였다. "나는 다스리는 신하 열 사람을 가졌다." 공자가 말하였다. "인재를 얻기가 어렵다고 하니, 그렇지 아니한가? 요순의 시대만이 주나라 때보다 인재를 성대하게 얻었는데, 주나라의 인재 가운데 부인이 들어 있으니, 아홉 사람일 뿐이다. 천하를 셋으로 나누어 그 가운데 둘을 소유하고도 은나라에 복종하여 섬겼으니, 주나라의 덕은 지극한 덕이라고 말할 만하다."

───── 1 난신(亂臣) 어지러움을 다스리는 신하.

8-21

子曰 禹는 吾無間然矣로다 菲飮食而致孝乎鬼神하며
자 왈 우   오 무 간 연 의   비 음 식 이 치 효 호 귀 신

惡衣服而致美乎黻冕하며 卑宮室而盡力乎溝洫하니 禹는 吾無間然矣로다
악 의 복 이 치 미 호 불 면   비 궁 실 이 진 력 호 구 혁   우   오 무 간 연 의

공자가 말하였다. "우임금에 대해서는 내가 흠잡을 데가 없다. 음식
은 보잘것없이 하면서도 조상신에게는 효도를 다 하고, 의복은 초라하
게 하면서도 제사 복장에는 아름다움을 다하고, 궁실은 나지막하게 하
면서도 농사를 위한 도랑을 파는 일에는 힘을 다하였으니, 우임금에
대해서는 내가 흠잡을 데가 없다."

──── 1 비(菲) 박하게 하다.

제9장

자한(子罕)

나는 이렇게 살고 싶다

9-01

子는 罕[1]言利與命與仁이러다
자   한 언 이 여 명 여 인

공자는 이익과 명과 인을 드물게 말하였다.

——— 1 한(罕) 드물다.

해설 • 이 문장은 이(利) 다음에 구절을 떼고 "인을 드물게 말하였으며, 명과 함
께 하고 인과 함께 하였다."고 해석하기도 한다.

9-02

達港黨人[1]이 日大哉라 孔子여 博學而無所成名이로다 子聞之하고
달 항 당 인   왈 대 재   공 자   박 학 이 무 소 성 명   자 문 지

謂門弟子曰 吾何執고 執御乎아 執射乎아 吾執御矣로리라
위 문 제 자 왈 오 하 집   집 어 호   집 사 호   오 집 어 의

　달항이란 고을의 사람이 말했다. "크도다, 공자여! 널리 배웠으나 이
름을 이룬 것이 없구나!" 공자가 이 말을 듣고 문하의 제자들에게 말하
였다. "내가 무엇을 잡겠는가? 말 모는 일을 잡겠는가? 아니면 활 쏘
는 일을 잡겠는가? 내가 말 모는 일을 잡겠다."

───　1 달항(達巷) 고을의 이름.

해설　• 공자가 학문을 하는 목적은 인을 실천하는 것이었지, 한 가지를 전문적
　　　　으로 익혀서 이름을 날리는 것이 아니었기 때문에 공자가 위와 같이 말한
　　　　것이다.

9-03

子曰 麻冕이 禮也어늘 今也純하니 儉이라 吾從衆하리라 拜下 禮也어늘
자 왈 마 면   예 야   금 야 순   검   오 종 중   배 하 예 야

今拜乎上하니 泰也라 雖違衆이나 吾從下하리라
금 배 호 상   태 야   수 위 중   오 종 하

　공자가 말하였다. "삼베로 만든 면류관이 예에 맞지만 지금은 실로
만드니, 검소하다. 나는 대중들을 따르겠다. 아래에서 절하는 것이 예
인데, 지금은 위에서 절하니, 이는 교만하다. 나는 비록 대중들과 어긋
난다 하더라도 아래에서 절하겠다."

───　1 순(純) 실.

9-04

子 絶四러니 *毋意毋必毋固毋我*러다
자 절 사　　무 의 무 필 무 고 무 아

　공자는 네 가지가 없었으니, 사사로운 뜻이 없었으며, 꼭 해야 하는
것이 없었으며, 고집이 없었으며, '나'라는 것이 없었다.

9-05

子 畏於匡[1]이러니 曰文王이 旣沒하니 文不在兹乎아 天之將喪斯文也인대
자 외 어 광　　왈 문 왕　기 몰　　　문 부 재 자 호　천 지 장 상 사 문 야

後死者[2] 不得與於斯文也어와 天之未喪斯文也니 匡人이 其如子에 何리오
후 사 자　부 득 여 어 사 문 야　　천 지 미 상 사 문 야　광 인　기 여 여　　하

　공자가 광(匡) 땅에서 두려운 일이 있었을 때 말하였다. "문왕이 이미
돌아가셨으니, 문화가 여기에 있지 아니한가? 하늘이 장차 이 문화를
없애려 하신다면 문왕보다 뒤에 죽는 사람인 내가 이 문화에 참여하지
못했을 것이다. 하늘이 이 문화를 없애려 하지 않으신다면, 광 땅 사람
들이 나를 어떻게 하겠는가?"

―――― 1 광(匡) 정나라의 지명이라고 한다.
　　　2 후사자(後死者) 문왕보다 뒤에 죽는 사람이라는 뜻으로, 자신을 겸양해서 일
　　　　컬은 말이다.

9-06

大宰¹ 問於子貢曰 夫子는 聖者與아 何其多能也오 子貢曰 固天縱²之將³聖
태 재 문 어 자 공 왈 부 자   성 자 여   하 기 다 능 야   자 공 왈 고 천 종 지 장 성

이오 又多能也니라 子聞之曰 大宰 知我乎인저 吾少也에 賤故로 多能鄙事
우 다 능 야   자 문 지 왈 태 재 지 아 호   오 소 야   천 고   다 능 비 사

하니 君子는 多乎哉아 不多也니라 牢⁴曰 子云 吾不試⁵故로 藝⁶라하니라
군 자   다 호 재   부 다 야   뇌 왈 자 운 오 불 시 고   예

　태재가 자공에게 물었다. "공자는 성자이신가? 어찌 그렇게 할 수
있는 것이 많으신가?" 자공이 말했다. "본래 하늘이 내려보내신 큰 성
인이신데, 또한 할 수 있는 것이 많으시다." 공자가 이 말을 듣고 말하
였다. "태재가 나를 아는구나. 내가 젊었을 적에 미천했기 때문에 비천
한 일을 할 수 있는 것이 많은데, 군자는 할 수 있는 것이 많은가? 많
지 않다." 뇌가 말했다. "선생님께서 '내가 세상에 등용되지 못했기 때
문에 재주가 많다'고 하셨다."

──── 1 태재(大宰) 국정을 총괄하는 관료의 우두머리. 정현(鄭玄)은 여기에서 말하는
　　 태재가 오나라의 태재인 비(嚭)라고 하였다.
　　 2 종(縱) 내보내다.
　　 3 장(將) 크다.
　　 4 뇌(牢) 공자 제자로 성은 금(琴)이고 이름은 뇌(牢)이며 자는 자개(子開) 또는
　　 자장(子張)이다.
　　 5 시(試) 쓰인다.
　　 6 예(藝) 재주.

9-07

子曰 吾有知乎哉아 無知也로라 有鄙夫問於我어든
자 왈 오 유 지 호 재　　　무 지 야　　　유 비 부 문 어 아

空空如也라도 我叩其兩端而竭焉하노라
공 공 여 야　　　아 고 기 양 단 이 갈 언

　　공자가 말하였다. "내가 아는 것이 있는가? 나는 아는 것이 없다. 아무 것도 모르는 사람이 나에게 묻는데, 그가 아무리 무식하다 하더라도 나는 그 물음에 대해 이쪽저쪽으로 가능한 답을 찾아서 다 말해줄 뿐이다."

―――　1 공공여(空空如) 텅 빈 모양이다.
　　　　2 고(叩) 두드리다, 탐색하다.

9-08

子曰 鳳鳥不至하며 河不出圖하니 吾已矣夫인저
자 왈 봉 조 부 지　　　하 불 출 도　　　오 이 의 부

　　공자가 말하였다. "봉황새가 오지 않으며, 황하에서 「하도」가 나오지 않으니, 나는 그만인가 보다!"

―――　1 봉(鳳) 봉황새로 성인이 나타날 때 나온다는 상서로운 새이다.
　　　　2 도(圖) 복희씨 때 황하에서 나타난 용마의 등에 그려져 있던 글씨(숫자)로 역시 성인이 나타나는 징조로 알려져 있다. 보통 「하도」라고 부른다.

9-09

子 見齊衰者와 冕衣裳者와 與瞽者하고 見之에 雖少나 必作하며 過之
자 견자최자 면의상자 여고자   견지   수소 필작   과지

必趨러라
필추

    공자는 상복을 입은 사람과 관복을 갖추어 입은 사람과 눈이 먼 사람
을 보면, 그들이 비록 나이가 적더라도 반드시 일어났고, 그 곁을 지날
때에는 반드시 종종걸음을 하였다.

─── 1 자최(齊衰) 부모의 상인 삼년상 때 입는 상복.
      2 의상(衣裳) 관복으로 입는 저고리와 치마.

9-10

顏淵이 喟然歎曰 仰之彌高하며 鑽之彌堅하며 瞻之在前이러니 忽焉在後로
안연 위연탄왈 앙지미고   찬지미견   첨지재전   홀언재후

다 夫子循循然善誘人하여 博我以文하고 約我以禮하니라 欲罷不能하여
부자순순연선유인   박아이문   약아이례   욕파불능

旣竭吾才하니 如有所立卓爾라 雖欲從之나 末由也已로다
가갈오재   여유소립탁이   수욕종지   말유야이

    안연이 '아!'라고 탄식하며 말하였다. "우러러볼수록 더욱 높고 뚫을
수록 더욱 단단하며, 바라보니 앞에 있더니 홀연히 뒤에 있도다. 선생
님께서 차근차근 사람을 잘 이끌어 문장으로 나를 넓혀주고 예로 나를

단속해주었다. 그만두고자 해도 그만둘 수 없어 이미 나의 재주를 다하니, 선생님이 서 있는 모습이 우뚝한 듯하다. 비록 따르고자 하나 어디로부터 따라가야 할지 모르겠다."

---
1 위연(喟然) '아!'하고 탄식하는 소리이다.
2 미(彌) 더욱.
3 찬(鑽) 뚫다.

9-11

子疾病이어늘 子路使門人으로 爲臣이러니 病間曰 久矣哉라 由之行詐也
자 질 병   자 로 사 문 인   위 신   병 간 왈 구 의 재   유 지 행 사 야

여 無臣而爲有臣하니 吾誰欺오 欺天乎인저 且予與其死於臣之手也론
무 신 이 위 유 신   오 수 기   기 천 호   차 여 여 기 사 어 신 지 수 야

無寧死於二三子之手乎아 且予縱不得大葬이나 予死於道路乎아
무 녕 사 어 이 삼 자 지 수 호   차 여 종 부 득 대 장   여 사 어 도 로 호

공자의 병이 위독해지자, 자로가 문인으로 가신을 삼았다. 병이 좀 덜 하자 말하였다. "오래되었구나, 자로가 거짓을 행함이여! 나는 가신이 없는데 가신이 있는 것처럼 하였으니, 내가 누구를 속인 것인가? 하늘을 속인 것이다! 또 내가 가신의 손에서 죽기보다는 차라리 그대들의 손에서 죽는 것이 낫지 않겠는가? 또 내가 비록 큰 장례식을 치르지는 못한다 하더라도, 내가 길에서 죽기야 하겠는가?"

---
1 종(縱) 비록.

9-12

子貢이 曰有美玉於斯하면 韞匵而藏諸^{1 2}이까 求善賈而沽諸^{3 4}이까
자 공   왈 유 미 옥 어 사   온 독 이 장 저   구 선 고 이 고 저

子曰 沽之哉沽之哉라 我는 待賈者也로라
자 왈 고 지 재 고 지 재   아   대 고 자 야

  자공이 "여기에 아름다운 옥이 있다면 상자 속에 넣어 감추어 두시겠
습니까? 좋은 상인을 구하여 파시겠습니까?"라고 말하자, 공자가 말하
였다. "팔아야지, 팔아야지. 나는 상인을 기다리는 자이다."

――― 1 온(韞) 감추다.
    2 독(匵) 상자.
    3 고(賈) 장사. 상인.
    4 고(沽) 팔다.

해설 · 주자는 '賈'의 음을 '가'로 보고 '가격'이라고 해석하여, '구선가(求善賈)'
     를 "좋은 가격을 구한다."고 해석하였다.

9-13

子欲居九夷¹러니 或曰 陋어니 如之何이까 子曰 君子居之하니 何陋之有리오
자 욕 거 구 이   혹 왈 누   여 지 하   자 왈 군 자 거 지   하 루 지 유

  공자가 동이족의 땅에서 살려고 하니, 어떤 사람이 "누추한데 어떻
게 하시렵니까?"라고 말하였다. 공자가 대답하였다. "군자가 거주하는
데, 무슨 누추함이 있겠는가?"

──── 1 구이(九夷) 여러 동이족의 총칭.

해설 • 주자는 "군자가 거주하면 교화가 되니, 무슨 누추함이 있겠는가?"라고
하여, 군자를 공자로 보았다. 그러나 공자가 거주한다고 해서 교화가 된다
면 하필 중국을 떠나서 동이족의 땅에서 살려고 하였겠는가? 군자들이 동
이 땅에 거주하고 있다는 말로 보는 것이 자연스러울 것이다.

9-14

子曰 吾自衛反魯然後에 樂正하여 雅頌[1]이 各得其所하니라
자 왈 오 자 위 반 노 연 후   악 정   아 송   각 득 기 소

공자가 말하였다. "내가 위나라로부터 노나라로 돌아온 뒤로 음악이
바르게 되어서 아(雅)와 송(頌)이 각기 제자리를 찾게 되었다."

──── 1 아송(雅頌) 『시경』은 풍(風)·아(雅)·송(頌)으로 이루어져 있는데, 풍은 각
지방의 민요이고, 아는 궁중의 의식에서 쓰는 음악이며, 송은 종묘의 제례에
서 쓰는 음악이다.

9-15

子曰 出則事公卿하고 入則事父兄하며 喪事를 不敢不勉하며 不爲酒困이
자 왈 출 즉 사 공 경   입 즉 사 부 형   상 사 불 감 불 면   불 위 주 곤

何有於我哉오
하 유 어 아 재

공자가 말하였다. "나가서는 공경(公卿)을 섬기고, 들어와서는 부형(父兄)을 섬기며, 장례의 일을 감히 힘쓰지 않음이 없으며, 술 때문에 곤란해지지 않는 것 가운데 어느 것이 나에게 있는가?"

9-16

子在川上曰 逝者如斯夫인저 不舍晝夜로다
자 재 천 상 왈 서 자 여 사 부   불 사 주 야

공자가 시냇가에 있으면서 말하였다. "가는 것이 이와 같구나! 밤낮을 그치지 않구나!"

9-17

子曰 吾未見好德을 如好色者也로다
자 왈 오 미 견 호 덕   여 호 색 자 야

공자가 말하였다. "나는 덕을 좋아하기를 이성을 좋아하듯이 하는 사람을 아직 보지 못하였다."

해설 • 이성을 좋아하는 것은 자연스럽게 되지만, 덕을 좋아하는 것은 노력을 필요로 한다. 덕을 좋아하기를 이성을 좋아하듯이 하는 사람이라면, 상당한 수준의 공부를 한 사람이다. 공자가 그런 사람을 보지 못하여 한탄한 것이다.

9-18

子曰 譬如爲山에 未成一簣¹하여 止도 吾止也며 譬如平地에 雖覆一簣하여
자 왈 비 여 위 산   미 성 일 궤   지 오 지 야 비 여 평 지   수 부 일 궤

進도 吾往也니라
진   오 왕 야

  공자가 말하였다. "비유하자면 산을 만드는데 마지막 흙 한 무더기
를 더해서 산을 이루지 못하고 그치는 것도 내가 그치는 것과 같으며,
비유하자면 땅을 고르는데 비록 흙 한 무더기를 부어서 나아가는 것도
내가 나아가는 것과 같다."

──── 1 궤(簣) 삼태기.

9-19

子曰 語之而不惰者는 其回也與인저
자 왈 어 지 이 불 타 자   기 회 야 여

  공자가 말하였다. "말해주면 실행하기를 게을리하지 않는 사람은 안
회일 것이다."

9-20

子謂顔淵曰 惜乎라 吾見其進也오 未見其止也호라
자 위 안 연 왈 석 호   오 견 기 진 야   미 견 기 지 야

　공자가 안연에 대해서 말하였다. "안타깝도다! 나는 그가 나아가는
것만을 보았고 멈추는 것을 보지 못하였다."

9-21

子曰 苗而不秀者 有矣夫며 秀而不實者 有矣夫인저
자 왈 묘 이 불 수 자 유 의 부   수 이 불 실 자 유 의 부

　공자가 말하였다. "싹이 났으나 꽃이 피지 못하는 경우도 있고, 꽃이
피었으나 열매를 맺지 못하는 경우도 있다."

9-22

子曰 後生可畏니 焉知來者之不如今也리오 四十五十而無聞焉이면
자 왈 후 생 가 외   언 지 래 자 지 불 여 금 야   사 십 오 십 이 무 문 언

斯亦不足畏也已니라
사 역 부 족 외 야 이

　공자가 말하였다. "뒤에 태어난 사람을 두려워할 만 하니, 앞으로 오

는 사람들이 지금 사람보다 못할 줄을 어찌 알겠는가? 그러나 사십 세나 오십 세가 되어도 알려지는 일이 없으면, 그 또한 두려워하기에 부족한 것이다."

해설 · 후생가외(後生可畏)라는 고사성어가 여기에서 나왔다.

9-23

子曰 法語之言¹을 能無從乎아 改之爲貴니라 異與之言²을 能無說³乎아
자왈 법어지언   능무종호   개지위귀   손여지언   능무열호

繹⁴之爲貴니라 說而不繹하며 從而不改면 吾末如之何也已矣니라
역지위귀   열이불역   종이불개   오말여지하여이의

　공자가 말하였다. "법도에 맞는 말을 따르지 않을 수 있겠는가? 자신의 행동을 고치는 것이 중요하다. 부드럽게 인정하는 말을 기뻐하지 않을 수 있겠는가? 말의 의도를 풀이해내는 것이 중요하다. 기뻐하기만 하고 풀이해내지 않으며, 따르기만 하고 고치지 않는다면, 내가 그를 어찌할 수가 없다."

―――
　1 법어지언(法語之言) 법도에 맞는 말.
　2 손여지언(巽與之言) 부드럽게 인정하는 말.
　3 열(說) 열(悅)과 통용되어 기뻐한다는 뜻이다.
　4 역(繹) 풀이해내다.

9-24

子曰 主忠信하며 毋友不如己者오 過則勿憚改니라
자 왈 주 충 신　　 무 우 불 여 기 자　　 과 즉 물 탄 개

　공자가 말하였다. "진실과 믿음을 주로 하며, 자기보다 못한 사람을
벗 삼지 말고, 잘못이 있으면 고치기를 꺼리지 마라."

9-25

子曰 三軍¹엔 可奪帥也어니와 匹夫엔 不可奪志也니라
자 왈 삼 군　 가 탈 수 야　　　 필 부　 불 가 탈 지 야

　공자가 말하였다. "한 나라의 군대에서 장수를 빼앗을 수 있으나, 한
남자에게서 뜻을 빼앗을 수 없다."

──　1 삼군(三軍) 제후의 군대로 전군(前軍) · 중군(中軍) · 후군(後軍)을 합하여 말
　　하는 것이다.

9-26

子曰 衣敝緼袍¹하여 與衣狐貉²者로 立而不恥者는 其由也與인저 不忮不求³
자 왈 의 폐 온 포　　 여 의 호 학 자　　 입 이 불 치 자　　 기 유 야 여　　　 불 기 불 구

면 何用不臧⁴이리오 子路終身誦之한대 子曰 是道也 何足以臧이리오
　하 용 부 장　　 자 로 종 신 송 지　　 자 왈 시 도 야 하 족 이 장

공자가 말하였다. "떨어진 솜옷을 입고서 여우가죽이나 담비가죽으로 만든 갖옷을 입은 사람과 함께 서 있으면서도 부끄러워하지 않을 사람은 아마 자로일 것이다. 해치지 않으며 탐하지 않는다면 어찌 좋지 않겠는가!" 자로가 죽을 때까지 외우려 하자 공자가 말하였다. "이 도를 어찌 충분히 좋다고 하겠는가!"

———
1 폐온포(敝縕袍) 떨어진 헌 솜옷.
2 학(貉) 담비.
3 기(忮) 해치다.
4 장(臧) 좋다, 훌륭하다.

9-27

子曰 歲寒然後에 知松栢之後彫也¹니라
자 왈 세 한 연 후   지 송 백 지 후 조 아

공자가 말하였다. "날씨가 추워진 뒤에야 소나무와 잣나무가 뒤늦게 시드는 줄을 안다."

———
1 조(彫) 조(凋)와 통용되며 시든다는 뜻이다.

해설 • 추사 김정희의 「세한도(歲寒圖)」는 제목을 여기에서 취하였다.

9-28

子曰 知者는 不惑하고 仁者는 不憂하고 勇者는 不懼니라
자 왈 지 자   불 혹   인 자   불 우   용 자   불 구

공자가 말하였다. "지혜로운 사람은 의심하지 않고, 어진 사람은 걱정하지 않고, 용맹한 사람은 두려워하지 않는다."

9-29

子曰 可與共學이라도 未可與適道며 可與適道라도
자 왈 가 여 공 학　　　미 가 여 적 도　　가 여 적 도

未可與立이며 可與立이라도 未可與權이라
미 가 여 립　　가 여 립　　　미 가 여 권

공자가 말하였다. "함께 배울 수는 있어도 함께 도에 나아갈 수는 없으며, 함께 도에 나아갈 수는 있어도 함께 설 수는 없으며, 함께 설 수는 있어도 함께 권도를 행할 수는 없다."

9-30

唐棣之華여 偏其反而로다 豈不爾思리오마는 室是遠而니라
당 체 지 화　　편 기 반 이　　기 불 이 사　　　실 시 원 이

子曰 未之思也언정 夫何遠之有리오
자 왈 미 지 사 야　　부 하 원 지 유

산앵두나무의 꽃이여, 펄럭펄럭 나부끼는구나! 어찌 그대를 생각하지 않겠는가마는 집이 너무 멀구나! 공자가 말하였다. "생각하지 않는

것이지, 무슨 멀다는 것이 있겠는가?"

―― 1 당체(棠棣) 산앵두나무.
　　2 편(偏) 편(翩)과 통용되어 바람에 나부끼는 모습이다.
　　3 반(反) 나부끼는 모습이다.
　　4 이(而) 어조사이다.

제
10
장

향당(鄉黨)

나는 이렇게 살았노라

10-01

孔子於鄕黨에 恂恂如也하여 似不能言者러다 其在宗廟朝廷하여는
공 자 어 향 당　순 순 여 야　　사 불 능 언 자　　기 재 종 묘 조 정

便便言하되 唯謹爾러다
편 편 언　　유 근 이

　공자가 고을에 있을 적에는 두려워하여 말을 잘하지 못하는 사람 같
았다. 공자가 종묘와 조정에 있을 적에는 또박또박 말을 하면서도 다
만 삼갔다.

───　1 향당(鄕黨) 고을.
　　　2 순순여(恂恂如) 두려워 떠는 모습이다.
　　　3 편편(便便) 분명하고 조리 있게 말하는 모습이다.

10-02

朝에 與下大夫言에 侃侃如也하며 與上大夫言에 誾誾如也러라
조　여하대부언　간간여야　여상대부언　은은여야

君在어든 踧踖如也하며 與與如也러다
군재　축적여야　여여여야

　조정에서 하대부와 말할 적에는 강직하게 하며, 상대부와 말할 적에
는 온화하게 하였다. 임금이 계실 적에는 조심조심 걸었고 엄숙하게
하였다.

───　1 간간여(侃侃如) 강직한 모습이다.
　　　2 은은여(誾誾如) 온화한 모습이다.
　　　3 축척(踧踖如) 조심하여 걷는 모습이다.
　　　4 여여여(與與如) 엄숙한 모습이다.

해설　• 소라이는 '간간여(侃侃如)'를 온화한 모습으로 보고, 하대부와 말할 적에
　　　온화한 모습을 보이는 것이 당연하다고 주장하였다.

10-03

君이 召使擯이어든 色勃如也하며 足躩如也러다 揖所與立하되 左右手러니
군　소사빈　색발여야　족확여야　읍소여립　좌우수

衣前後 襜如也러다 趨進에 翼如也러다 賓退어든 必復命日 賓不顧矣라하다
의전후 첨여야　추진　익여야　빈퇴　필복명왈 빈불고의

　임금이 불러 나라의 손님을 접대하게 하면 얼굴빛이 붉게 변하며 발
걸음을 조심하였다. 함께 서 있는 이에게 읍하면서 왼쪽 손을 앞으로

내기도 하고 오른쪽 손을 앞으로 내기도 하였는데, 옷의 앞뒤 자락이 가지런하였다. 빨리 나아갈 때는 날개를 편 듯하였다. 손님이 물러가면, 반드시 복명하여 "손님이 돌아보지 않았습니다."라고 하였다.

---

1 발여(勃如) 얼굴빛이 붉게 변하는 모습이다.
2 확여(躩如) 공경하여 발걸음을 조심조심하는 모습이다.
3 첨여(襜如) 가지런한 모습이다.

해설 · 손님이 돌아보지 않았다는 것은 손님이 모든 일을 만족스럽게 여겨 뒤돌아보지 않았다는 말이다. 이렇게 최종적으로 보고하여 임금으로 하여금 안심하게 한 것이다.

10-04

入公門할새 鞠躬如也하여 如不容이러다 立不中門하며 行不履閾[1]이러다
입 공 문   국 궁 여 야   여 불 용   입 불 중 문   행 불 리 역

過位할새 色勃如也하며 足躩如也하며 其言이 似不足者러다 攝齊升堂[2]할새
과 위   색 발 여 야   족 확 여 야   기 언   사 부 족 자   섭 자 승 당

鞠躬如也하며 屛氣하여 似不息者러다 出降一等하여는 逞顔色[3]하여
국 궁 여 야   병 기   사 불 식 자   출 강 일 등   영 안 색

怡怡如也[4]하며 沒階하여는 趨進翼如也하며 復其位하여는 踧踖如也러다
이 이 여 야   몰 계   추 진 익 여 야   복 기 위   축 적 여 야

　대궐의 문에 들어갈 적에는 몸을 굽혀 문이 몸을 용납하지 못하는 듯이 하였다. 서 있을 때는 문 가운데에 서지 않고, 다닐 때는 문지방을 밟지 않았다. 임금의 자리를 지날 적에는 얼굴빛을 붉게 변하고, 발걸음을 조심조심 하며, 말을 잘 할 수 없는 사람 같았다. 옷자락을 잡고

마루에 오를 적에 몸을 굽히며, 숨을 죽여 숨을 쉬지 않는 것처럼 하였다. 나와서 한 층계를 내려서서는 얼굴빛을 펴서 온화하게 하며, 층계를 다 내려와서는 빨리 걸어 날개를 편 듯하며, 자리에 돌아와서는 조심조심 걸었다.

—— 1 역(閾) 문지방.
2 섭자(攝齊) 옷의 아랫자락을 붙잡다.
3 영(逞) 펴다, 즐겁게 하다.
4 이이여(怡怡如) 온화한 모습이다.

10-05

執圭[1]하되 鞠躬如也하여 如不勝하며 上如揖하고 下如授하며 勃如戰色하며
집 규   국 궁 여 야   여 불 승   상 여 읍   하 여 수   발 여 전 색

足蹜蹜如有循[2]이러다 享禮에 有容色하며 私覿[3]에 愉愉如也러다
족 축 축 여 유 순   향 례   유 용 색   사 적   유 유 여 야

규(圭)를 잡을 적에는 몸을 굽혀 이기지 못하는 듯이 하였으며, 위로는 읍할 때와 같이하고 아래로는 물건을 줄 때와 같이하며, 얼굴빛을 붉게 변하여 두려워하는 빛을 띠며, 발걸음을 좁고 낮게 하여 땅에 끄는 것처럼 하였다. 잔치하는 자리에서는 온화한 얼굴빛을 하며, 사사롭게 만나볼 때에는 화락하게 하였다.

—— 1 규(圭) 윗부분이 뾰족하고 아랫부분이 네모진 옥이다. 제후가 천자에게서 받는 것으로, 제후의 사자가 타국에 사절로 갈 때 이를 신표로 가지고 간다.
2 축축(蹜蹜) 보폭을 좁고 낮게 하여 걷는 모습이다.
3 유유여(愉愉如) 화락한 모습이다.

10-06

君子는 不以紺緅로 飾하며 紅紫로 不以爲褻服이러다 當暑하여 袗絺綌을
군자 불이감추 식   홍자 불이위설복   당서   진치격

必表而出之러다 緇衣엔 羔裘오 素衣엔 麑裘오 黃衣엔 狐裘러다 褻裘는
필표이출지   치의   고구 소의   예구 황의   호구   설구

長하되 短右袂러다 必有寢衣하니 長이 一身有半이러라 狐貉之厚로 以居러다
장   단우메   필유침의   장 일신유반   호학지후 이거

去喪하여는 無所不佩러다 非惟裳이어든 必殺之러다 羔裘玄冠으로
거상   무소불패   비유상   필쇄지   고구현관

不以吊러다 吉月에 必朝服而朝러다
불이조   길월   필조복이조

  군자는 짙푸른 색과 검붉은 색으로 옷의 가선을 두르지 않았으며, 다홍색과 자주색으로 평상복을 만들지 않았다. 더위를 당해서는 가는 갈포와 굵은 갈포로 홑옷을 만들어 반드시 걸쳐서 밖으로 내어 입었다. 검은 옷에는 염소 가죽으로 만든 갖옷을 입고, 흰옷에는 사슴 가죽으로 만든 갖옷을 입고, 노란 옷에는 여우 가죽으로 만든 갖옷을 입었다. 평상시의 갖옷은 길게 하되, 오른쪽 소매를 짧게 하였다. 반드시 잠옷이 있었으니, 길이가 한 길 반이었다. 여우와 담비의 두꺼운 털방석을 깔고 거처하였다. 상복을 벗은 뒤에는 패물을 차지 않는 것이 없었다. 예복으로 입는 치마가 아니면, 반드시 치마의 위 폭을 줄여서 꿰매었다. 염소 가죽으로 만든 갖옷을 입거나 검은 관을 쓰고는 조문하지 않았다. 초하룻날에는 반드시 조복을 입고 조회하였다.

―――― 1 감(紺) 짙푸른 색.

2 추(緅) 검붉은 색.

3 설복(褻服) 평상복.

4 진(袗) 홑옷.

5 치격(絺綌) 가는 갈포와 굵은 갈포.

6 예(麑) 새끼 사슴.

7 유상(帷裳) 예복으로 입는 치마.

8 길월(吉月) 매월의 초하루.

10-07

齊必有明衣¹러니 布러라 齊必變食하며 居必遷坐러다
재 필 유 명 의   포   재 필 변 식   거 필 천 좌

재계할 때에는 반드시 목욕옷이 있었으니, 베로 만들었다. 재계할 때
에는 반드시 음식을 바꾸며, 거처하는 곳도 반드시 자리를 옮겼다.

───── 1 명의(明衣) 목욕한 뒤에 입는 옷.

해설 • 재계할 때에 반드시 음식을 바꾸었다는 것은 공경하는 마음을 드러내기
위해 술이나 마늘 등 자극적인 음식을 피하는 것이다. 거처하는 곳도 반드
시 자리를 옮겼다는 것은 일상생활을 하던 자리가 아닌 정결한 공간으로
자리를 옮겼다는 것이다.

10-08

食不厭精하며 膾不厭細러다 食饐而餲와 魚餒而肉敗를 不食하며
식 불 염 정   회 불 염 세   사 의 이 애   어 뇌 이 육 패   불 식

色惡不食하며 臭惡不食하며 失飪不食하며 不時不食이러다 割不正이어든
색 악 불 식　　취 악 불 식　　실 임 불 식　　불 시 불 식　　　할 부 정

不食하며 不得其醬이어든 不食이러다 肉雖多나 不使勝食氣하며
불 식　　부 득 기 장　　　불 식　　　육 수 다　　불 사 승 사 기

唯酒無量하되 不及亂이러다 沽酒市脯를 不食하며 不撤薑食하며
유 주 무 량　　　불 급 란　　　고 주 시 포　　불 식　　불 철 강 식

不多食이러다 祭於公에 不宿肉하며 祭肉은 不出三日하더니 出三日이면
부 다 식　　제 어 공　　불 숙 육　　제 육　　불 출 삼 일　　　출 삼 일

不食之矣니라 食不語하며 寢不言이러다 雖疏食菜羹이라도
불 식 지 의　　식 불 어　　침 불 언　　　수 소 사 채 갱

必祭하되 必齊如也러다
필 제　　필 제 여 야

　밥은 곱게 찧은 쌀로 지은 것을 싫어하지 않으며, 회는 가늘게 썬 것을 싫어하지 않았다. 밥이 상하여 쉰 것과 생선이 상하고 고기가 부패한 것을 먹지 않았다. 빛깔이 나쁜 것을 먹지 않고, 냄새가 나쁜 것을 먹지 않았으며, 잘못 익힌 것을 먹지 않고, 때에 맞지 않는 것을 먹지 않았다. 자른 것이 바르지 않으면 먹지 않고, 장이 갖추어지지 않으면 먹지 않았다. 고기가 비록 많더라도 밥 기운을 이기게 하지 않으며, 술은 일정한 양이 없었는데 어지러운 지경에 이르지는 않았다. 시장에서 사온 술과 포를 먹지 않았다. 생강을 먹는 것을 그만두지 않았는데, 많이 먹지는 않았다. 나라에서 제사 지내고 내려준 고기를 밤을 넘기지 않았으며, 집에서 제사지낸 고기는 삼일을 넘기지 않았으니, 삼일이 지나면 먹지 않았다. 음식을 먹을 때 말하지 않으며, 잠을 잘 때 말하지 않았다. 비록 거친 밥과 나물국이라도 반드시 제를 올리되 반드시 공경히 하였다.

—— 1 의(饐) 밥이 상하다.
2 애(餲) 밥이 쉬다.
3 임(飪) 익히다.

10-09

席不正이어든 不坐러라
석 불 정　　　　부 좌

자리가 바르지 않으면 앉지 않았다.

10-10

鄉人飲酒에 杖者出이어든 斯出矣러라 鄉人儺에 朝服而立於阼階러라
향 인 음 주　　장 자 출　　사 출 의　　향 인 나　　조 복 이 립 어 조 계

　고을 사람들이 술을 마실 적에 지팡이를 짚은 분이 나가면 따라 나갔
다. 고을 사람들이 굿을 할 적에는 조복을 입고 동쪽 계단에 서 있었다.

—— 1 나(儺) 굿.
2 조계(阼階) 동쪽 계단.

10-11

問人於他邦할새 再拜而送之러다 康子饋藥이어늘
문 인 어 타 방　　　재 배 이 송 지　　　강 자 궤 약

拜而受之曰 丘未達이라 不敢嘗이라하다
배 이 수 지 왈 구 미 달　　　불 감 상

　사람을 다른 나라에 보내어 안부를 물을 적에는, 두 번 절하고 보냈
다. 계강자가 약을 보내오자, 절하고 받으면서 말하였다. "저는 이 약
에 대해 알지 못하기 때문에 감히 맛보지 못합니다."

10-12

廐焚이어늘 子退朝曰 傷人乎아하고 不問馬하다
구 분　　　자 퇴 조 왈 상 인 호　　　불 문 마

　마구간에 불이 났는데, 공자가 조정에서 물러 나와 "사람이 상했
느냐?"라고 말하고, 말에 대해서는 묻지 않았다.

───── 1 구(廐) 마구간.

10-13

君이 賜食이어든 必正席先嘗之하고 君이 賜腥이어든 必熟而薦之하고
군 　 사 식　　　필 정 석 선 상 지　　　군 　 사 성　　　필 숙 이 천 지

君이 賜生이어든 必畜之러다 侍食於君에 君祭어든 先飯이러다 疾에 君이
군　사생　　필휵지　　시식어군　군제　　선반　　　질　군

視之어든 東首하고 加朝服拖紳이러다 君이 命召어든 不俟駕行矣러다
시지　　동수하고　가조복타신　　　군　명소　　불사가행의

　임금이 음식을 주면 반드시 자리를 바로 하고 먼저 맛보며, 임금이
날고기를 주면 반드시 익혀서 조상께 올리고, 임금이 살아있는 것을
주면 반드시 길렀다. 임금을 모시고 밥을 먹을 적에 임금이 제를 올리
면, 먼저 밥을 먹었다. 병이 있을 때 임금이 문병을 오면, 머리를 동쪽
으로 두고, 조복을 몸에 걸치고 띠를 풀어놓았다. 임금이 명하여 부르
면 수레에 멍에 하기를 기다리지 않고 갔다.

――――
1 성(腥) 날고기.
2 휵(畜) 기르다.
3 타(拖) 풀어놓다.
4 신(紳) 큰 띠.

10-14

入太廟하여 每事를 問이러다
입 태 묘　　　매 사 　문

　태묘에 들어가서 모든 일을 물었다.

10-15

朋友死하여 無所歸어든 日於我殯이라하다 朋友之饋는
붕우사   무소귀   왈어아빈   붕우지궤

雖車馬라도 非祭肉이어든 不拜러다
수거마   비제육   불배

  친구가 죽어서 돌아갈 곳이 없으면 "우리 집에 빈소를 차리라."고 하
였다. 친구가 선물하는 것은 비록 수레와 말이라도 제사 지내고 보내
준 고기가 아니면 절하지 않았다.

해설   • 어려울 때 친구를 돕는 것은 당연한 일이므로 자신의 집에 빈소를 차리
　　　　게 하고, 수레와 말 같은 귀중한 선물에 대해서도 절하지 않았다. 제사 지
　　　　내고 보내준 고기에 절한 것은 친구의 조상에게 예를 표한 것이다.

10-16

寢不尸¹하며 居不容이러다 見齊衰者하고 雖狎이나 必變하며
침불시   거불용   견자최자   수압   필변

見冕者與瞽者하고 雖褻이나 必以貌러다 凶服者를 式之하며 式負版者²러라
견면자여고자   수설   필이모   흉복자   식지   식부판자

有盛饌이어든 必變色而作이러다 迅雷風烈에 必變이러다
유성찬   필변색이작   신뢰풍열   필변

  침실에서는 시동(尸童)처럼 하지 않았으며, 거실에서는 모양을 내지
않았다. 상복 입은 사람을 보면 비록 절친한 사이라도 반드시 얼굴빛
을 변하며, 면류관을 쓴 사람과 눈이 먼 사람을 보면 비록 사석이라도

반드시 예를 갖추었다. 상복 입은 사람에게 경의를 표하고 지도나 호적을 짊어진 자에게 경의를 표하였다. 성대한 음식을 받으면 반드시 얼굴빛을 변하고 일어났다. 빠른 우레가 치거나 바람이 사나우면 반드시 얼굴빛을 변하였다.

---

1 시(尸) 시동(尸童)으로 제사에서 조상을 대표한다. 제사 지내는 동안 바른 자세로 앉아 있어야 한다. 그러므로 침불시(寢不尸)는 침실에서만큼은 그렇게 엄숙히 바른 자세로 있지 않고 편안한 자세로 있었다는 말이 되겠다.
2 판(版) 호적이나 지도를 새긴 판이다.

10-17

升車하되 必正立執綏러다 車中에 不內顧하며 不疾言하며 不親指러다
승 거   필정립집수   거중   불내고   부질언   불친지

    수레에 올라서는 반드시 바르게 서서 손잡이를 잡았다. 수레 안에서 돌아보지 않으며, 말을 빨리하지 않으며, 직접 손가락으로 가리키지 않았다.

---

1 수(綏) 수레에 달아놓은 손잡이 끈.

10-18

色斯擧矣하여 翔而後集이라 曰山梁雌雉 時哉時哉인저
색 사 거 의   상 이 후 집   왈 산 양 자 치 시 재 시 재

子路共之한대 三嗅而作하다
자로공지　　삼후이작

　새가 사람의 기색을 보면 날아서 빙 돈 뒤에 다시 모여 앉는다. 공자
가 "산 다리의 암꿩이여, 좋을 시절이구나! 좋은 시절이구나!"라고 하
였다. 자로가 그 꿩을 잡아 올리니, 세 번 냄새를 맡고 일어났다.

제11장

선진(先進)

그리운 제자들

11-01

子曰 先進이 於禮樂에 野人也오 後進이 於禮樂에 君子也라하나니
자왈 선진 어예악 야인야 후진 어예악 군자야

如用之則吾從先進하리라
여 용 지 즉 오 종 선 진

   공자가 말하였다. "선배들은 예와 음악에 대해서 촌사람 같았고, 후배들은 예와 음악에 대해서 군자 같았다고 한다. 만일 예와 음악을 쓴다면 나는 선배들을 따르겠다."

해설 • 예와 음악에 대해서는 형식보다는 실질을 중시하겠다는 공자의 말이다.

11-02

子曰 從我於陳蔡者 皆不及門也로다 德行엔 顏淵閔子騫冉伯牛仲弓이오
자왈 종아어진채 개불급문야   덕행   안연민자건염백우중궁

言語엔 宰我子貢이오 政事엔 冉有季路오 文學엔 子游子夏니라
언어   재아자공   정사   염유계로   문학   자유자하

　공자가 말하였다. "진나라와 채나라에서 나를 따르던 자들이 모두
문하에 이르지 않았구나! 덕행에는 안연·민자건·염백우·중궁이었
고, 언어에는 재아·자공이었고, 정사에는 염유·자로였고, 문학에는
자유·자하였다."

11-03

子曰 回也는 非助我者也로다 於吾言에 無所不說이온여
자왈 회야   비조아자야   어오언   무소불열

　공자가 말하였다. "안회는 나를 돕는 자가 아니다. 나의 말에 대해
기뻐하지 않는 적이 없구나!"

11-04

子曰 孝哉라 閔子騫이여 人不間於其父母昆弟之言이로다
자왈 효재   민자건   인불간어기부모곤제지언

공자가 말하였다. "효성스럽도다, 민자건이여! 사람들이 그 부모와 형제의 말에 대해 흠을 잡지 못하는구나!"

—— 1 간(間) 빈틈을 찾아내다. 흠을 잡다.

해설 • 민자건의 부모와 형제들이 민자건이 효자라고 말하는데, 사람들이 아무도 그 말에 대해 이의를 제기하지 않았다는 뜻이다.

11-05

南容이 三復白圭어늘 孔子 以其兄之子로 妻之하다
남 용   삼 복 백 규   공 자 이 기 형 지 자   처 지

남용이 '흰 옥'이라는 시 구절을 자주 반복해 외우니, 공자가 그 형님의 딸을 처로 삼게 하였다.

—— 1 복(復) 되풀이하다.

해설 • 『시경』의 「억(抑)」 시에 "흰 옥의 흠은 그런대로 갈아버릴 수 있지만, 이 말의 흠은 어찌할 수 없으리."라는 구절이 있다. 남용이 이 시를 외운 것은 말을 삼가기 위한 것이었으므로, 매우 신중한 사람인 것을 알 수 있다. 공자도 이 점을 높이 사서 조카딸을 그와 결혼하도록 했을 것이다.

11-06

季康子問 弟子孰爲好學이니이까 孔子對曰 有顏回者好學하더니
계 강 자 문 제 자 숙 위 호 학   공 자 대 왈 유 안 회 자 호 학

不幸短命死矣라 今也則亡하니이다
불행단명사의　금야즉무

　계강자가 "제자 가운데 누가 배우기를 좋아합니까?"라고 하자, 공자
가 대답하였다. "안회라는 자가 있어 배우기를 좋아했었는데, 불행히
도 명이 짧아 죽었습니다. 지금은 없습니다."

11-07

顔淵이 死어늘 顔路 請子之車하여 以爲之槨한대 子曰 才不才에
안연　사　안로 청자지거　이위지곽　자왈 재불재

亦各言其子也니 鯉也死어늘 有棺而無槨하니 吾不徒行하여 以爲之槨은
역각언기자야　리야사　유관이무곽　오부도행　이위지곽

以吾從大夫之後에 不可徒行也니라
이오종대부지후　불가도행야

　안연이 죽자 안로가 공자의 수레를 팔아 곽을 만들 것을 청하니, 공
자가 말하였다. "재주가 있거나 재주가 없거나 또한 각각 자기의 아들
을 말하는 것이다. 내 아들인 리(鯉)가 죽었을 때 관만 있었고 곽은 없
었으니, 내가 수레를 팔아 도보로 걸어 다니며 곽을 만들어주지 못한
것은 내가 대부의 뒤를 따를 때 도보로 걸어 다닐 수 없었기 때문이
다."

─── 1 안로(顔路) 안연의 아버지인데, 이름은 유(由) 또는 무요(無繇)이고 자는 계로
　　(季路)이다.

2 곽(槨) 관을 넣는 외관.
3 리(鯉) 공자의 아들 공리(孔鯉)로 자는 백어(伯魚)이다.

11-08

顔淵이 死어늘 子曰 噫라 天喪予로다 天喪予로다
안 연 사 자 왈 희 천 상 여 천 상 여

　안연이 죽자 공자가 말하였다. "아, 하늘이 나를 망치는구나! 하늘이 나를 망치는구나!"

11-09

顔淵이 死어늘 子哭之慟한대 從者曰 子慟矣로소이다 曰有慟乎아
안 연 사 자 곡 지 통 종 자 왈 자 통 의 왈 유 통 호

非夫人之爲慟이오 而誰爲리오
비 부 인 지 위 통 이 수 위

　안연이 죽자, 공자가 곡하기를 지나치게 애통하게 하였다. 따르는 사람이 "선생님께서 지나치게 애통해 하십니다."라고 말하자 공자가 말하였다. "지나치게 애통해 하였느냐? 그 사람을 위해 애통해 하지 않고, 누구를 위해 애통해 하겠는가?"

11-10

顏淵이 死어늘 門人이 欲厚葬之한대 子曰不可하니라 門人이 厚葬之한대
안 연　사　문 인　욕 후 장 지　자 왈 불 가　　문 인　후 장 지

子曰 回也는 視予猶父也어늘 予不得視猶子也하니 非我也夫인저 二三子也여
자 왈 회 야　시 여 유 부 야　여 부 득 시 유 자 야　비 아 야 부　　이 삼 자 야

　안연이 죽자, 문인들이 후하게 장사지내려 하니, 공자가 "옳지 않
다."고 하였다. 문인들이 후하게 장사지내자, 공자가 말하였다. "안회
는 나를 아버지처럼 여겼는데, 나는 자식처럼 여기지 못했으니, 나를
비난하겠구나, 몇몇 사람들이!"

―――― 1 비(非) 비난하다.

해설　· 주자는 마지막 구절을 "나의 탓이 아니라 여러분들의 탓이다."라고 해석
　　　하였다.

11-11

季路問事鬼神한대 子曰 未能事人이면 焉能事鬼리오 敢問死하노이다
계 로 문 사 귀 신　자 왈 미 능 사 인　언 능 사 귀　감 문 사

曰未知生이면 焉知死리오
왈 미 지 생　　언 지 사

　자로가 귀신을 섬기는 것에 관해 묻자, 공자가 말하였다. "사람을 섬
기지 못한다면 어떻게 귀신을 섬기겠는가?" "감히 죽음을 묻겠습니
다." "삶을 알지 못한다면 어떻게 죽음을 알겠는가?"

11-12

閔子는 侍側에 誾誾如也하고 子路는 行行如也하고 冉有子貢은 侃侃如也어
민 자 　 시 측 　은 은 여 야 　　 자 로 　 행 행 여 야 　　 염 유 자 공 　 간 간 여 야

늘 子樂하다 若由也는 不得其死然이로다
　 자 락 　 약 유 야 　 부 득 기 사 연

　민자건은 옆에서 모시는데 온화하고, 자로는 씩씩하고, 염유와 자공
은 강직하니, 공자가 즐거워하였다. 공자가 말하였다. "자로 같은 이는
온당한 죽음을 얻지 못할 듯하구나!"

───── 1 은은여(誾誾如) 온화한 모습이다.
　　　　2 행행여(行行如) 씩씩하고 적극적인 모습이다.
　　　　3 간간여(侃侃如) 강직한 모습이다.

11-13

魯人이 爲長府러니 閔子騫이 曰仍舊貫如之何오 何必改作이리오 子曰
노 인 　 위 장 부 러니 　민 자 건 이 　왈 잉 구 관 여 지 하 　 하 필 개 작 　　 자 왈

夫人이 不言이언정 言必有中이라
부 인 　 불 언 이언정 　 언 필 유 중

　노나라 사람들이 장부라는 창고를 짓자, 민자건이 말하였다. "옛 일을
그대로 따르는 것이 어떻겠는가? 하필 고쳐 지어야 하는가?" 공자가 말
하였다. "저 사람이 말을 하지 않을지언정, 말을 하면 반드시 맞는다."

───── 1 잉(仍) 그대로 따르다.

2 관(貫) 사(事)와 같아서 일이라는 뜻이다.

11-14

子曰 由之鼓瑟을 奚爲於丘之門고 門人이 不敬子路한대 子曰 由也는
자왈 유지고슬   해위어구지문   문인   불경자로   자왈 유야

升堂矣오 未入於室也니라
승당의   미입어실야

  공자가 말하였다. "자로의 비파가락을 어찌 내 문에서 연주하는가?"
문인들이 자로를 공경하지 않자, 공자가 말하였다. "자로는 마루에는
올랐으나, 아직 방에 들어오지는 못한 것이다."

11-15

子貢이 問 師與商也 孰賢이니이까 子曰 師也는 過하고 商也는 不及이라
자공   문 사여상야 숙현   자왈 사야   과   상야   불급

曰然則師愈與이까 子曰 過猶不及이라
왈 연즉 사유여   자왈 과유불급

  자공이 물었다. "사(師)와 상(商)은 누가 낫습니까?" 공자가 말하였다.
"사는 지나치고, 상은 미치지 못한다." "그렇다면 사가 낫습니까?" 공
자가 말하였다. "지나침은 미치지 못함과 같다."

해설   • 과유불급(過猶不及)이라는 고사성어가 여기에서 나왔다.

11-16

季氏 富於周公이어늘 而求也 爲之聚斂而附益之한대 子曰 非吾徒也로소니
계 씨 부 어 주 공   이 구 야 위 지 취 렴 이 부 익 지   자 왈 비 오 도 야

小子아 鳴鼓而攻之¹可也니라
소 자   명 고 이 공 지 가 야

  계씨가 주공보다 부유하였는데도 염구가 그를 위해 세금을 걷어 재
산을 더 늘려주었다. 공자가 말하였다. "우리 무리가 아니니, 여러분들
이여, 북을 울리며 성토해도 좋다."

─── 1 공(攻) 성토하다.

11-17

¹柴也는 愚하고 參也는 魯하고 賜也는 辟하고 由也는 喭²이라
시 야 우   삼 야 노   사 야 벽   유 야 언

  고시(高柴)는 어리석고, 증삼(曾參)은 둔하고, 단목사(端木賜)는 치우치
고, 중유(仲由)는 거칠다.

─── 1 시(柴) 공자의 제자로 성은 고(高)이고 이름은 시(柴)이며 자는 자고(子羔)이다.
      2 언(喭) 거칠다.

11-18

子曰 回也는 其庶乎[1]오 屢空이라 賜는 不受命이오 而貨殖焉이나 億則屢中[2]이라
자왈 회야   기서호   누공   사 불수명   이화식언   억즉누중

공자가 말하였다. "안회는 도에 가까웠지만, 자주 궁핍하였다. 자공은 운명을 받아들이지 않고 재화를 늘렸지만, 억측하면 자주 맞았다."

———
1 서(庶) 도에 가깝다는 뜻이다.
2 억(億) 억측하다.

11-19

子張이 問善人之道한대 子曰 不踐跡이면 亦不入於室이라
자장   문선인지도   자왈 불천적   역불입어실

자장이 사람을 선하게 하는 도리에 관해 묻자, 공자가 말하였다. "성인의 자취를 밟지 않으면 또한 성인의 방에 들어가지 못한다."

해설 · 주자는 '선인(善人)'을 '선한 사람'으로 보고, "성인의 자취를 밟지 않더라도 스스로 나쁜 일은 하지 않지만, 또한 성인의 방에 들어가지 못한다."라고 해석하였다.

11-20

子曰 論篤을 是與면 君子者乎아 色莊者乎아
자왈 논독   시여   군자자호   색장자호

공자가 말하였다. "언론이 독실한 사람을 인정한다면, 군자다운 사람인가? 얼굴만 엄숙한 사람인가?"

11-21

子路問 聞斯行諸이까 子曰 有父兄이 在하니 如之何其聞斯行之리오
자 로 문 문 사 행 저　　자 왈 유 부 형　　재　　여 지 하 기 문 사 행 지

冉有問 聞斯行諸이까 子曰 聞斯行之니라 公西華曰 由也問聞斯行諸어
염 유 문 문 사 행 저　　자 왈 문 사 행 지　　공 서 화 왈 유 야 문 문 사 행 저

늘 子曰 有父兄在라하고 求也問聞斯行諸어늘 子曰 聞斯行之라하니이다
　 자 왈 유 부 형 재　　구 야 문 문 사 행 저　　자 왈 문 사 행 지

赤也惑하여 敢問하노이다 子曰 求也는 退故로 進之하고 由也는 兼人故로
적 야 혹　　감 문　　자 왈 구 야 퇴 고 진 지　　유 야 겸 인 고

退之라
퇴 지

자로가 물었다. "들으면 곧 실행하여야 합니까?" 공자가 말하였다. "부형이 계시는데, 어찌 들으면 곧 실행할 수 있겠는가?" 염유가 물었다. "들으면 곧 실행하여야 합니까?" 공자가 말하였다. "들으면 곧 실행하여야 한다." 공서화가 물었다. "자로가 '들으면 곧 실행하여야 합니까?'하고 묻자, 선생님께서는 '부형이 계시다.'라고 하셨고, 염유가 '들으면 곧 실행하여야 합니까?' 하고 묻자, 선생님께서는 '들으면 곧 실행하여야 한다.'고 대답하셨습니다. 저는 의심이 되어 감히 묻습니다." 공자가 말하였다. "염유는 물러나므로 나아가게 한 것이고, 자로

는 남보다 배나 앞서므로 물러나게 한 것이다."

―――― 1 겸인(兼人) 능력이 다른 사람보다 배나 된다는 뜻이다.

11-22

子畏於匡할새 顏淵이 後러니 子曰 吾以女爲死矣라 曰子在어니 回何敢死리이까
자 외 어 광　　안 연 후　　자 왈 오 이 여 위 사 의　　왈 자 재　　회 하 감 사

　공자가 광(匡) 땅에서 두려운 일을 당하였을 적에 안연이 뒤처졌다가
오자 공자가 말하였다. "나는 네가 죽은 줄로 여겼다." 안연이 말하였
다. "선생님께서 계시는데 제가 어찌 감히 죽겠습니까?"

11-23

季子然이 問 仲由冉求는 可爲大臣與이까 子曰 吾以子爲異之問이러
계 자 연　　문 중 유 염 구　　가 위 대 신 여　　자 왈 오 이 자 위 이 지 문

니 曾由與求之問이로다 所謂大臣者는 以道事君하다가 不可則止하나니
　증 유 여 구 지 문　　소 위 대 신 자　　이 도 사 군　　불 가 즉 지

今由與求也는 可謂具臣矣니이다 曰然則從之者與이까 子曰 弑父與君은
금 유 여 구 야　　가 위 구 신 의　　왈 연 즉 종 지 자　　자 왈 시 부 여 군

亦不從也리라
역 부 종 야

계자연이 물었다. "중유와 염구는 대신이라고 이를 만합니까?" 공자가 말하였다. "나는 그대가 특이한 것을 물을 줄 알았는데, 겨우 중유와 염구를 묻는구려! 이른바 대신이란 도로써 군주를 섬기다가 안 되면 그만두는 것입니다. 지금 중유와 염구는 자리만 채우는 신하라고 말할 수 있습니다." "그렇다면 따르기만 하는 자들입니까?" 공자가 말하였다. "아버지와 임금을 시해하는 일은 또한 따르지 않을 것입니다."

---

1 계자연(季子然) 노나라의 실력자인 계씨의 일족이다. 일설에는 계환자(季桓子)의 동생이며, 계강자(季康子)의 숙부라고도 한다.
2 구신(具臣) 자리만 채우는 신하.

11-24

子路使子羔로 爲費宰한대 子曰 賊夫人之子로다 子路曰 有民人焉하며
자 로 사 자 고   위 비 재   자 왈 적 부 인 지 자   자 로 왈 유 민 인 언

有社稷焉하니 何必讀書然後에 爲學이리이까 子曰 是故로 惡夫佞者하노라
유 사 직 언   하 필 독 서 연 후   위 학   자 왈 시 고   오 부 녕 자

자로가 자고로 하여금 비읍의 우두머리로 삼자, 공자가 말하였다. "남의 아들을 해치는구나!" 자로가 말하였다. "백성이 있고 사직이 있으니, 하필 글을 읽은 뒤에야 학문을 하는 것이겠습니까?" 공자가 말하였다. "이런 까닭에 말재주 있는 자를 미워하는 것이다."

11-25

子路曾晳冉有公西華 侍坐러니 子曰 以吾一日長乎爾나 毋吾以也하
자로증석염유공서화 시좌   자왈 이오일일장호이 무오이야

라 居則曰 不吾知也라하나니 如或知爾면 則何以哉오 子路 率爾而對曰
   거즉왈 불오지야   여혹지이   즉하이재   자로 솔이이대왈

千乘之國이 攝乎大國之間하여 加之以師旅오 因之以饑饉이어든 由也爲之
천승지국   섭호대국지간   가지이사려   인지이기근   유야위지

면 比及三年하여 可使有勇이오 且知方也하리이다 夫子哂之하다 求야 爾는
  비급삼년   가사유용   차지방야   부자신지   구   이

何如오 對曰 方六七十과 如五六十에 求也爲之면 比及三年하여 可使足民
하여   대왈 방육칠십   여오육십   구야위지   비급삼년   가사족민

이어니와 如其禮樂엔 以俟君子하리이다 赤아 爾는 何如오 對曰 非曰能之
        여기예악   이사군자   적   이   하여   대왈 비왈능지

라 願學焉하노이다 宗廟之事와 如會同에 端章甫로 願爲小相焉하노이다 點
   원학언   종묘지사   여회동   단장보   위소상언   점

아 爾는 何如오 鼓瑟希러니 鏗爾舍瑟而作하여 對曰 異乎三子者之撰
   이   하여   고슬희   갱이사슬이작   대왈 이호삼자자지찬

이니이다 子曰 何傷乎리오 亦各言其志也니라 曰莫春者에 春服이 旣成
        자왈 하상호   역각언기지야   왈모춘자   춘복이 기성

이어든 冠者五六人과 童子六七人으로 浴乎沂하여 風乎舞雩하여 詠而歸
      관자오육인   동자육칠인   욕호기   풍호무우   영이귀

하리이다 夫子喟然歎曰 吾與點也하노라 三子者出이어늘 曾晳이 後러
        부자위연탄왈 오여점야   삼자자출   증석   후

니 曾晳이 曰夫三子者之言이 何如하니이까 子曰 亦各言其志也已矣
   증석   왈부삼자자지언   하여   자왈 역각언기지야이의

나라 曰夫子何哂由也니이까 曰爲國以禮어늘 其言이 不讓이라 是故로
　　　왈부자하신유야　　　　왈위국이례　　　기언　　불양　　　시고

哂之라 唯求則非邦也與이까 安見方六七十과 如五六十而非邦也者
신지　　유구즉비방야여　　　안견방육칠십　　여오육십이비방야자

리오 唯赤則非邦也與이까 宗廟會同이 非諸侯而何오 赤也爲之小면
　　　유적즉비방야여　　　종묘회동　　비제후이하　　적야위지소

孰能爲之大리오
숙능위지대

　자로 · 증석 · 염구 · 공서화가 함께 있었는데, 공자가 말하였다. "내
가 하루쯤 너희보다 많이 살았지만, 나를 그렇게 여기지 마라. 너희들
이 평소 말하기를 '나를 알아주지 않는다.'고 하는데, 만일 혹시라도 너
희들을 알아준다면 어찌하겠느냐?" 자로가 경솔하게 대답하였다. "일
천 수레를 지닌 제후의 나라가 대국에 속박을 받아 군대의 일이 더해
지고 기근이 들어도 제가 다스리면 삼 년에 이르러 백성들을 용기가
있고 또 방향을 알게 할 수 있습니다." 공자가 살짝 웃었다.
　"염구야. 너는 어떻게 하겠느냐?" 대답하였다. "사방 육십 리, 칠십
리, 혹은 오십 리, 육십 리쯤 되는 나라를 제가 다스리면, 삼 년에 이
르러 백성들을 풍족하게 할 수 있지만, 예악으로 말하면 군자를 기다
리겠습니다.""적아. 너는 어떻게 하겠느냐?" 대답하였다. "제가 능하
다는 말이 아니라, 배우기를 원합니다. 종묘의 일이나 또는 제후들이
회동할 때에 현단복을 입고 장보관을 쓰고 조금 돕고자 합니다.""점
아. 너는 어떻게 하겠느냐?" 그는 비파 타기를 드문드문하더니, 쨍그
랑하고 비파를 놓으며 일어나 대답하였다. "세 사람이 말한 것과는 다
릅니다."
　공자가 말하였다. "무슨 상관이 있겠는가? 또한 각기 자기의 뜻을

말하는 것이다." "늦봄에 봄옷이 만들어지면 갓을 쓴 어른 다섯, 여섯 명과 어린이 여섯, 일곱 명과 함께 기수(沂水)에서 목욕하고 무우(舞雩)에서 바람 쐬고 노래하면서 돌아오겠습니다."

공자가 아! 하고 감탄하며 말하였다. "나는 점과 함께 하겠다." 세 사람이 나가자, 증석이 뒤에 남았다가 말하였다. "저 세 사람의 말이 어떻습니까?" 공자가 대답하였다. "또한 각각 제 뜻을 말했을 뿐이다." "선생님께서는 어찌하여 자로에 대해 살짝 웃으셨습니까?" "나라를 다스리는 일은 예로 해야 하는 것인데, 그의 말이 겸손하지 않았기 때문에 살짝 웃은 것이다." "염구가 말한 것은 나라를 다스리는 일이 아닙니까?" "사방 육십 리, 칠십 리, 혹은 오십 리, 육십 리쯤 되는데도 나라가 아닌 경우를 어디에서 보겠느냐?" "공서적이 말한 것은 나라를 다스리는 일이 아닙니까?" "종묘의 일과 회동하는 일이 제후의 일이 아니고 무엇이겠냐? 공서적이 하는 일이 작은 일이 된다면, 누가 하는 일이 큰일이 되겠느냐?"

----

1 증석(曾晳) 공자의 제자로 이름은 점(點)이고 자는 석(晳)이다. 증삼(曾參)의 아버지이다.
2 신(哂) 살짝 웃는 모습이다.
3 갱이(鏗爾) '쨍그렁'하고 악기를 놓는 소리이다.
4 모춘(莫春) 늦은 봄. 모(莫)는 모(暮)와 통용된다.
5 기(沂) 노나라 남쪽에 있는 강.
6 무우(舞雩) 기우제를 지내는 제단.

제자 안회가 살던 거리

『논어』「옹야」 : 공자가 말하였다. "현명하도다, 안회여! 한 그릇의 밥을 먹고 한 바가지의 물을 마시고서 누추한 거리에서 사는 것을 사람이 그 근심을 견디지 못하는 법인데, 안회는 그 즐거움을 고치지 않으니 현명하도다, 안회여!"

제12장

안연(顏淵)

인을 실천하는 정치

12-01

顔淵이 問仁한대 子曰 克己復禮爲仁이니 一日克己復禮면 天下歸仁焉
안 연　문 인　　자 왈 극 기 복 례 위 인　　일 일 극 기 복 례　　천 하 귀 인 언

하나니 爲仁이 由己니 而由人乎哉아 顔淵이 曰請問其目하노이다
　　위 인　유 기　이 유 인 호 재　　안 연　왈 청 문 기 목

子曰 非禮勿視하며 非禮勿聽하며 非禮勿言하며 非禮勿動이니라. 顔淵이
자 왈 비 례 물 시　　비 례 물 청　　비 례 물 언　　비 례 물 동　　　　안 연

曰回雖不敏이나 請事斯語矣리이다
왈 회 수 불 민　　청 사 사 어 의

　안연이 인에 대해 묻자, 공자가 말하였다. "자기를 이겨 예에 돌아가
는 것이 인을 행하는 것이니, 하루 동안이라도 자기를 이겨 예에 돌아
가면 천하가 인으로 돌아간다. 인을 행하는 것은 자기로 말미암는 것
이니, 남으로 말미암는 것이겠는가?" 안연이 말하였다. "청하건대 그

조목을 묻겠습니다." 공자가 말하였다. "예가 아니면 보지 말며, 예가 아니면 듣지 말며, 예가 아니면 말하지 말며, 예가 아니면 움직이지 말아야 한다." 안연이 말하였다. "제가 비록 민첩하지 못하지만, 이 말씀을 받들겠습니다."

12-02

仲弓이 問仁한대 子曰 出門如見大賓하며 使民如承大祭하고 己所不欲
중궁   문인   자왈 출문여견대빈   사민여승대제   기소불욕

을 勿施於人이니 在邦無怨하며 在家無怨이니라. 仲弓이 曰雍雖不敏이나
   물시어인   재방무원   재가무원   중궁   왈옹수불민

請事斯語矣리이다
청사사어의

중궁이 인에 대해 묻자, 공자가 말하였다. "문을 나갔을 때는 큰 손님을 본 듯이 하며, 백성에게 일을 시킬 때는 큰 제사를 받들 듯이 하고, 자기가 하고자 하지 않는 것을 남에게 베풀지 말아야 하니, 이렇게 하면 나라에 있어도 원망이 없으며, 집 안에 있어도 원망이 없을 것이다." 중궁이 말하였다. "제가 비록 민첩하지 못하지만, 이 말씀을 받들겠습니다."

12-03

司馬牛問仁_{한대} 子曰 仁者_는 其言也訒_{이니라} 曰其言也訒_{이면}
사 마 우 문 인   자 왈 인 자   기 언 야 인   왈 기 언 야 인

斯謂之仁矣乎_{이까} 子曰 爲之難_{하니} 言之得無訒乎_아
사 위 지 인 의 호   자 왈 위 지 난   언 지 득 무 인 호

사마우가 인에 대해 묻자, 공자가 말하였다. "어진 사람은 말을 조심
한다." "말을 조심하면 바로 인이라고 말할 수 있습니까?" 공자가 말하
였다. "이것을 행하기가 어려우니, 말을 조심하지 않을 수 있겠는가?"

———— 1 사마우(司馬牛) 이름은 경(耕)이고 자는 자우(子牛)이다. 송나라 환퇴의 동생
이다.
2 인(訒) 말을 함부로 하지 않고 조심하는 것이다.

12-04

司馬牛問君子_{한대} 子曰 君子_는 不憂不懼_{니라} 曰不憂不懼_면
사 마 우 문 군 자   자 왈 군 자   불 우 불 구   왈 불 우 불 구

斯謂之君子矣乎_{이까} 子曰 內省不疚_{어니} 夫何憂何懼_{리오}
사 위 지 군 자 의 호   자 왈 내 성 불 구   부 하 우 하 구

사마우가 군자에 대해 묻자, 공자가 말하였다. "군자는 근심하지 않
으며 두려워하지 않는다." "근심하지 않으며 두려워하지 않으면, 곧 군
자라고 말할 수 있습니까?" 공자가 말하였다. "안으로 반성하여 허물
이 없으니, 무엇을 근심하며 무엇을 두려워하겠는가?"

———— 1 구(疚) 병. 허물.

12-05

司馬牛憂曰 人皆有兄弟어늘 我獨亡로다 子夏曰 商은 聞之矣로니 死生이
사 마 우 우 왈 인 개 유 형 제　　아 독 무　　자 하 왈 상 문 지 의　　사 생

有命이오 富貴在天이라호라 君子敬而無失하며 與人恭而有禮면 四海之內
유 명　　부 귀 재 천　　　　군 자 경 이 무 실　　여 인 공 이 유 례　사 해 지 내

皆兄弟也니 君子何患乎無兄弟也리오
개 형 제 야　　군 자 하 환 호 무 형 제 야

　사마우가 근심하면서 말하였다. "사람들은 모두 형제가 있는데 나만
이 없구나!" 자하가 말하였다. "나는 들으니, 살고 죽는 것은 명에 달
려 있고, 부유함과 귀함 하늘에 달려 있다고 하였다. 군자가 공경하고
잘못이 없으며, 남과 더불어 공손하고 예가 있으면 사해의 안이 모두
형제인데, 군자가 어찌 형제가 없는 것을 걱정하겠는가?"

해설 ・ 사마우에게는 실제로 환퇴라는 형이 있었기 때문에, 사마우의 말은 형제
　　　다운 형제가 없다는 의미일 것이다.

12-06

子張이 問明한대 子曰 浸潤之譖과 膚受之愬 不行焉이면 可謂明也已矣니
자 장 문 명　　자 왈 침 윤 지 참　부 수 지 소 불 행 언　　가 위 명 야 이 의

라 浸潤之譖과 膚受之愬不行焉이면 可謂遠也已矣니라
　　침 윤 지 참　부 수 지 소 불 행 언　　가 위 원 야 이 의

　자장이 현명함에 대해 묻자, 공자가 말하였다. "서서히 젖어드는 참
소와 피부로 받는 하소연이 행해지지 않는다면 현명하다고 이를 만하

다. 서서히 젖어드는 참소와 피부로 받는 하소연이 행해지지 않는다면 아주 현명하다고 이를 만하다."

─── 1 참(譖) 참소.
2 소(愬) 하소연.

12-07

子貢이 問政한대 子曰 足食足兵民信之矣니라 子貢이 曰必不得已而去
자공 　문정　　자왈 족식족병민신지의 　　자공　 왈필부득이이거

인댄 於斯三者에 何先이리이까 曰去兵이니라. 子貢이 曰必不得已而去인댄
　어사삼자　 하선　　왈거병　　 자공　 왈필부득이이거

於斯二者에 何先이리이까 曰去食이니 自古皆有死어니와 民無信不立이니라.
어사이자　 하선　　왈거식　 자고개유사　 민무신불립

　자공이 정치에 대해 묻자, 공자가 말하였다. "식량을 충분하게 하고, 군대를 충분하게 하며, 백성들이 믿게 해야 한다." 자공이 말하였다. "반드시 어쩔 수 없어서 버린다면, 이 세 가지 가운데 무엇을 먼저 버려야 합니까?" 공자가 말하였다. "군대를 버려야 한다." 자공이 말하였다. "반드시 어쩔 수 없어서 버린다면, 이 두 가지 가운데 무엇을 먼저 버려야 합니까?" 공자가 말하였다. "식량을 버려야 하니, 예로부터 누구나 다 죽지만, 백성들이 믿어주지 않으면 설 수 없는 것이다."

12-08

¹
棘子成이 曰 君子는 質而已矣니 何以文爲리오 子貢이 曰 惜乎라
극 자 성   왈 군 자   질 이 이 의   하 이 문 위   자 공   왈 석 호

夫子之說君子也여 駟²不及舌이로다 文猶質也며 質猶文也니 虎豹之鞹³이
부 자 지 설 군 자 야   사 불 급 설   문 유 질 야   질 유 문 야   호 표 지 곽

猶犬羊之鞹이라
유 견 양 지 곽

  극자성이 말하였다. "군자는 바탕일 뿐이니, 꾸밈을 어디에 쓰겠는
가?" 자공이 말하였다. "애석하다, 선생이 군자를 설명한 말이여! 네
마리의 말이 끄는 수레도 혓바닥을 따라잡지는 못하는 것이다. 꾸밈이
바탕과 같으며, 바탕이 꾸밈과 같은 것이니, 호랑이나 표범의 가죽은
개나 양의 가죽과 같은 것이다."

─── 1 극자성(棘子成) 위나라의 대부이다.
    2 사(駟) 네 마리의 말, 또는 네 마리의 말이 끄는 수레.
    3 곽(鞹) 털을 제거한 가죽.

해설 • 극자성의 말대로 군자에게 바탕만 중요하다면, 꾸밈에 해당하는 털을 제
       거한 가죽이라는 측면에서 볼 때, 호랑이·표범의 가죽은 개·양의 가죽과
       같다는 것이다. 호랑이·표범과 개·양의 외모의 차이는 꾸밈에 해당하는
       털에 있는 것이므로, 극자성의 말은 받아들이기 어렵고, 꾸밈도 바탕만큼
       이나 중요하다는 것이다.

12-09

哀公이 問於有若曰 年饑用不足하니 如之何오 有若이 對曰 盍徹乎¹니이까
애 공   문 어 유 약 왈 년 기 용 부 족   여 지 하   유 약   대 왈 합 철 호

日二도 吾猶不足이어니 如之何其徹也리오 對日 百姓이 足이면 君孰與不足
왈 이   오 유 부 족   여 지 하 기 철 야   대 왈 백 성   족   군 숙 여 부 족

이며 百姓이 不足이면 君孰與足이리이까
     백 성   부 족   군 숙 여 족

  애공이 유약에게 물었다. "올해 가뭄이 들어서 쓸 비용이 부족하니, 어떻게 해야 하겠는가?" 유약이 대답하였다. "어찌하여 10분의 1 세금을 쓰지 않습니까?" 애공이 말하였다. "10분의 2 세금도 내가 오히려 부족한데, 어떻게 10분의 1 세금을 쓰겠는가?" 유약이 대답하였다. "백성이 풍족하면 임금께서 누구와 더불어 부족하실 것이며, 백성이 풍족하지 못하다면 임금께서 누구와 더불어 풍족하시겠습니까?"

─── 1 철(徹) 10분의 1의 과세.

12-10

子張이 問崇德辨惑한대 子日 主忠信하며 徙義崇德也니라 愛之면 欲其生
자 장   문 숭 덕 변 혹   자 왈 주 충 신   사 의 숭 덕 야   애 지   욕 기 생

하고 惡之면 欲其死하나니 旣欲其生이오 又欲其死 是惑也니라 誠不以富오
     오 지   욕 기 사   기 욕 기 생   우 욕 기 사 시 혹 야   성 불 이 부

亦祇以異로다
역 지 이 이

  자장이 덕을 높이고 의혹을 분별하는 것에 대해 묻자, 공자가 말하였다. "진실과 믿음을 위주로 하며 옳은 데로 옮아가는 것이 덕을 높이는 것이다. 사랑하면 살기를 바라고, 미워하면 죽기를 바라는데, 살기

를 바라면서 또 죽기를 바라는 것이 의혹이다. 진실로 부유하게도 하지 못하고, 다만 이상함만 취할 뿐이다."

12-11

[1]
齊景公이 問政於孔子한대 孔子對曰 君君臣臣父父子子니이다 公이
제 경 공　　문 정 어 공 자　　공 자 대 왈　군 군 신 신 부 부 자 자　　　　공

曰善哉라 信如君不君하며 臣不臣하며 父不父하며 子不子면 雖有粟이나
왈 선 재　　신 여 군 불 군　　　신 불 신　　　부 불 부　　　자 부 자　　수 유 속

吾得而食諸아
오 득 이 식 저

　　제 경공이 공자에게 정치에 대해 묻자, 공자가 대답하였다. "임금은 임금답고, 신하는 신하다우며, 아버지는 아버지답고, 자식은 자식다운 것입니다." 공이 말하였다. "좋습니다. 진실로 만일 임금이 임금답지 못하고, 신하가 신하답지 못하며, 아버지가 아버지답지 못하고, 자식이 자식답지 못하다면, 비록 곡식이 있더라도 내가 그것을 먹을 수 있겠습니까?"

―――　1 제경공(齊景公) 기원전 547년에서 490년까지 재위했던 제나라의 임금이다. 성은 강(姜)이고 이름은 저구(杵臼)이다.

12-12

子曰 片言¹에 可以折獄者는 其由也與인저 子路는 無宿²諾이러라
자왈 편언 가이절옥자 기유야여 자로 무숙락

공자가 말하였다. "한 마디 말로 송사를 판결할 수 있는 사람은 아마도 자로일 것이다. 자로는 다음 날에 승낙하는 일이 없었다."

――― 1 절옥(折獄) 송사를 판결하다.
2 숙(宿) 하루 밤을 지내다.

해설 • 자로는 판단력이 있어서 누구에게 부탁을 받으면 바로 들어줄 수 있는지 판단하였지, 그 판단을 뒤로 미루지 않았다. 그 때문에 공자가 자로는 판단력이 있기 때문에 한 마디 말로도 송사를 판단할 수 있을 것이라고 인정한 것이다.

12-13

子曰 聽訟이 吾猶人也나 必也使無訟乎인저
자왈 청송 오유인야 필야사무송호

공자가 말하였다. "송사를 판결하는 것은 나도 남과 같으나, 반드시 소송이 없도록 하겠다."

12-14

子張이 問政한대 子曰 居之無倦하며 行之以忠이라
자장 문정 자왈 거지무권 행지이충

자장이 정치에 대해 묻자, 공자가 말하였다. "자리에 있을 때에는 게으름이 없게 하며, 일을 행할 때에는 진실한 마음으로 해야 한다."

12-15

子曰 博學於文이오 約之以禮면 亦可以弗畔矣夫인저
자 왈 박 학 어 문   약 지 이 례   역 가 이 불 반 의 부

공자가 말하였다. "군자가 문장을 널리 배우고 예로 단속하면 또한 어긋나지 않을 수 있을 것이다."

12-16

子曰 君子는 成人之美하고 不成人之惡하나니 小人은 反是니라
자 왈 군 자   성 인 지 미   불 성 인 지 악   소 인   반 시

공자가 말하였다. "군자는 남의 좋은 점을 이루어주고, 남의 나쁜 점을 이루어주지 않지만, 소인은 이와 반대이다."

12-17

季康子 問政於孔子한대 孔子對曰 政者는 正也니 子帥以正이면 孰敢不正
계 강 자 문 정 어 공 자   공 자 대 왈 정 자   정 야   자 솔 이 정   숙 감 부 정

이리오

계강자가 공자에게 정치에 대해 묻자, 공자가 대답하였다. "정치란 바르게 하는 것이니, 그대가 바름으로써 솔선수범한다면 누가 감히 바르지 않겠습니까?"

12-18

季康子 患盜하여 問於孔子한대 孔子對曰 苟子之不欲이면 雖賞之라도
계 강 자 환 도　　　문 어 공 자　　　공 자 대 왈 구 자 지 불 욕　　　수 상 지

不竊하리라
부 절

계강자가 도둑을 걱정하여 공자에게 대책을 묻자, 공자가 대답하였다. "만일 그대가 탐욕을 부리지 않는다면, 비록 상을 준다 하더라도 도둑질하지 않을 것입니다."

12-19

季康子 問政於孔子曰 如殺無道하여 以就有道인댄 何如하니이까 孔子對曰
계 강 자 문 정 어 공 자 왈 여 살 무 도　　　이 취 유 도　　　하 여　　　공 자 대 왈

子爲政에 焉用殺이리오 子欲善이면 而民이 善矣리니 君子之德은 風이오
자 위 정　언 용 살　　　자 욕 선　　이 민　선 의　　　군 자 지 덕　풍

小人之德은 草라 草上之風이면 必偃하나니라
소 인 지 덕　초　초 상 지 풍　　필 언

계강자가 공자에게 정치에 대해 물었다. "만일 무도한 자를 죽여서

도가 있는 데로 나아가게 하면 어떻습니까?" 공자가 대답하였다. "그대가 정치를 하면서 어찌 죽이는 일을 하겠습니까? 그대가 선을 하고자 하면 백성들은 선해지는 것이니, 군자의 덕은 바람이고, 소인의 덕은 풀입니다. 풀 위에 바람이 불면 풀은 반드시 쓰러지는 것입니다."

12-20

子張이 問 士何如라야 斯可謂之達矣니이까 子曰 何哉오 爾所謂達者여
자장 문 사하여 사가위지달의 자왈 하재 이소위달자

子張이 對曰 在邦必聞하며 在家必聞이니이다 子曰 是는 聞也라 非達也니라
자장 대왈 재방필문 재가필문 자왈 시 문야 비달야

夫達也者는 質直而好義하며 察言而觀色하여 慮以下人하나니 在邦必達하
부달야자 질직이호의 찰언이관색 려이하인 재방필달

며 在家必達이라 夫聞也者는 色取仁而行違오 居之不疑하나니 在邦必聞하며
재가필달 부문야자 색취인이행위 거지불의 재방필문

在家必聞이라
재가필문

　자장이 물었다. "선비가 어떠하여야 통달한 사람이라고 말할 수 있습니까?" 공자가 말하였다. "무언가? 네가 말하는 통달한 사람이란?" 자장이 대답하였다. "나라에 있어도 반드시 소문이 나며, 집 안에 있어도 반드시 소문이 나는 것입니다." 공자가 말하였다. "그것은 소문난 사람이지 통달한 사람은 아니다. 통달한 사람이란 질박하며 정직하고 정의를 좋아하며, 남의 말을 살피고 얼굴빛을 보아 생각해서 몸을

낮추는 것이니, 나라에 있어서도 반드시 통달하며, 집 안에 있어서도 반드시 통달하게 되는 것이다. 소문난 사람이란 얼굴빛은 인을 취하나 행실은 위배되며 자처하고 의심하지 않으니, 나라에 있어도 반드시 소문이 나며, 집에 있어도 반드시 소문이 나는 것이다."

12-21

樊遲從遊於舞雩之下러니 曰 敢問崇德脩慝辨惑하노이다 子曰 善哉라 問이
번 지 종 유 어 무 우 지 하   왈 감 문 숭 덕 수 특 변 혹   자 왈 선 재   문

여 先事後得이 非崇德與아 攻其惡이오 無攻人之惡이 非脩慝與아 一朝之忿
  선 사 후 득   비 숭 덕 여   공 기 악   무 공 인 지 악   비 수 특 여   일 조 지 분

으로 忘其身하여 以及其親이 非惑與아
      망 기 신   이 급 기 친   비 혹 여

번지가 공자를 따라 무우(舞雩) 아래서 노닐면서 말했다. "감히 덕을 높이며, 사특함을 닦아내며, 미혹을 분별하는 것에 대해 묻겠습니다." 공자가 말하였다. "좋도다, 질문이여! 일을 먼저하고 뒤에 얻는 것이 덕을 높이는 것이 아니겠는가? 자기의 나쁜 점을 다스리고 남의 나쁜 점을 다스리지 않는 것이 사특함을 닦아내는 것이 아니겠는가? 하루아침의 분노로 자신을 잊어서 부모에게까지 미치게 하는 것이 미혹이 아니겠는가?"

─── 1 무우(舞雩) 기우제를 지내는 제단.

12-22

樊遲問仁한대 子曰 愛人이라 問知한대 子曰 知人이라 樊遲未達이어
번 지 문 인　　　자 왈 애 인　　문 지　　　자 왈 지 인　　　번 지 미 달

늘 子曰 擧直錯諸枉이면 能使枉者直이라 樊遲退하여 見子夏曰 鄕也에
　자 왈 거 직 조 저 왕　　　능 사 왕 자 직　　번 지 퇴　　　견 자 하 왈 향 야

吾見於夫子而問知하니 子曰 擧直錯諸枉이면 能使枉者直이라하니 何謂也
오 현 어 부 자 이 문 지　　　자 왈 거 직 조 저 왕　　　능 사 왕 자 직　　　　하 위 야

오 子夏曰 富哉라 言乎여 舜有天下에 選於衆하여 擧皋陶하니 不仁者遠矣오
　자 하 왈 부 재　　언 호　순 유 천 하　선 어 중　　거 고 요　　　불 인 자 원 의

湯有天下에 選於衆하여 擧伊尹하니 不仁者遠矣니라
탕 유 천 하　선 어 중　　거 이 윤　　불 인 자 원 의

　번지가 인에 대해 묻자, 공자가 말하였다. "사람을 사랑하는 것이다." 앎에 대해 묻자, 공자가 말하였다. "사람을 아는 것이다." 번지가 알아듣지 못하자, 공자가 말하였다. "정직한 사람을 들어서 굽은 사람 위에 두면 굽은 사람을 정직하게 할 수 있다." 번지가 물러가서 자하를 만나보고 물었다. "지난번에 선생님을 뵙고 앎에 대해 물었더니, 선생님께서 '정직한 사람을 들어서 굽은 사람 위에 두면 굽은 사람을 정직하게 할 수 있다'고 하셨는데, 무슨 말씀입니까?" 자하가 말하였다. "넉넉합니다, 그 말씀이여! 순임금이 천하를 소유할 때 여러 사람 가운데서 선발하여 고요를 들어 쓰니, 어질지 않은 자들이 멀리 사라졌고, 탕임금이 천하를 소유할 때 여러 사람 가운데서 선발하여 이윤을 들어 쓰니, 어질지 않은 자들이 멀리 사라졌습니다."

―――　1 고요(皋陶) 순임금의 신하이다.

2 탕(湯) 혁명을 일으켜 하왕조를 멸망시키고 은왕조를 세운 임금이다.

3 이윤(伊尹) 탕(湯)과 그의 아들 태갑(太甲)을 보좌하여 은왕조의 기틀을 세운 명재상이다.

해설 · 이 문장은 '諸'를 어떻게 해석하는가에 따라 달라질 수 있다. '諸'를 '지어 (至於)'의 준 말인 '저(諸)'로 본다면 위와 같이 해석할 수 있다. '諸'를 여럿 이라는 뜻의 '제(諸)'로 본다면 "정직한 사람을 들어 쓰고 굽은 사람을 놓아 두면 백성이 복종하고, 굽은 사람을 들어 쓰고 정직한 사람을 놓아두면 백 성이 복종하지 않습니다."라고 해석할 수 있다.

12-23

子貢이 問友한대 子曰 忠告而善道之하되 不可則止하여 無自辱焉이라
자공 문우 자왈 충고이선도지 불가즉지 무자욕언

자공이 벗에 대해 묻자, 공자가 말하였다. "진심으로 말해주고 잘 인 도하다가 안 되면 그만두어서 자신을 스스로 욕되게 하지 말아야 한다."

12-24

曾子曰 君子는 以文會友하고 以友輔仁이라
증자왈 군자 이문회우 이우보인

증자가 말하였다. "군자는 문장으로 벗을 모으고, 벗으로 인을 돕는다."

제
13
장

자
로
(
子
路
)

정치란 무엇인가?

13-01

子路問政한대 子曰 先之勞之니라 請益한대 曰 無倦이니라
자 로 문 정　　자 왈 선 지 노 지　　청 익　　왈 무 권

　자로가 정치에 대해 묻자, 공자가 말하였다. "솔선해야 하며 수고해야
한다." 더 말해 주기를 청하자 "게을리하지 말아야 한다."고 하였다.

13-02

仲弓이 爲季氏宰하여 問政한대 子曰 先有司요 赦小過하며 擧賢才니라
중 궁　 위 계 씨 재　　문 정　 자 왈 선 유 사　 사 소 과　　 거 현 재

曰焉知賢才而擧之리이까 曰擧爾所知면 爾所不知를 人其舍諸아
왈 언 지 현 재 이 거 지　　왈 거 이 소 지　 이 소 부 지　 인 기 사 저

중궁이 계씨의 가신이 되어 정치에 대해 묻자, 공자가 말하였다. "실무자에게 모범을 보이고 작은 허물을 용서해주며, 현명한 사람과 재주 있는 사람을 등용해야 한다." "어떻게 현명한 사람과 재주 있는 사람을 알아 등용합니까?" "네가 아는 사람을 등용하면 네가 알지 못하는 사람을 남들이 내버려두겠느냐?"

—— 1 사(舍) 사(捨)와 통용되어 버려둔다는 뜻이다.

13-03

子路曰 衛君이 待子而爲政하나니 子將奚先이시리이까 子曰 必也正名乎인
자 로 왈 위 군   대 자 이 위 정   자 장 해 선   자 왈 필 야 정 명 호

저 子路曰 有是哉라 子之迂也여 奚其正이시리이까 子曰 野哉라 由也여
  자 로 왈 유 시 재   자 지 오 야   해 기 정   자 왈 야 재   유 야

君子於其所不知에 蓋闕如也니라 名不正하면 則言不順하고 言不順하면
군 자 어 기 소 부 지   개 궐 여 야   명 부 정   즉 언 불 순   언 불 순

則事不成하고 事不成하면 則禮樂不興하고 禮樂不興하면 則刑罰不中하고
즉 사 불 성   사 불 성   즉 예 악 불 흥   예 악 불 흥   즉 형 벌 부 중

刑罰不中하면 則民無所措手足이라 故로 君子名之면 必可言也며 言之면
형 벌 부 중   즉 민 무 소 조 수 족   고   군 자 명 지   필 가 언 야   언 지

必可行也니 君子於其言에 無所苟而已矣니라
필 가 행 야   군 자 어 기 언   무 소 구 이 이 의

자로가 말하였다. "위나라 임금이 선생님을 맞이하여 정치를 하려고 하십니다. 선생님께서는 장차 무엇을 먼저 하시렵니까?" 공자가 대

답하였다. "반드시 이름을 바로잡겠다." 자로가 말하였다. "이러하십니다, 선생님이 실정을 모르시는 것이! 어떻게 바로잡으려 하십니까?" 공자가 말하였다. "촌스럽구나, 자로여! 군자는 자기가 알지 못하는 것에 대해서는 말하지 않고 놓아두는 것이다. 이름이 바르지 못하면 말이 순조롭지 못하고, 말이 순조롭지 못하면 일이 이루어지지 못하고, 일이 이루어지지 못하면 예악이 일어나지 못하고, 예악이 일어나지 못하면 형벌이 알맞지 못하고, 형벌이 알맞지 못하면 백성들이 손발을 둘 곳이 없어진다. 그러므로 군자가 이름을 붙이면 반드시 말할 수 있으며, 말할 수 있으면 반드시 행할 수 있는 것이니, 군자는 그 말에 구차함이 없을 뿐이다."

───── 1 궐여(闕如) 말하지 않고 놓아두는 모습이다.

13-04

樊遲 請學稼¹한대 子曰 吾不如老農호라 請學爲圃²한대 曰吾不如老圃호라
번지 청학가   자왈 오불여노농   청학위포   왈오불여노포

樊遲出이어늘 子曰 小人哉라 樊須也여 上好禮하면 則民莫敢不敬하고
번지 출   자왈 소인재 번수야 상호례   즉민막감불경

上好義하면 則民莫敢不服하고 上好信하면 則民莫敢不用情이니 夫如是면
상호의   즉민막감불복   상호신   즉민막감불용정   부여시

則四方之民이 襁負其子而至矣³리니 焉用稼리오
즉사방지민 강부기자이지의   언용가

번지가 곡식 가꾸는 일을 배우기를 청하자 공자가 말하였다. "나는

곡식 가꾸는 늙은 농부만 못하다." 채소 가꾸는 일을 배우기를 청하자 말하였다. "나는 채소 가꾸는 늙은 농부만 못하다." 번지가 나가자 공자가 말하였다. "소인이구나, 번지여! 윗사람이 예를 좋아하면 백성들이 윗사람을 공경하지 않는 이가 없고, 윗사람이 정의를 좋아하면 백성들이 복종하지 않는 이가 없고, 윗사람이 믿음을 좋아하면 백성들이 감히 진실하게 하지 않는 이가 없는 것이다. 이렇게 되면 사방의 백성들이 아이를 포대기에 업고 올 것이니, 어찌 몸소 농사를 지을 필요가 있겠는가?"

---

1 가(稼) 곡식 가꾸는 일.
2 포(圃) 채소 가꾸는 일.
3 강(襁) 어린아이를 업을 때 두르는 포대기.

13-05

子曰 誦詩三百하되 授之以政에 不達하며 使於四方에 不能專對하면 雖多나
자 왈 송 시 삼 백   수 지 이 정   부 달   시 어 사 방   불 능 전 대   수 다

亦奚以爲리오
역 해 이 위

　공자가 말하였다. "『시경』 3백 편을 외우더라도 정치를 맡겼을 때 제대로 해내지 못하고, 사방에 사신으로 나가 혼자서 대처하지 못한다면, 비록 많이 외운다 한들 어디에 쓰겠는가?"

13-06

子曰 其身이 正이면 不令而行하고 其身이 不正이면 雖令不從이라
자왈 기신 정 불령이행 기신 부정 수령부종

　　공자가 말하였다. "자신이 바르면 명령하지 않아도 행해지고, 자신이 바르지 않으면 비록 명령한다 하더라도 따르지 않는다."

13-07

子曰 魯衛之政이 兄弟也로다
자왈 노위지정 형제야

　　공자가 말하였다. "노나라와 위나라의 정치는 형제로다!"

해설 　·노나라와 위나라의 정치가 똑같이 어지럽다는 말이다.

13-08

子謂衛公子荊하되 善居室이로다 始有에 曰苟合矣라고 少有에 曰苟完矣
자위위공자형 선거실 시유 왈구합의 소유 왈구완의

라하고 富有에 曰苟美矣라하니라
부유 왈구미의

　　공자가 위나라의 왕자 형을 두고 말하였다. "그는 집에 거처하기를 잘

하였다. 처음 갖추어졌을 때 말하기를 '그런대로 모였다'라고 하였고, 조금 갖추어졌을 때 말하기를 '그런대로 완비되었다'라고 하였고, 많이 갖추어졌을 때 말하기를 '그런대로 아름답다'라고 하였다."

13-09

子適衛할새 冉有僕이러니 子曰 庶矣哉라 冉有曰 旣庶矣어든 又何加焉이리
자 적 위   염 유 복   자 왈 서 의 재   염 유 왈 기 서 의   우 하 가 언

이까 曰富之니라 曰旣富矣어든 又何加焉이리이까 曰敎之니라
     왈 부 지   왈 기 부 의   우 하 가 언   왈 교 지

　공자가 위나라에 갈 때 염유가 수레를 몰았다. 공자가 말하였다. "백성들이 많기도 하구나!" 염유가 말했다. "이미 백성들이 많으면 또 무엇을 더하여야 합니까?" "부유하게 해주어야 한다." "이미 부유해지면 또 무엇을 더하여야 합니까?" "가르쳐야 한다."

───── 1 서(庶) 수가 많다는 뜻이다.

13-10

子曰 苟有用我者면 朞月而已라도 可也니 三年이면 有成이리라
자 왈 구 유 용 아 자   기 월 이 이   가 야   삼 년   유 성

　공자가 말하였다. "만일 나를 쓰는 자가 있다면 일 년만 하더라도 괜

찮을 것이니, 삼 년이면 이루어짐이 있을 것이다."

―― 1 기월(朞月) 12개월, 만 1년.

13-11

子曰 善人이 爲邦百年이면 亦可以勝殘去殺矣라하니 誠哉라 是言也여
자 왈 선 인   위 방 백 년   역 가 이 승 잔 거 살 의   성 재   시 언 야

　공자가 말하였다. "'훌륭한 사람이 나라를 백 년 동안 다스리면, 또
한 잔인함을 이기고 죽이는 일을 없앨 수 있다'라고 하니, 참으로 옳은
말이로다."

13-12

子曰 如有王者라도 必世而後仁이라
자 왈 여 유 왕 자   필 세 이 후 인

　공자가 말하였다. "만일 왕도 정치를 실현하는 군주가 있다 하더라
도, 반드시 한 세대가 지난 뒤에야 어질어질 것이다."

―― 1 왕자(王者) 왕도 정치를 실현하는 군주.

13-13

子曰 苟正其身矣면 於從政乎에 何有¹며 不能正其身이면 如正人에 何오
자왈 구정기신의   어종정호   하유   불능정기신   여정인   하

공자가 말하였다. "자신을 바르게 하면 정치를 하는 데에 무슨 어려움이 있겠으며, 자신을 바르게 할 수 없다면 남을 바르게 하는 것을 어떻게 할 수 있겠는가?"

―― 1 하유(何有) "무슨 어려움이 있겠는가[何難之有]?"의 준말이다.

13-14

冉子退朝어늘 子曰 何晏也¹오 對曰 有政이러이다 子曰 其事也로다 如有政
염자퇴조   자왈 하안야   대왈 유정   자왈 기사야   여유정

인댄 雖不吾以나 吾其與聞之니라
     수불오이   오기여문

염구가 조정에서 물러 나오자, 공자가 말하였다. "어찌하여 늦었는가?" 대답하여 말했다. "정치에 관한 일이 있었습니다." 공자가 말하였다. "사사로운 일이었겠지. 만일 정치에 관한 일이 있었다면, 비록 나를 등용하지 않았으나 내가 참여하여 들었을 것이다."

―― 1 안(晏) 늦다.

13-15

定公이 問 一言而可以興邦이라하나니 有諸이까 孔子對曰
정공　문　일언이가이흥방　　　　유저　　공자대왈

言不可以若是其幾也어니와 人之言曰 爲君難하며 爲臣不易라하나니
언 불 가 이 약 시 기 기 야　　　인 지 언 왈　위 군 난　　위 신 불 이

如知爲君之難也인댄 不幾乎一言而興邦乎이까 曰一言而喪邦이라하나니
여 지 위 군 지 난 야　　불 기 호 일 언 이 흥 방 호　　왈 일 언 이 상 방

有諸이까 孔子對曰 言不可以若是其幾也어니와 人之言曰 予無樂乎爲君
유저　　공자대왈 언 불 가 이 약 시 기 기 야　　인 지 언 왈 여 무 락 호 위 군

이오 唯其言而莫予違也라하나니 如其善而莫之違也인댄 不亦善乎이까
유 기 언 이 막 여 위 야 라　　　여 기 선 이 막 지 위 야　　불 역 선 호

如不善而莫之違也인댄 不幾乎一言而喪邦乎이까
여 불 선 이 막 지 위 야　　불 기 호 일 언 이 상 방 호

　정공이 물었다. "한마디 말로 나라를 일으킨다고 하니, 그러한 경우
가 있습니까?" 공자가 대답하였다. "말은 이와 같이 기약할 수는 없지
만, 사람들의 말에 '임금 노릇 하기가 어려우며 신하 노릇 하기가 쉽지
않다.'고 하였으니, 임금 노릇 하기 어려움을 안다면 한 마디 말로 나
라를 일으키는 것을 기약하지 않겠습니까?" 정공이 말했다. "한마디
말로 나라를 잃는다고 하니, 그러한 경우가 있습니까?" 공자가 대답하
였다. "말은 이와 같이 기약할 수는 없지만, 사람들 말에 '나는 임금 노
릇을 하는데 다른 것은 즐겁지 않고, 오직 내 말을 따르기만 하고 나를
어기지 않는 것이 즐겁다.'고 하였으니, 선한 말을 어기지 않는다면 좋
지 않겠습니까? 선하지 않은 말을 어기지 않는다면, 한마디 말로 나라
를 잃는 것을 기약하지 않겠습니까?"

_____ 1 기(幾) 기약하다, 기대하다.

13-16

葉公이 問政한대 子曰 近者說하며 遠者來니라
섭공　문정　　자왈 근자열　　원자래

　섭공이 정치에 대해 묻자, 공자가 말하였다. "가까이 있는 자들은 기뻐하고, 먼 곳에 있는 자들은 오는 것입니다."

13-17

子夏爲莒父宰로 問政한대 子曰 無欲速하며 無見小利니 欲速則不達하고
자 하 위 거 보 재　문정　　자왈 무욕속　　무견소리　욕속즉부달

見小利則大事不成이니라
견 소 리 즉 대 사 불 성

　자하가 거보읍의 우두머리가 되어 정치에 대해 묻자, 공자가 말하였다. "빨리하려고 하지 말고, 조그만 이익을 보지 말아야 한다. 빨리 하려고 하면 잘되지 않고, 조그만 이익을 보면 큰일이 이루어지지 않는다."

13-18

葉公이 語孔子曰 吾黨에 有直躬者하니 其父攘羊[1]이어늘 而子證之하니이다
섭공 어공자왈 오당 유직궁자 기부양양   이자증지

孔子曰 吾黨之直者는 異於是하니 父爲子隱하며 子爲父隱하나니
공자왈 오당지직자 이어시 부위자은   자위부은

直在其中矣니라
직재기중의

   섭공이 공자에게 말하였다. "우리 고을에 정직하게 행동하는 자가 있으니, 그의 아버지가 양을 가로채자, 아들이 그것을 증명하였습니다." 공자가 말하였다. "우리 고을의 정직한 사람은 이와 다릅니다. 아버지는 자식을 위해 숨겨주고 자식은 아버지를 위해 숨겨주니, 정직함은 그 가운데 있는 것입니다."

───── 1 양(攘) 횡령하다, 가로채다.

13-19

樊遲問仁한대 子曰 居處恭하며 執事敬하며 與人忠이니라 雖之夷狄이라도
번지문인   자왈 거처공   집사경   여인충   수지이적

不可棄也니라
불가기야

   번지가 인에 대해 묻자 공자가 말하였다. "거처할 적에 공손히 하며, 일을 집행할 적에 경건히 하며, 사람을 대할 적에 진실하게 하여야 한

다. 이것은 비록 이적의 나라에 가더라도 버려서는 안 된다."

13-20

子貢이 問曰 何如라야 斯可謂之士矣이까 子曰 行己有恥하며 使於四方
자공 문왈 하여　　사가위지사의　　자왈 행기유치　　시어사방

하여 不辱君命이면 可謂士矣니라 曰敢問其次하노이다 曰宗族이 稱孝焉
불욕군명　　가위사의　　왈감문기차　　　왈종족　칭효언

하며 鄕黨이 稱弟焉이라 曰敢問其次하노이다 曰言必信하며 行必果
향당　칭제언　　왈감문기차　　　왈언필신　　행필과

[1]硜硜然小人哉나 抑亦可以爲次矣니라 曰今之從政者는 何如하니이까 子曰
경경연소인재　억역가이위차의　　왈금지종정자 하여　　　자왈

噫라 [2]斗筲之人을 何足算也리오
희　두소지인　　하족산야

　자공이 물었다. "어떠하여야 선비라고 말할 수 있습니까?" 공자가 말하였다. "자기의 행동에 대해서 부끄러워할 줄 알며, 사방에 사신으로 가서 임금의 명령을 욕되게 하지 않으면 선비라고 말할 만하다." "감히 그다음을 묻겠습니다." "같은 집안사람들이 효성스럽다고 칭찬하고, 고을 사람들이 공손하다고 칭찬하는 사람이다." "감히 그다음을 묻겠습니다." "말을 하면 반드시 믿을 수 있게 하고 행동은 반드시 앞뒤가 맞게 하는 것은 빡빡한 소인이지만, 그래도 또한 그다음이 될 만하다." "지금 정사에 종사하는 사람들은 어떻습니까?" 공자가 말하였다. "아, 한 말이나 한 말 두 되 정도의 사람들을 어찌 따질만하겠는가!"

13-21

子曰 不得中行而與之인댄 必也狂狷乎인저 狂者는 進取오 狷者는
자왈 부득 중행 이 여지   필야 광 견 호   광자   진취   견자

有所不爲也니라
유소불위야

공자가 말하였다. "중도를 실천하는 선비를 얻어 그와 함께할 수 없
다면, 반드시 뜻이 큰 사람이나 뜻이 굳센 사람과 함께할 것이다. 뜻이
큰 사람은 적극적으로 나아가고 뜻이 굳센 사람은 하지 않는 일이 있
다."

---
1 광(狂) 뜻이 큰 사람.
2 견(狷) 뜻이 굳센 사람.

13-22

子曰 南人이 有言曰 人而無恒이면 不可以作巫醫라하니 善夫라 不恒其德
자왈 남인   유언왈 인이무항   불가이작무의   선부   불항기덕

이면 或承之羞라하니 子曰 不占而已矣니라
혹승지수   자왈 부점이이의

공자가 말하였다. "남쪽 나라 사람들의 말에 '사람이 일정한 마음이 없으면 무당이나 의원이 될 수 없다.'라고 하니, 좋은 말이다." 『주역』에 "그 마음가짐을 일정하게 가지지 않으면 간혹 부끄러운 일을 당하게 된다."라고 하였는데, 공자는 "점을 치지 않을 뿐이다."라고 말하였다.

해설 · 옛날에는 무당과 의원이 존중받지 못하는 직업이었다. 그런 사람일지라도 일정한 직업윤리와 실력이 없으면 종사하는 것이 불가능하였다. 일정한 마음이 없으면 부끄러운 일을 당한다는 내용이 『주역』에 있지만, 그것은 점을 치지 않더라도 당연한 일이라고 할 수 있다는 공자의 말이다.

13-23

子曰 君子는 和而不同하고 小人은 同而不和니라
자 왈 군 자   화 이 부 동   소 인   동 이 불 화

공자가 말하였다. "군자는 조화를 이루지만 같아지지 않고, 소인은 같이 하지만 조화를 이루지 못한다."

13-24

子貢이 問曰 鄕人이 皆好之면 何如하니이까 子曰 未可也니라 鄕人
자 공   문 왈 향 인   개 호 지   하 여   자 왈 미 가 야   향 인

이 皆惡之면 何如하니이까 子曰 未可也니라 不如鄕人之善者 好之오
  개 오 지   하 여   자 왈 미 가 야   불 여 향 인 지 선 자 호 지

其不善者 惡之니라
기 불 선 자 오 지

    자공이 물었다. "고을 사람들이 모두 좋아하면 어떻습니까?" 공자가 말하였다. "안 된다." "고을 사람들이 모두 미워하면 어떻습니까?" 공자가 말하였다. "안 된다. 고을 사람 가운데 착한 사람은 좋아하고, 착하지 못한 사람은 미워하는 것만 못하다."

13-25

子曰 君子는 易事而難說也니 說之不以道면 不說也오 及其使人也하여는
자 왈 군 자   이 사 이 난 열 야   열 지 부 이 도   불 열 야   급 기 사 인 야

器之니라 小人은 難事而易說也니 說之雖不以道라도 說也오 及其使人也하
기 지   소 인   난 사 이 이 열 야   열 지 수 불 이 도   열 야   급 기 사 인 야

여는 求備焉이니라
구 비 언

    공자가 말하였다. "군자는 섬기기는 쉬워도 기쁘게 하기는 어렵다. 기쁘게 하기를 바른 도리로 하지 않으면 기뻐하지 않고, 사람을 부릴 때는 그릇에 따라 한다. 소인은 섬기기는 어려워도 기쁘게 하기는 쉽다. 기쁘게 하기를 비록 바른 도리로 하지 않더라도 기뻐하고, 사람을 부릴 때는 다 갖출 것을 요구한다."

13-26

子曰 君子는 泰而不驕하고 小人은 驕而不泰니라
자 왈 군 자 태 이 불 교   소 인 교 이 불 태

　공자가 말하였다. "군자는 느긋하면서 교만하지 않고, 소인은 교만
하면서 느긋하지 못하다.

13-27

子曰 剛毅木訥이 近仁이라
자 왈 강 의 목 눌 근 인

　공자가 말하였다. "강하고 굳세며, 질박하고 어눌함이 인에 가깝다."

――― 1 목(木) 질박함. 다듬지 않은 나무처럼 질박하다는 뜻이다.
　　　2 눌(訥) 어눌함.

13-28

子路 間曰 何如라야 斯可謂之士矣니이까 子曰 切切偲偲하며 怡怡如也면
자 로 문 왈 하 여 사 가 위 지 사 의 자 왈 절 절 시 시 이 이 여 야

可謂士矣라 朋友엔 切切偲偲오 兄弟엔 怡怡니라
가 위 사 의 붕 우 절 절 시 시 형 제 이 이

자로가 물었다. "어떠하여야 선비라고 말할 만합니까?" 공자가 대답하였다. "간절하고 자상하며 부드러우면 선비라고 말할 만하다. 친구 사이에는 간절하고 자상하게 해야 하며, 형제 사이에는 부드러워야 한다."

———— 1 절절시시(切切偲偲) 간절하고 자상한 모양이다.
　　　2 이이여(怡怡如) 부드러운 모양이다.

13-29

子曰 善人이 教民七年이면 亦可以卽戎矣니라
자 왈 선 인　 교 민 칠 년　　 역 가 이 즉 융 의

　공자가 말하였다. "훌륭한 사람이 7년 동안 백성을 가르치면, 또한 전쟁에 나아가게 할 수 있다."

———— 1 즉(卽) 나아가다.
　　　2 융(戎) 전쟁.

13-30

子曰 以不教民戰이면 是謂棄之니라
자 왈 이 불 교 민 전　　 시 위 기 지

　공자가 말하였다. "가르치지 않은 백성으로 전쟁한다면, 이것을 백성을 버리는 행위라고 말한다."

제14장 헌문(憲問)

옛날의 인물들, 지금의 인물들

14-01

憲¹이 問恥한대 子曰 邦有道에 穀하며 邦無道에 穀이 恥也니라
헌   문치   자왈 방유도 곡   방무도   곡   치야

원헌이 수치스러움에 대해 물으니, 공자가 대답하였다. "나라에 도가 있을 때도 봉록을 받으며, 나라에 도가 없을 때도 봉록을 받는 것이 수치스러운 일이다."

───── 1 憲 공자의 제자인 원헌(原憲)으로 자는 자사(子思)이다.

14-02

克伐怨欲을 不行焉이면 可以爲仁矣이까 子曰 可以爲難矣어니와
극벌원욕 불행언   가이위인의   자왈 가이위난의

仁則吾不知也로다
인 즉 오 부 지 야

"이기려는 일, 자랑하는 일, 원망하는 일, 욕심을 부리는 일을 하지 않으면 인이라고 말할 수 있습니까?" 공자가 말하였다. "어렵다고 할 수는 있으나, 인인지는 내가 알지 못하겠다."

14-03

子曰 士而懷居면 不足以爲士矣니라
자 왈 사 이 회 거   부 족 이 위 사 의

공자가 말하였다. "선비가 되어서 편안한 거처를 생각한다면 선비라고 할 수 없다."

14-04

子曰 邦有道엔 危言危行하며 邦無道엔 危行言孫이라
자 왈 방 유 도   위 언 위 행   방 무 도   위 행 언 손

공자가 말하였다. "나라에 도가 있을 때는 말을 꼿꼿하게 하고 행동을 꼿꼿하게 하며, 나라에 도가 없을 때는 행동을 꼿꼿하게 하고 말을 공손하게 하여야 한다."

14-05

子曰 有德者는 必有言이어니와 有言者는 不必有德이라 仁者는 必有勇이어
자왈 유덕자　필유언　　　유언자　불필유덕　인자　필유용

니와 勇者는 不必有仁이라
　　용자　불필유인

　공자가 말하였다. "덕이 있는 사람은 반드시 훌륭한 말을 하지만, 훌륭한 말을 하는 사람이 반드시 덕이 있는 것은 아니다. 어진 사람은 반드시 용기가 있지만, 용기가 있는 사람이 반드시 어진 것은 아니다."

14-06

南宮适[1]이 問於孔子曰 羿[2]는 善射하고 奡[3]는 盪舟하되 俱不得其死어늘
남궁괄　문어공자왈　예　선사　　오　탕주　　구부득기사

然禹稷[4]은 躬稼而有天下하니이다 夫子 不答이러니 南宮适이 出이어늘 子曰
연우직　궁가이유천하　　　부자 부답　　남궁괄 출　　　자왈

君子哉라 若人이여 尙德哉라 若人이여
군자재　약인　　상덕재　약인

　남궁괄이 공자에게 물었다. "예(羿)는 활을 잘 쏘았고, 오(奡)는 힘이 세어서 육지에서 배를 끌고 다녔지만, 모두 제대로 죽지 못하였습니다. 그러나 우(禹)와 직(稷)은 몸소 농사를 지었는데도 천하를 소유하였습니다." 공자가 대답하지 않았다. 남궁괄이 밖으로 나가자, 공자가 말하였다. "군자로구나, 그 사람이여! 덕을 숭상하는구나, 그 사람이여!"

2 예(羿) 유궁(有窮)의 임금으로 활을 잘 쏘았다.
3 오(奡) 옛날의 장사로 힘이 세어 육지에서 배를 끌고 다녔다고 한다.
4 직(稷) 우임금의 신하로 식량을 담당하였다.

해설 · 예와 오는 권력을 가지고 있었으나 덕이 없었기 때문에 제 명대로 살지 못하였다. 우와 직은 덕이 있었기 때문에 천하를 소유하였다. 남궁괄이 당시의 권력자들을 예와 오에 비유하고, 공자를 우와 직에 비유하였기 때문에 공자가 대답하기 곤란하여 답하지 않은 것이다. 그러나 그가 군자답고 덕을 숭상한 것은 인정하지 않을 수 없었다.

14-07

子曰 君子而不仁者는 有矣夫어니와 未有小人而仁者也니라
자 왈 군 자 이 불 인 자   유 의 부   미 유 소 인 이 인 자 야

공자가 말하였다. "군자로서 어질지 못한 사람은 있어도, 소인으로서 어진 사람은 있지 않다."

14-08

子曰 愛之면 能勿勞乎아 忠焉이면 能勿誨乎아
자 왈 애 지   능 물 로 호   충 언   능 물 회 호

공자가 말하였다. "사랑한다면 수고롭게 하지 않을 수 있겠는가? 진실하다면 깨우쳐주지 않을 수 있겠는가?"

14-09

子曰 爲命에 裨諶이 草創之하고 世叔이 討論之하고 行人子羽 修飾之하고
자왈 위명 비침 초창지 세숙 토론지 행인자우 수식지

東里子産이 潤色之하니라
동리자산 윤색지

공자가 말하였다. "외교 문서를 만들 때 비침이 초고를 만들고, 세숙이 토론하고, 행인인 자우가 꾸미고, 동리의 자산이 윤색을 하였다."

1 명(命) 외교 문서이다.
2 비침(裨諶) 정나라의 대부이다.
3 초창(草創) 초안을 작성하는 일이다.
4 세숙(世叔) 정나라의 대부인 유길(游吉)이다.
5 토론(討論) 검토하고 따져서 결점을 고치는 일이다.
6 행인(行人) 정나라의 관직 이름으로 오늘날의 외교관이다.
7 자우(子羽) 정나라 공손휘(公孫揮)의 자이다.
8 수식(修飾) 문장을 꾸미는 일이다.
9 동리(東里) 자산(子産)이 살던 마을의 이름이다.
10 윤색(潤色) 문장을 부드럽고 매끈하게 다듬어서 문채가 나도록 하는 일이다.

14-10

或이 問子産한대 子曰 惠人也니라 問子西한대 曰彼哉彼哉여 問管仲한대
혹 문자산 자왈 혜인야 문자서 왈피재피재 문관중

曰人也 奪伯氏騈邑三百하여늘 飯疏食沒齒하되 無怨言하니라
왈인야 탈백씨병읍삼백 반소사몰치 무원언

어떤 사람이 자산에 대해 물으니, 공자가 대답하였다. "은혜를 베푼 사람이었다." 자서에 대해 물으니, "그 사람이야! 그 사람이야!"라고 대답하였다. 관중에 대해 물으니, "그 사람이 백씨의 병읍 삼백 호를 빼앗았는데, 거친 밥을 먹으며 세상을 떠날 때까지 원망하는 말이 없었다."라고 대답하였다.

---

1 자서(子西) 초나라의 공자 신(申)이다. 소왕(昭王)의 동생으로서 영윤(令尹)이었다.
2 백씨(伯氏) 제나라의 대부이다. 백씨(伯氏)란 대부의 신하가 대부를 높여서 부르는 호칭이란 설이 있다.
3 병읍(駢邑) 제나라의 지명이다.
4 소사(疏食) 거친 밥이다.
5 몰치(沒齒) 나이는 먹어서 세상을 떠나는 것이다.

14-11

子曰 貧而無怨은 難하고 富而無驕는 易하니라
자 왈 빈 이 무 원   난   부 이 무 교   이

공자가 말하였다. "가난하면서 원망이 없기는 어렵고, 부자이면서 교만이 없기는 쉽다."

14-12

子曰 孟公綽이 爲趙魏老則優어니와 不可以爲滕薛大夫니라
자 왈 맹 공 작   위 조 위 로 즉 우   불 가 이 위 등 설 대 부

공자가 말하였다. "맹공작이 조씨와 위씨 집안의 우두머리가 되기에는 넉넉하지만, 등나라와 설나라의 대부가 될 수는 없다."

1 맹공작(孟公綽) 노나라의 대부이다.

2 조위(趙魏) 진(晉)나라의 경(卿)인 조씨의 위씨를 가리킨다. 진나라는 춘추시대의 제후국 가운데 큰 나라이므로 그 나라의 경인 조씨와 위씨는 다른 제후국보다 규모가 큰 가(家)에 봉해져 있었다. 나중에 진나라는 조씨, 위씨, 한씨에 의해 조나라, 위나라, 한나라의 세 나라로 분할된다.

3 등설(滕薛) 등나라와 설나라를 가리킨다. 춘추시대 때에 규모가 작은 제후국 가운데 하나였다.

해설 • 조씨와 위씨는 진나라의 대부로서 땅으로 치자면 등나라와 설나라 보다도 큰 땅을 차지하고 있었다. 그러나 어디까지나 대부이므로 나라를 다스리는데 필요한 외교나 국방 등의 일은 없다. 등나라나 설나라는 비록 작은 나라이지만, 나라로서 갖거나 처리해야 할 일들이 있다. 공자는 맹공작이 대부의 명을 받아 일을 처리하는 가신으로서의 역할은 해낼 만하지만, 작은 나라일지라도 한 나라의 신하가 되어 국사를 다스릴 만한 능력은 갖지 못하고 있다고 평가하고 있다.

14-13

子路問成人한대 子曰 若臧武仲之知와 公綽之不欲과 卞莊子之勇과
자로문성인   자왈 약장무중지지   공작지불욕   변장자지용

冉求之藝에 文之以禮樂이면 亦可以爲成人矣니라 曰今之成人者는
염구지예   문지이예악   역가이위성인의   왈금지성인자

何必然이리오 見利思義하며 見危授命하며 久要에 不忘平生之言이면
하필연   견리사의   견위수명   구요   불망평생지언

亦可以爲成人矣니라
역가이위성인의

자로가 완성된 사람에 대해 물으니, 공자가 대답하였다. "만일 장무중의 지혜와 공작의 탐욕하지 않음과 변장자의 용기와 염구의 재주에 예악으로 문채를 내면 이 역시 완성된 사람이 될 수 있을 것이다." 다시 말하였다. "지금의 완성된 사람은 어찌 반드시 그러하겠는가? 이익을 보고 정의를 생각하며, 위태로움을 보고 목숨을 바치며, 오랫동안 가난해도 평소의 말을 잊지 않는다면 이 또한 완성된 사람이 될 수 있을 것이다."

———
1 장무중(臧武仲) 노나라의 대부 장손흘(臧孫紇)이다.
2 변장자(卞莊子) 변(卞)은 노나라에 있는 읍의 이름이다. 장자(莊子)는 변읍(卞邑)의 대부였다. 장자는 그 어머니가 살아 있을 때는 전쟁에 나가서 세 번 도망한 일이 있었으나, 어머니가 돌아가신 후 3년이 지나자 적의 목 세 개를 베어 세 번의 도망을 보상하고, 다시 돌격하여 적 7명을 죽이고 전사했다는 기록이 『한시외전(韓詩外傳)』에 보인다.

14-14

子問公叔文子於公明賈曰 信乎夫子不言不笑不取乎아 公明賈對曰
자 문 공 숙 문 자 어 공 명 가 왈　신 호 부 자 불 언 불 소 불 취 호　　공 명 가 대 왈

以告者過也로소이다 夫子 時然後言이라 人不厭其言하며 樂然後笑라
이 고 자 과 야　　　　부 자　시 연 후 언　　　인 불 염 기 언　　　낙 연 후 소

人不厭其笑하며 義然後取라 人不厭其取하나니이다 子曰 其然가 豈其然乎리오
인 불 염 기 소　　　의 연 후 취　인 불 염 기 취　　　　자 왈　기 연　　기 기 연 호

공자가 공명가에게 공숙문자에 대해서 물었다. "참으로 선생께서는 말하지 않고 웃지 않고 취하지 않으시는가?" 공명가가 대답하였다.

"말하는 자가 지나쳤습니다. 선생께서는 때에 맞은 뒤에야 말하므로 사람들이 그의 말을 싫어하지 않으며, 즐거운 뒤에야 웃으므로 사람들이 그의 웃음을 싫어하지 않으며, 정의에 맞은 뒤에야 취하므로 사람들이 그의 취함을 싫어하지 않는 것입니다." 공자가 말하였다. "그러할까? 어찌 그럴 수 있겠는가?"

14-15

子曰 臧武仲이 以防으로 求爲後於魯하니 雖曰不要君이나 吾不信也하노라
자 왈 장 무 중   이 방   구 위 후 어   수 왈 불 요 군   오 불 신 야

공자가 말하였다. "장무중이 방읍(防邑)을 가지고 노나라에게 후계자를 세워줄 것을 요구하였으니, 비록 임금을 협박하지 않았다고 말하나, 나는 믿지 않는다."

―――― 1 방(防) 노나라의 읍 이름이다.
        2 요(要) 협박하다.

14-16

子曰 晋文公은 譎而不正하고 齊桓公은 正而不譎하니라
자 왈 진 문 공   휼 이 부 정   제 환 공   정 이 불 휼

공자가 말하였다. "진문공은 속이고 바르지 않았으며, 제환공은 바

르고 속이지 않았다."

14-17

子路曰 桓公이 殺公子糾하여늘 召忽은 死之하고 管仲은 不死하니 曰未仁乎
자 로 왈 환 공　　살 공 자 규　　소 홀　　사 지　　관 중　　불 사　　왈 미 인 호

인저 子曰 桓公이 九合諸侯하되 不以兵車는 管仲之力也니 如其仁如其仁
　　　자 왈 환 공　　규 합 제 후　　불 이 병 거　관 중 지 력 야　　여 기 인 여 기 인

이리오

　　자로가 말하였다. "환공(桓公)이 공자(公子) 규(糾)를 죽이자, 소홀(召忽)
은 죽었고 관중(管仲)은 죽지 않았으니, 관중은 어질지 못한 사람일 것
입니다." 공자가 말하였다. "환공이 제후들을 규합하되, 무력을 쓰지
않은 것은 관중의 힘이었으니, 누가 그의 인만 하겠는가? 누가 그의
인만 하겠는가?"

해설　· 제나라의 왕위 계승 과정에서 동생인 소백(小白)이 형인 규(糾)를 죽이고
　　　왕위에 오르니, 그가 바로 환공(桓公)이다. 이 과정에서 규를 따르던 소홀
　　　은 그를 위해 죽고, 관중은 죽지 않았다가 나중에 환공을 도왔다. 자로는
　　　이 때문에 관중이 어질지 못한 사람이라고 보았지만, 공자는 관중이 천하
　　　를 편안하게 한 공이 있으므로 그것을 어질다고 인정할 수 있다고 하였다.

14-18

子貢이 曰管仲은 非仁者與인저 桓公이 殺公子糾어늘 不能死오 又相之온여
자공　왈관중　비인자여　　환공　살공자규　　불능사　우상지

子曰 管仲이 相桓公覇諸侯하여 一匡天下하니 民到于今히 受其賜라
자왈 관중　상환공패제후　　일광천하　　민도우금　수기사

微管仲이면 吾其被髮左衽矣러니라 豈若匹夫匹婦之爲諒也하여
미관중　　오기피발좌임의　　　기약필부필부지위량야

自經於溝瀆而莫之知也리오
자경어구독이막지지야

　자공이 말하였다. "관중은 어진 사람이 아닐 것입니다. 환공이 공자규를 죽였는데, 죽지 못하고 또 환공을 도와주었습니다." 공자가 말하였다. "관중이 환공을 도와 제후의 패자가 되어 한 번 천하를 바로잡아, 백성들이 지금까지 그 혜택을 받고 있다. 관중이 없었다면 우리는 머리를 풀고 옷깃을 왼편으로 향하게 하는 오랑캐가 되었을 것이다. 어찌 한 남자와 한 여자가 조그마한 믿음을 위하여 스스로 도랑에서 목매어 죽어서 알아주는 이가 없는 것과 같이하겠는가?"

14-19

公叔文子之臣大夫僎이 與文子로 同升諸公이러니 子聞之하고
공숙문자지신대부선　여문자　동승저공　　　자문지

曰可以爲文矣로다
왈가이위문의

공숙문자의 가신인 대부 선(僎)이 문자와 함께 조정에 올라간 적이 있었다. 공자가 듣고 말하였다. "시호를 문(文)이라고 할 만하다."

해설 • 공숙문자가 자기의 가신인 대부 선을 추천하여 자신과 함께 조정에서 일하도록 한 적이 있었으므로, 공자가 후일에 그 말을 듣고 그가 문이라는 훌륭한 시호를 받을 만한 자격이 있는 사람이라고 인정한 것이다.

14-20

子 言衛靈公之無道也러니 康子曰 夫如是로되 奚而不喪이니이까 孔子曰
자 언위령공지무도야　　강자왈 부여시　　해이불상이니이까 공자왈

仲叔圉는 治賓客하고 祝鮀는 治宗廟하고 王孫賈는 治軍旅라 夫如是니
중숙어　치빈객　　축타　치종묘　　왕손가　치군려　부여시

奚其喪이리오
해 기 상

공자가 위령공의 무도함을 말하니, 계강자가 말하였다. "이와 같은데도 어찌하여 지위를 잃지 아니합니까?" 공자가 말하였다. "중숙어(仲叔圉)는 나라의 손님을 다스리고 축타(祝鮀)는 종묘를 다스리고, 왕손가(王孫賈)는 군대를 다스립니다. 이와 같으니 어찌 그 지위를 잃겠습니까?"

14-21

子曰 其言之不怍이면 則爲之也難하니라
자 왈 기 언 지 부 작　　즉 위 지 야 난

공자가 말하였다. "말하는 것을 부끄러워하지 않으면 실천하기 어렵다."

14-22

¹陳成子 ²弑簡公이어늘 孔子 沐浴而朝하여 告於哀公曰 陳恒이 弑其君하니
진성자 시간공   공자 목욕이조   고어애공왈 진항   시기군

請討之하소서 公曰 告夫³三子하라 孔子曰 以吾從大夫之後라 不敢不告也
청토지   공왈 고부삼자   공자왈 이오종대부지후   불감불고야

하니 君曰 告夫三子者온여 之三子하여 告한대 不可라하여늘 孔子曰
군왈 고부삼자자   지삼자   고   불가   공자왈

以吾從大夫之後라 不敢不告也니라
이오종대부지후   불감불고야

　진성자(陳成子)가 간공(簡公)을 시해하자, 공자가 목욕하고 조회하여 애공(哀公)에게 고하였다. "진항이 그 군주를 시해하였으니, 토벌하소서." 애공이 말하였다. "저 삼자(三子)에게 말하라." 공자가 말하였다. "내가 대부의 뒤를 따랐기 때문에 감히 고하지 않을 수 없었는데, 임금께서는 저 삼자에게 말하라 하시는구나." 삼자에게 가서 말하자 안 된다고 하니, 공자가 말하였다. "내가 대부의 뒤를 따랐기 때문에 감히 말하지 않을 수 없었다."

―――
1 진성자(陳成子) 제나라의 대부 진항(陳恒)으로 전상(田常)이라고도 하였다.
2 간공(簡公) 제나라의 임금으로 이름은 임(壬)이다.
3 삼자(三子) 당시 노나라의 실권을 쥐고 있던 맹손·숙손·계손이다.

14-23

子路 問事君한대 子曰 勿欺也오 而犯之니라
자 로 문 사 군   자 왈 물 기 야   이 범 지

　자로가 임금 섬기는 것에 대해 묻자, 공자가 대답하였다. "속이지 말고 얼굴을 대놓고 간쟁해야 한다."

14-24

子曰 君子는 上達하고 小人은 下達이라
자 왈 군 자   상 달   소 인   하 달

　공자가 말하였다. "군자는 위로 통달하고, 소인은 아래로 통달한다."

해설　• 주자는 위로 통달한다는 것은 천리에 통달하는 것으로, 아래로 통달한다는 것은 이익에 통달하는 것으로 보았다. 소라이는 위로 통한다는 것은 위로 임금에게 통하는 것으로, 아래로 통한다는 것은 아래 사람들끼리 서로 통하는 것으로 보았다.

14-25

子曰 古之學者는 爲己러니 今之學者는 爲人이로다
자 왈 고 지 학 자   위 기   금 지 학 자   위 인

　공자가 말하였다. "옛날에 배우는 사람들은 자신을 위한 학문을 하

였는데, 지금에 배우는 사람들은 남을 위한 학문을 한다."

14-26

蘧伯玉[1]이 使人於孔子어늘 孔子 與之坐而問焉日 夫子는 何爲오 對日
거 백 옥   시 인 어 공 자   공 자 여 지 좌 이 문 언 왈 부 자   하 위   대 왈

夫子 欲寡其過而未能也니이다 使者 出이어늘 子日 使乎使乎여
부 자 욕 과 기 과 이 미 능 야   사 자 출   자 왈 시 호 시 호

　　거백옥이 사람을 보내 공자에게 인사하니, 공자가 그 사람과 함께 앉
아 "선생께서는 무엇을 하시는가?"라고 물으니, "선생께서는 허물을
적게 하려고 하시지만, 아직 능하지 못하십니다." 라고 대답하였다. 심
부름 하는 사람이 나가자 공자가 말하였다. "훌륭한 심부름꾼이구나!
훌륭한 심부름꾼이구나!"

―――　1 거백옥(蘧伯玉) 위(衛)나라의 대부 거원(蘧瑗)으로 백옥은 그의 자이다.

14-27

子日 不在其位하여는 不謀其政이라
자 왈 부 재 기 위   불 모 기 정

　　공자가 말하였다. "그 자리에 있지 않으면 그와 관련된 정사를 도모
하지 않는다."

14-28

曾子曰 君子는 思不出其位니라
증 자 왈 군 자　 사 불 출 기 위

　증자가 말하였다. "군자는 생각이 그 지위를 벗어나지 않는다."

14-29

子曰 君子는 恥其言而過其行이라
자 왈 군 자　 치 기 언 이 과 기 행

　공자가 말하였다. "군자는 말을 하고서 그 말이 행동보다 넘치는 것을 부끄러워한다."

14-30

子曰 君子道者三에 我無能焉하니 仁者는 不憂하고 知者는 不惑하고 勇者는
자 왈 군 자 도 자 삼　 아 무 능 언　 인 자　 불 우　 지 자　 불 혹　 용 자

不懼니라 子貢曰 夫子 自道也라
불 구　 자 공 왈 부 자 자 도 야

　공자가 말하였다. "군자의 도가 세 가지인데, 나는 할 수 있는 것이 없다. 어진 사람은 걱정하지 않고, 지혜로운 사람은 의심하지 않고, 용

감한 사람은 두려워하지 않는다." 자공이 말하였다. "선생님께서 자신
에 대해 말씀하신 것이다."

14-31

子貢이 方人¹하더니 子曰 賜也는 賢乎哉아 夫我則不暇로라
자 공　방 인　　자 왈 사 야　현 호 재　부 아 즉 불 가

　자공이 사람을 비교하니, 공자가 말하였다. "자공은 현명한가 보다.
나는 그럴 겨를이 없다."

──── 1 방(方) 비교, 평가하는 것이다.

14-32

子曰 不患人之不己知오 患其不能也니라
자 왈 불 환 인 지 불 기 지　환 기 불 능 야

　공자가 말하였다. "남이 나를 알아주지 못함을 걱정하지 말고, 자신
이 능하지 못함을 걱정해야 한다."

14-33

子曰 不逆詐[1]하며 不億不信이나 抑亦先覺者 是賢乎인저
자왈 불역사   불억불신   억역선각자 시현호

공자가 말하였다. "남이 나를 속일까 미리 생각하지 않고, 남이 나를
믿어주지 않을까 억측하지 않지만, 또한 먼저 깨닫는 사람이 현명하다."

─── 1 역(逆) 미래를 미리 생각해 보는 것이다.

14-34

微生畝 謂孔子曰 丘는 何爲是栖栖[1]者與아 無乃爲佞乎아 孔子曰
미생묘 위공자왈 구   하위시서서자여   무내위녕호   공자왈

非敢爲佞也라 疾固也라
비감위녕야   질고야

미생묘가 공자에게 말하였다. "그대는 무엇 때문에 그리도 연연해하
는가? 말재주를 부리려는 것이 아닌가?" 공자가 말하였다. "감히 말재
주를 부리려는 것이 아니라, 스스로 고루해짐을 미워하는 것입니다."

─── 1 서서(栖栖) 무엇을 잊지 못하여 연연해 하는 모양이다. 바쁘게 돌아다니는
     모양으로 보기도 한다.

해설 • 미생묘는 공자가 끊임없이 학문을 추구하고 학교를 열어 학생을 가르치
     는 것이 결국 말재주나 부리기 위해서가 아니냐고 공자를 힐난하고 있다.
     이에 대해 공자는 말재주나 부리기 위한 것이 아니라, 스스로 고루하게 되
     는 것이 싫어서 학문에 매진하고 있을 뿐이라고 겸손하게 말한다. 소라이

는 '질(疾)'은 남의 나쁜 점을 미워하는 것이 아니라 자신의 나쁜 점을 미워하는 것이며, '고(固)'는 늘 학문과 관련지어 말하는 것이라고 하였다.

한편, '서서(栖栖)'를 '바쁘게 돌아다니는 모양'으로 보고 '고(固)'를 '세상의 고루함'으로 본다면, 미생묘는 공자가 세상을 구제하겠다고 바쁘게 돌아다니며 제후들에게 유세를 하고 있는데, 그것이 말재주나 부리기 위한 것이 아니냐고 공자를 힐난한 것이고, 공자는 거기에 대해 말재주나 부리기 위한 것이 아니라 세상이 고루해지는 것을 싫어하여 이처럼 바쁘게 돌아다니고 있다고 대답한 것이 된다.

14-35

子曰 驥는 不稱其力이라 稱其德也니라
자왈 기 불칭기력   칭기덕야

공자가 말하였다. "천리마라는 것은 그 힘을 칭찬하는 것이 아니라, 그 능력을 칭찬하는 것이다."

14-36

或이 曰以德報怨이 何如하니이까 子曰 何以報德고 以直報怨이오 以德報德이라
혹 왈이덕보원   하여   자왈 하이보덕   이직보원   이덕보덕

어떤 사람이 말하였다. "덕으로 원망을 갚는 것이 어떻습니까?" 공자가 말하였다. "그렇다면 무엇으로 덕을 갚을 것인가? 정직함으로 원망을 갚고, 덕으로 덕을 갚아야 한다."

・"정직함으로 원망을 갚는다."는 것에 대해서 소라이는 "원망해야 한다면 원망하고, 원망하지 않아야 한다면 원망하지 않는 것이다."라고 풀이하였다.

14-37

子曰 莫我知也夫인저 子貢이 曰何爲其莫知子也이까 子曰 不怨天하며
자 왈 막 아 지 야 부   자 공   왈 하 위 기 막 지 자 야   자 왈 불 원 천

不尤人이오 下學而上達하노니 知我者는 其天乎인저
불 우 인   하 학 이 상 달   지 아 자   기 천 호

공자가 말하였다. "나를 아는 사람이 없구나!" 자공이 "어찌하여 선생님을 아는 사람이 없는 것입니까?"라고 하자, 공자가 말하였다. "나는 하늘을 원망하지 않으며 사람을 탓하지 않고, 아래로 사람의 일을 배워서 위로 하늘의 일에 통달하니, 나를 아는 것은 하늘일 것이다."

14-38

公伯寮 愬子路於季孫이어늘 子服景伯이 以告曰 夫子 固有惑志於公伯寮
공 백 료 소 자 로 어 계 손   자 복 경 백   이 고 왈 부 자 고 유 혹 지 어 공 백 료

하나니 吾力이 猶能肆諸市朝니이다 子曰 道之將行也與도 命也며
오 력   유 능 사 저 시 조   자 왈 도 지 장 행 야 여   명 야

道之將廢也與도 命也니 公伯寮 其如命에 何리오
도 지 장 폐 야 여   명 야 공 백 료 기 여 명   하

공백료가 계손에게 자로를 참소하니, 자복경백이 공자에게 고하기를 "계손이 본래 공백료에게 의심을 품고 있으니, 제힘이 그래도 공백료의 시신을 거리에 널어놓을 수 있습니다." 공자가 말하였다. "도가 장차 행해지는 것도 천명이며 도가 장차 폐해지는 것도 천명이니, 공백료가 그 천명을 어떻게 하겠는가?"

14-39

子曰 賢者는 辟世하고 其次는 辟地하고 其次는 辟色하고 其次는 辟言이라
자왈 현자   피세   기차   피지   기차   피색   기차   피언

공자가 말하였다. "현명한 사람은 어지러운 세상을 피하고, 그다음 사람은 어지러운 지방을 피하고, 그다음 사람은 분위기를 보고 피하고, 그다음 사람은 말을 듣고 피한다."

14-40

子曰 作者七人矣로다
자왈 작자칠인의

공자가 말하였다. "창작한 사람은 일곱 사람이었다."

해설 · 소라이는 일곱 사람이란 요임금·순임금·우임금·탕왕·문왕·무왕·주공을 말한다고 하였다. 주자는 '작자(作者)'를 위 14-39와 연결 지어 '일어나 피한 사람'으로 해석하였다.

14-41

子路 宿於石門이러니 晨門이 曰 奚自오 子路曰 自孔氏로라
자로 숙어석문　　신문　왈 해자　자로왈 자공씨

曰是知其不可而爲之者與아
왈 시 지 기 불 가 이 위 지 자 여

　자로가 석문(石門)에서 유숙하였는데, 새벽에 문을 여는 사람이 "어디에서 왔는가?"라고 묻자, 자로는 "공자에게서 왔습니다."라고 대답하였다. 그는 "할 수 없는 줄 알면서도 하는 사람 말인가?"라고 하였다.

14-42

子擊磬於衛러니 有荷蕢而過孔氏之門者曰 有心哉라 擊磬乎여 旣而曰
자 격 경 어 위　　유 하 궤 이 과 공 씨 지 문 자 왈　유 심 재　　격 경 호　　기 이 왈

鄙哉라 硜硜乎여 莫己知也어든 斯已而已矣니 深則厲오 淺則揭니라 子曰
비 재　경 경 호　막 기 지 야　　사 이 이 이 의　심 즉 려　천 즉 게　　자 왈

果哉라 末之難矣니라
과 재　말 지 난 의

　공자가 위(衛)나라에서 경쇠를 두드렸는데, 삼태기를 메고 공자의 문 앞을 지나가는 사람이 듣고서 말하였다. "마음이 천하에 있구나, 경쇠를 두드림이여!" 조금 있다가 말하였다. "비루하도다, 너무도 단단함이여! 자신을 알아주지 않으면 그만두어야 하는 것이니, 물이 깊으면 옷을 벗고 건너고, 물이 얕으면 옷을 걷고 건너는 법이다." 공자가 말하였다. "과감하구나, 어려울 것이 없겠구나!"

14-43

子張이 日書云 高宗이 諒陰三年을 不言이라하니 何謂也이까 子日 何必高宗
자장   왈서운 고종   양암삼년   불언   하위야   자왈   하필고종

이리오 古之人이 皆然하니 君薨이어든 百官이 總己하여 以聽於冢宰三年하니라
      고지인   개연   군훙   백관   총기   이청어몽재삼년

　자장이 말하였다. "『서경』에 '고종(高宗)이 양암(諒陰)에서 삼 년 동안
말하지 않았다.'고 하니, 무엇을 말합니까?" 공자가 말하였다. "하필
고종뿐이겠는가? 옛사람이 다 그러하였으니, 군주가 돌아가시면 모든
관리들이 자기의 직책을 총괄하여 총재에게 명령을 듣기를 삼 년 동안
하였다."

―――
　　1 고종(高宗) 은나라의 무정(武丁)을 말한다.
　　2 양암(諒陰) 부모의 상을 치르기 위한 여막이다.

14-44

子日 上好禮면 則民易使也니라
자왈 상호례   즉민이사야

　공자가 말하였다. "윗사람이 예를 좋아하면 백성을 부리기 쉽다."

14-45

子路 問君子한대 子曰 修己以敬이니라 曰如斯而已乎잇가 曰修己以安人
자 로 문 군 자   자 왈 수 기 이 경   왈 여 사 이 이 호   왈 수 기 이 안 인

이니라 曰如斯而已乎잇가 曰修己以安百姓이니 修己以安百姓은 堯舜도
       왈 여 사 이 이 호   왈 수 기 이 안 백 성   수 기 이 안 백 성   요 순

其猶病諸시니라
기 유 병 저

  자로가 군자에 대하여 물으니, 공자는 "공경으로 자기를 수양하는
것이다."라고 하였다. "이와 같을 뿐입니까?" "자기를 수양해서 사람
을 편안하게 하는 것이다." "이와 같을 뿐입니까?" "자기를 수양해서
백성을 편안하게 하는 것이니, 자기를 수양해서 백성을 편안하게 하는
것은 요임금과 순임금께서도 오히려 어렵게 여기셨다."

14-46

原壤¹이 夷俟러니 子曰 幼而不孫弟하며 長而無述焉이오 老而不死 是爲賊
원 양   이 사   자 왈 유 이 불 손 제   장 이 무 술 언   노 이 불 사 시 위 적

이라하고 以杖叩其脛하다
         이 장 고 기 경

  원양(原壤)이 다리를 벌리고 앉아 공자를 기다리니, 공자가 "어려서는
공손하지 못하고, 장성해서는 칭찬할 만한 일이 없고, 늙어서도 죽지 않
는 것이 바로 도적이다."라고 하고, 지팡이로 그의 정강이를 두드렸다.

해설 • 공자가 정색하고 한 말이라기보다는 오랜 친구이기 때문에 가볍게 한 말로 보인다.

14-47

闕黨童子¹ 將命²이어늘 或이 問之曰 益者與이까 子曰 吾見其居於位也하며
궐 당 동 자 장 명 　 　 혹 　 문 지 왈 익 자 여 　 　 자 왈 오 견 기 거 어 위

見其與先生幷行也하니 非求益者也라 欲速成者也니라
견 기 여 선 생 병 행 야 　 　 비 구 익 자 야 　 욕 속 성 자 야

공자가 사는 고을인 궐당(闕黨)의 어린아이가 공자의 명령을 받드는 일을 하자, 어떤 사람이 "보탬이 되는 사람입니까?"라고 물었다. 공자가 말하였다. "나는 그가 맞지 않는 자리에 앉아 있는 것을 보았으며, 선생과 나란히 걸어가는 것을 보았으니, 보탬이 되기를 구하는 사람이 아니라, 빨리 이루고자 하는 사람이다."

──── 1 궐당(闕黨) 노나라의 고을 이름으로 공자가 살던 곳이다.
　　　 2 장(將) 받들다.

해설 • 궐당의 어린아이는 명령을 받드는 사람으로서 보탬이 되고자 노력해야 하는데, 자신의 학문을 빨리 이루기 위해서 끼지 않을 자리에도 끼고, 선생과 걸을 때도 선생보다 조금 뒤에 걷는다는 예를 차리기보다는 묻기에 열중하여 선생과 나란히 걸은 것으로 보인다. 그래서 공자가 빨리 이루고자 하는 사람이라고 평가한 것이다.

제15장

위영공(衛靈公)

군자가 될 것인가,
소인이 될 것인가?

15-01

衛靈公이 問陳於孔子한대 孔子對曰 俎豆之事는 則嘗聞之矣어니와
위 영 공 이   문 진 어 공 자   공 자 대 왈 조 두 지 사   즉 상 문 지 의

軍旅之事는 未之學也라 하고 明日에 遂行하다 在陳絶糧하니 從者病하여
군 려 지 사   미 지 학 야   명 일   수 행   재 진 절 량   종 자 병

莫能興이러니 子路慍見曰 君子亦有窮乎이까 子曰 君子는 固窮이니 小人은
막 능 흥   자 로 온 현 왈 군 자 역 유 궁 호   자 왈 군 자   고 궁   소 인

窮斯濫矣니라
궁 사 남 의

　　위나라 영공이 공자에게 군대를 진 치는 방법에 대해 묻자, 공자는 "제
사에 대한 일은 일찍이 들었지만, 군대에 관한 일은 배우지 못하였습니
다."라고 하고, 다음날 드디어 떠났다. 진나라에 있을 때 양식이 떨어지
자, 따르던 사람들이 병들어 아무도 일어나지 못하였다. 자로가 성난 얼

굴로 공자를 뵙고, "군자도 어려울 때가 있습니까?"라고 묻자, 공자가
말하였다. "군자는 본래 어려운 것이니, 소인은 어려우면 넘친다."

―――― 1 위영공(衛靈公) 위(衛)나라의 임금이다.
2 조두(俎豆) 제사에 쓰는 도마와 그릇인데, 제사를 뜻하는 말로 쓰인다.

15-02

子曰 賜也아 女以予로 爲多學而識之者與아 對曰然하니이다 非與이까
자 왈 사 야   여 이 여   위 다 학 이 지 지 자 여   대 왈 연   비 여

曰非也라 予는 一以貫之니라
왈 비 야   여   일 이 관 지

　공자가 말하였다. "자공아! 너는 내가 많이 배우고 그것을 기억하
는 사람이라고 생각하느냐?" 자공이 대답하였다. "그렇습니다. 아닙니
까?" 공자가 말하였다. "아니다. 나는 하나로 꿰뚫었다."

해설　· 증자는 '하나'가 충(忠)과 서(恕)라고 풀이하였다.

15-03

子曰 由야 知德者鮮矣니라
자 왈 유   지 덕 자 선 의

　공자가 말하였다. "유야! 덕을 아는 자가 드물다."

15-04

子曰 無爲而治者는 其舜也與인저 夫何爲哉리오 恭己正南面而已矣니라[1]
자왈 무위이치자　기순야여　부하위재　공기정남면이이의

　공자가 말하였다. "인위적인 행동이 없이도 다스린 사람은 순임금일 것이다. 무엇을 하였겠는가? 몸을 공손히 하고 바르게 얼굴을 남쪽으로 향하였을 뿐이었다."

────── 1 남면(南面) 얼굴을 남쪽으로 향한다는 것은 임금 노릇을 하는 것이다. 임금은 남면을 하고 신하는 북면을 한다.

15-05

子張이 問行한대 子曰 言忠信하며 行篤敬이면 雖蠻貊之邦이라도 行矣어니
자장　문행　자왈 언충신　행독경　수만맥지방　　행의

와 言不忠信하며 行不篤敬이면 雖州里나 行乎哉아 立則見其參於前也오
언불충신　행부독경　수주리　행호재　입즉견기참어전야

在輿則見其倚於衡也니 夫然後行이니라 子張이 書諸紳하니라
재여즉견기의어형야　부연후행　자장　서저신

　자장이 통행되는 것에 대해 묻자, 공자가 말하였다. "말이 진실하고 미더우며 행실이 돈독하고 공경스러우면 비록 이민족의 나라에서도 통행되지만, 말이 진실하고 미덥지 못하며 행실이 돈독하고 공경스럽지 못하면, 고을과 마을에서라도 통행될 수 있겠는가? 서 있으면 그것이 앞에 있는 것 같고, 수레에 있으면 그것이 멍에에 기댄 것 같아야 하

니, 이와 같은 뒤에야 통행되는 것이다." 자장이 이 말을 띠에 썼다.

15-06

子曰 直哉라 史魚^{1 2}여 邦有道에 如矢하며 邦無道에 如矢로다 君子哉라
자 왈 직 재   사 어   방 유 도   여 시   방 무 도   여 시   군 자 재

蘧伯玉이여 邦有道則仕하고 邦無道則可卷而懷之로다
거 백 옥   방 유 도 즉 사   방 무 도 즉 가 권 이 회 지

공자가 말하였다. "정직하다, 사관인 어추(魚鰌)여! 나라에 도가 있을
때에도 화살처럼 곧으며, 나라에 도가 없을 때도 화살처럼 곧도다. 군
자답다, 거백옥이여! 나라에 도가 있으면 벼슬하고, 나라에 도가 없으
면 거두어 속에 감추어 두는구나!"

—— 1 사(史) 역사를 기록하는 관리이다.
2 어(魚) 위나라 대부 어추(魚鰌)이다.

해설 •『공자가어』「곤서편(困誓篇)」에 다음과 같은 내용이 기록되어 있다. 사어
가 세상을 떠나기 전 아들에게 다음과 같이 말하였다. "내가 위나라의 조
정에 있으면서 거백옥을 벼슬에 나오도록 하지 못하고 미자하를 물리치지
못하였다. 내가 신하가 되어서 임금을 바로잡지 못한 것이다. 살아서 임금
을 바로잡지 못했다면, 죽어서도 예를 다 차릴 수 없다. 내가 죽거든 내 시
신을 창 아래에 두어라." 그 아들이 아버지의 유언을 따라서 행하였다. 조
문을 하러 와서 사실을 알게 된 영공은 자신의 잘못을 인정하고 거백옥을
등용하고 미자하를 물리쳤다.

15-07

子曰 可與言而不與之言이면 失人이오 不可與言而與之言이면 失言이니
자왈 가여언이불여지언　　실인　　불가여언이여지언　　실언

知者는 不失人하며 亦不失言이니라
지자　불실인　　역불실언

　공자가 말하였다. "함께 말할 만한데도 함께 말하지 않으면 사람을 잃는 것이고, 함께 말할 만하지 못한데도 함께 말한다면 말을 잃는 것이니, 지혜로운 사람은 사람을 잃지 않으며 또한 말을 잃지 않는다."

15-08

子曰 志士仁人은 無求生以害仁이오 有殺身以成仁이니라
자왈 지사인인　무구생이해인　　유살신이성인

　공자가 말하였다. "뜻있는 선비와 어진 사람은 삶을 구하여 인을 해치는 경우는 없고, 자기 몸을 죽여 인을 이루는 경우는 있다."

해설　·　살신성인(殺身成仁)이라는 고사성어가 여기에서 나왔다.

15-09

子貢이 問爲仁한대 子曰 工欲善其事인댄 必先利其器니 居是邦也하여
자공　문위인　　자왈 공욕선기사　　필선리기기　거시방야

事其大夫之賢者하며 友其士之仁者니라
사 기 대 부 지 현 자   우 기 사 지 인 자

　자공이 인을 행하는 것에 대해 묻자, 공자가 말하였다. "기술자가 그 일을 잘하려면 반드시 먼저 그 연장을 날카롭게 만들어야 하는 것이니, 이 나라에 살면서 대부 가운데 현명한 사람을 섬기며, 선비 가운데 어진 사람을 친구로 삼아야 한다."

15-10

顏淵이 問爲邦한대 子曰 行夏之時하며 乘殷之輅하며 服周之冕하며
안 연   문 위 방   자 왈 행 하 지 시   승 은 지 로   복 주 지 면

樂則韶舞¹라 放鄭聲하며 遠佞人이니 鄭聲은 淫하고 佞人은 殆니라
악 즉 소 무   방 정 성   원 녕 인   정 성   음   녕 인   태

　안연이 나라를 다스리는 것에 대해 묻자, 공자가 말하였다. "하나라의 달력을 쓰며, 은나라의 수레를 타며, 주나라의 면류관을 쓰며, 음악은 순임금의 음악인 소무(韶舞)를 쓰는 것이 좋겠다. 정나라의 음악을 추방해야 하며 말 잘하는 사람을 멀리할 것이니, 정나라의 음악은 음탕하고 말 잘하는 사람은 위태롭다."

───── 1 소무(韶舞) 순임금의 음악.

15-11

子曰 人無遠慮면 必有近憂니라

자왈 인무원려   필유근우

공자가 말하였다. "사람에게 멀리까지 생각하는 것이 없으면, 반드시 가까운 근심이 있다."

15-12

子曰 已矣乎라 吾未見好德을 如好色者也로라

자왈 이의호   오미견호덕   여호색자야

공자가 말하였다. "그만인가 보다! 내가 덕을 좋아하기를 이성을 좋아하듯이 하는 사람을 보지 못하였다."

15-13

子曰 臧文仲은 其竊位者與인저 知柳下惠之賢而不與立也로다

자왈 장문중은   기절위자여   지유하혜지현이불여립야

공자가 말하였다. "장문중은 그 지위를 도적질한 사람일 것이다. 유하혜(柳下惠)가 현명한 것을 알고서도 함께 조정에 서지 아니하였으니!"

15-14

子曰 躬自厚而薄責於人이면 則遠怨矣니라
자 왈 궁 자 후 이 박 책 어 인   즉 원 원 의

　공자가 말하였다. "몸소 자기를 꾸짖기를 심하게 하고, 남을 꾸짖기
를 가볍게 한다면 원망을 멀리할 것이다."

15-15

子曰 不曰如之何如之何者는 吾末如之何也已矣니라
자 왈 불 왈 여 지 하 여 지 하 자   오 말 여 지 하 야 이 의

　공자가 말하였다. "'어찌할까, 어찌할까' 하고 말하지 않는 사람은 나
도 어찌할 수가 없다."

15-16

子曰 群居終日에 言不及義요 好行小慧면 難矣哉라
자 왈 군 거 종 일 　언 불 급 의 　호 행 소 혜 　난 의 재

공자가 말하였다. "여럿이 거처하며 하루를 마치면서도 말이 정의에 미치지 못하고, 작은 지혜를 행하기 좋아한다면 어려울 것이다."

15-17

子曰 君子는 義以爲質이오 禮以行之하며 孫以出之하며 信以成之하나니
자왈 군자   의이위질   예이행지   손이출지   신이성지

君子哉라
군자재

공자가 말하였다. "군자는 정의로 바탕을 삼고, 예에 맞게 행하며, 겸손하게 말하며, 믿음으로 이루니, 군자답도다!"

15-18

子曰 君子는 病無能焉이요 不病人之不己知也니라
자왈 군자   병무능언   불병인지불기지야

공자가 말하였다. "군자는 자기가 할 수 없는 것을 병통으로 여기고, 남이 자기를 알아주지 않는 것을 병통으로 여기지 않는다."

15-19

子曰 君子는 疾沒世而名不稱焉이니라
자 왈 군 자　질 몰 세 이 명 불 칭 언

　공자가 말하였다. "군자는 세상을 마치도록 이름이 일컬어지지 않는 것을 싫어한다."

15-20

子曰 君子는 求諸己오 小人은 求諸人이니라
자 왈 군 자　구 저 기　소 인　구 저 인

　공자가 말하였다. "군자는 자신에게서 찾고, 소인은 남에게서 찾는다."

15-21

子曰 君子는 矜而不爭하며 群而不黨이니라
자 왈 군 자　긍 이 부 쟁　군 이 부 당

　공자가 말하였다. "군자는 긍지를 갖지만 다투지 않으며, 무리를 짓지만 편을 가르지 않는다."

15-22

子曰 君子는 不以言擧人하며 不以人廢言이니라
자 왈 군 자　　불 이 언 거 인　　　불 이 인 폐 언

　공자가 말하였다. "군자는 말을 잘한다고 해서 그 사람을 들어 쓰지
않으며, 사람이 나쁘다고 해서 그의 좋은 말을 버리지 않는다."

15-23

子貢이 問曰 有一言而可以終身行之者乎이까 子曰 其恕乎인저 己所不欲을
자 공　 문 왈 유 일 언 이 가 이 종 신 행 지 자 호　　　자 왈 기 서 호　　　기 소 불 욕

勿施於人이니라
물 시 어 인

　자공이 "한마디 말로서 평생토록 실천할 만한 말이 있습니까?"하고
묻자, 공자가 말하였다. "아마도 서(恕)일 것이다. 자기가 하고자 하지
않는 일을 남에게 베풀지 말라는 것이다."

15-24

子曰 吾之於人也에 誰毀誰譽리오 如有所譽者면 其有所試矣니라 斯民也는
자 왈 오 지 어 인 야　　수 훼 수 예　　 여 유 소 예 자 기 유 소 시 의　　 사 민 야

¹
三代之所以直道而行也니라
삼 대 지 소 이 직 도 이 행 야

공자가 말하였다. "내가 사람에 대해서 누구를 헐뜯고 누구를 칭찬하던가? 칭찬한 일이 있다면 검증해 본 경우이다. 이 백성에 대해서는 삼대(三代)의 훌륭한 임금들도 도리를 올바로 하여 행동해 왔기 때문이다."

───── 1 삼대(三代) 하나라 · 상나라 · 주나라 세 왕조를 가리킨다. 유학에서는 이 삼대의 정치를 가장 이상적으로 생각하였다.

15-25

子曰 吾猶及史之闕文也와 有馬者借人乘之러니 今亡矣夫인저
자 왈 오 유 급 사 지 궐 문 야   유 마 자 차 인 승 지   금 무 의 부

공자가 말하였다. "나는 사관들이 확실하지 않은 글을 빼놓고 기록하지 않은 것과, 말을 소유한 자가 남에게 빌려주어 타게 하는 것을 보았는데, 지금에는 그것도 없어졌구나!"

15-26

子曰 巧言은 亂德이오 小不忍則亂大謀니라
자 왈 교 언   난 덕   소 불 인 즉 난 대 모

공자가 말하였다. "교묘한 말은 덕을 어지럽히고, 작은 것을 참지 못하면 큰 계책을 어지럽힌다."

15-27

子曰 衆惡之라도 必察焉하며 衆好之라도 必察焉이니라
자왈 중오지   필찰언   중호지   필찰언

　공자가 말하였다. "여러 사람이 그를 미워하더라도 반드시 살펴보
며, 여러 사람이 그를 좋아하더라도 반드시 살펴보아야 한다."

15-28

子曰 人能弘道요 非道弘人이니라
자왈 인능홍도   비도홍인

　공자가 말하였다. "사람이 도를 넓힐 수 있지, 도가 사람을 넓히는
것은 아니다."

해설　・어떠한 도리 자체가 중요한 것이 아니라, 사람이 그 도리를 실천해 나가
　　　는 것이 중요하다는 말이다.

15-29

子曰 過而不改 是謂過矣니라
자왈 과이불개 시위과의

　공자가 말하였다. "잘못하고서도 고치지 않는 것을 진짜 잘못이라고
한다."

15-30

子曰 吾嘗終日不食하며 終夜不寢하여 以思라도 無益이라 不如學也로다
자왈 오상종일불식　　　종야불침　　　이사　　무익　　불여학야

　공자가 말하였다. "내가 일찍이 종일토록 밥을 먹지 않으며 밤새도
록 잠을 자지 않고서 생각해보아도 유익함이 없어서 배우는 것만 같지
못하였다."

15-31

子曰 君子는 謨道요 不謀食하니라 耕也에 餒在其中矣요 學也에
자왈 군자　　모도　불모식　　　경야　뇌재기중의　　학야

祿在其中矣라 君子는 憂道요 不憂貧이니라
녹재기중의　　군자　　우도　불우빈

　공자가 말하였다. "군자는 도를 도모하고 음식을 도모하지 않는다.
농사를 하더라도 굶주림이 그 가운데에 있고, 학문을 하더라도 봉록이
그 가운데 있다. 군자는 도를 걱정하고 가난을 걱정하지 않는다."

15-32

子曰 知及之라도 仁不能守之면 雖得之나 必失之니라 知及之하며 仁能守之
자왈 지급지　　인불능수지　　수득지　필실지　　　지급지　　인능수지

라도 不莊以涖之면 則民不敬이니라 知及之하며 仁能守之하며 莊以涖之라도
부 장 이 리 지   즉 민 불 경   지 급 지   인 능 수 지   장 이 리 지

動之不以禮면 未善也니라
동 지 불 이 례   미 선 야

　공자가 말하였다. "지혜가 그 지위에 걸맞더라도 인으로 지킬 수 없
다면 비록 얻더라도 반드시 잃는다. 지혜가 걸맞으며 인으로 지킬 수
있더라도 위엄으로 임하지 않으면 백성들이 공경하지 않는다. 지혜가
걸맞으며 인으로 지킬 수 있으며 위엄으로 임하더라도 백성들을 예로
동원하지 않으면 좋지 않다."

───　1 리(涖) 임하다.

15-33

子曰 君子는 不可小知而可大受也오 小人은 不可大受而可小知也니라
자 왈 군 자   불 가 소 지 이 가 대 수 야   소 인   불 가 대 수 이 가 소 지 야

　공자가 말하였다. "군자는 조금 알아주어서는 안 되고 크게 받아들
여주어야 하며, 소인은 크게 받아들여 줘서는 안 되고 조금 알아줄 수
는 있다."

해설　• 이 문장에서 군자와 소인이 주어라면 불가이(不可以)가 되어야 하기 때
　　　문에, 불가(不可)라고 썼다는 것은 군자와 소인이 목적어인데 강조하기 위
　　　해 앞으로 내었다는 것을 보여준다. 따라서 이 문장은 인재를 쓰는 사람의
　　　입장에서 군자와 소인을 어떻게 써야 하는가를 가르쳐 주는 말로 이해해야
　　　한다.

15-34

子曰 民之於仁也에 甚於水火하니 水火는 吾見蹈而死者矣어니와
자 왈 민 지 어 인 야　심 어 수 화　　수 화　오 견 도 이 사 자 의

未見蹈仁而死者也로라
미 견 도 인 이 사 자 야

공자가 말하였다. "백성들에게 인이 필요한 것은 물과 불보다도 더
필요하니, 내가 물과 불을 밟다가 죽은 사람은 보았지만, 인을 밟다가
죽은 사람은 아직 보지 못하였다."

15-35

子曰 當仁하여는 不讓於師니라
자 왈 당 인　　불 양 어 사

공자가 말하였다. "인을 실천하는 일에 대해서는 스승에게도 사양하
지 않는다."

15-36

子曰 君子는 貞而不諒니라
자 왈 군 자　정 이 불 량

공자가 말하였다. "군자는 곧게 행동하지만, 무조건 믿지는 않는다."

──── 1 정(貞) 옳은지 그른지를 살펴서 옳은 것을 곧게 지켜나가는 것이다.

2 량(諒) 옳은지 그른지를 살피지 않고, 무조건 믿는 것이다.

15-37

子曰 事君하되 敬其事而後其食이니라
자 왈 사 군　　경 기 사 이 후 기 식

　공자가 말하였다. "임금을 섬길때는 일을 공경스럽게 하고, 봉록은 뒤에 받아야 한다."

15-38

子曰 有敎에 無類니라
자 왈 유 교　　무 류

　공자가 말하였다. "가르치는 데에는 사람의 종류를 가리지 않는다."

해설　• 공자 이전에 교육을 받을 권리를 가진 것은 상류층의 자제들이었다. 서민
　　　들에게까지 교육의 기회를 확대한 것은 공자 이후 유가의 큰 공헌이었다.

15-39

子曰 道不同이면 不相爲謀니라
자 왈 도 부 동　　불 상 위 모

　공자가 말하였다. "도가 같지 않으면 서로 도모하지 말아야 한다."

15-40

子曰 辭는 達而已矣니라
자 왈 사　달 이 이 의

공자가 말하였다. "글이란 뜻이 전달되면 되는 것이다."

15-41

[1]
師冕이 見할새 及階어늘 子曰 階也라하고 及席이어늘 子曰 席也라 하고
사 면　현　　 급 계　　자 왈 계 야　　　 급 석　　　자 왈 석 야

皆坐어늘 子告之曰 某在斯某在斯라하다 師冕이 出이어늘 子張이 問曰
개 좌　　자 고 지 왈 모 재 사 모 재 사　　　 사 면　 출　　　 자 장　 문 왈

與師言之道與이까 子曰 然하다 固相師之道也니라
여 사 언 지 도 여　　 자 왈 연　　 고 상 사 지 도 야

　악사(樂師)인 면(冕)이 공자를 뵐 적에 섬돌에 이르자 공자가 "섬돌입니다."라고 말하였고, 자리에 이르자 공자가 "자리입니다."라고 말하였고, 모두 다 앉자 공자가 "아무개는 여기에 있고, 아무개는 여기에 있습니다."라고 고해주었다. 악사인 면이 나가자, 자장이 "악사와 함께 말하는 도입니까?"라고 물었다. 공자가 말하였다. "그렇다. 본래 악사를 도와주는 방법이다."

―― 1 사(師) 악사(樂師)이다.
　　　 2 상(相) 돕는다.

공자가 순임금의 음악을 들은 곳

『논어』「술이」: 공자가 제나라에 있으면서 순임금의 음악인 소(韶)를 듣고, 배우는 삼
개월 동안 고기 맛을 알지 못하고 말하였다. "음악을 배우는 것이 이러한 경지에 이를
줄 생각하지도 못하였다."

제
16
장

계씨(季氏)

세상을 보는 나의 눈

16-01

季氏將伐顓臾러니 冉有季路見於孔子曰 季氏將有事於顓臾로소이다
계 씨 장 벌 전 유   염 유 계 로 현 어 공 자 왈 계 씨 장 유 사 어 전 유

孔子曰 求야 無乃爾是過與아 夫顓臾는 昔者에 先王以爲東蒙主하고
공 자 왈 구   무 내 이 시 과 여   부 전 유   석 자   선 왕 이 위 동 몽 주

且在邦域之中矣라 是社稷之臣也니 何以伐爲리오 冉有曰 夫子欲之언정
차 재 방 역 지 중 의   시 사 직 지 신 야   하 이 벌 위   염 유 왈 부 자 욕 지

吾二臣者는 皆不欲也로이다
오 이 신 자   개 불 욕 야

계씨가 장차 전유(顓臾)를 치려 하자, 염구와 자로가 공자를 뵙고 말하였다. "계씨가 전유에서 일을 벌이려고 합니다." 공자가 말하였다. "염구야! 네가 잘못한 것이 아니겠느냐? 저 전유는 옛적에 선왕께서 동몽산(東蒙山)의 주인으로 삼으셨고, 또한 우리나라 안에 위치하고 있

으니, 사직(社稷)의 신하이다. 정벌해서 무엇을 하겠다는 것인가?" 염구가 말하였다. "계씨가 치려는 것이지, 저희 두 신하는 모두 치려고 하지 않습니다."

───── 1 전유(顓臾) 노나라의 부용국(附庸國)이었던 작은 나라이다. 부용국이란 작은 나라로서 직접 천자와 통하지 못하고, 큰 나라를 통해서 천자와 통했던 나라를 가리킨다.

2 동몽주(東蒙主) 동몽(東蒙)은 지금의 산둥성에 있는 몽산의 옛 이름이다. 주인으로 삼았다는 것은 동몽산에 드리는 제사를 주관하는 나라로 삼았다는 것이다.

3 사직지신(社稷之臣) 노나라 임금의 신하이지, 계씨의 가신이 아니라는 말이다.

4 부자(夫子) 계손을 가리킨다.

孔子曰 求야 周任有言曰 陳力就列하여 不能者止라하니라 危而不持하며
공자왈 구　주임유언왈 진력취열　불능자지　위이부지

顚而不扶면 則將焉用彼相矣리오 且爾言이 過矣로다 虎兕出於柙하며
전이불부　즉장언용피상의　차이언　과의　호시출어합

龜玉毁於櫝中이 是誰之過與오 冉有曰 今夫顓臾固而近於費하니
구옥훼어독중　시수지과여　염유왈 금부전유고이근어비

今不取면 後世에 必爲子孫憂하리이다 孔子曰 求야 君子는 疾夫舍曰欲之오
금불취　후세에 필위자손우　공자왈 구　군자는 질부사왈욕지

而必爲之辭니라 丘也聞하니 有國有家者는 不患寡而患不均하며
이필위지사　구야문　유국유가자　불환과이환불균

不患貧而患不安이라하니 蓋均이면 無貧이오 和면 無寡요 安이면 無傾이니라
불환빈이환불안　개균　무빈　화　무과　안　무경

　　공자가 말하였다. "염구야! 주임(周任)이 '힘을 다하여 대열에 나아갔

다가 할 수 없는 경우에는 그만두라.'고 말하였다. 위태로운데도 붙잡지 못하며 넘어지는데도 부축하지 못한다면 장차 저 돕는 신하를 어디에다 쓰겠느냐? 또한 네 말이 잘못되었다. 호랑이와 들소가 우리에서 뛰쳐나오며, 점치는 귀한 거북 껍질과 옥이 궤 속에서 망가졌다면 이것이 누구의 잘못이겠느냐?" 염구가 말하였다. "지금 저 전유는 성곽이 견고하며 계씨의 비(費)읍에 가까우니, 지금 취하지 않으면 후세에 반드시 자손의 우환이 될 것입니다." 공자가 말하였다. "염구야! 군자는 하고자 한다고 말하지 않고 굳이 변명하는 것을 미워한다. 나는 들으니, 나라를 소유하고 집안을 소유한 사람은 백성이 적음을 근심하지 않고 고르지 못함을 근심하며, 가난을 근심하지 않고 편안하지 못함을 근심한다고 한다. 고르면 가난이 없고, 조화하면 적음이 없고, 편안하면 기울어짐이 없다."

---

1 주임(周任) 옛날의 사관(史官)으로 알려지고 있다.
2 상(相) 돕는 사람이다.
3 합(柙) 동물을 키우는 우리이다.
4 비(費) 계씨의 개인 읍이다.

夫如是故로 遠人不服하면 則脩文德以來之하고 旣來之면
부 여 시 고   원 인 불 복   즉 수 문 덕 이 래 지   기 래 지

則安之니라 今由與求也는 相夫子하되 遠人이 不服而不能來也
즉 안 지   금 유 여 구 야   상 부 자   원 인   불 복 이 불 능 래 야

하며 邦分崩離析而不能守也하고 而謀動干戈於邦內하니
     방 분 붕 리 석 이 불 능 수 야   이 모 동 간 과 어 방 내

吾恐季孫之憂不在顓臾而在蕭牆之內也하노라
오 공 계 손 지 우 부 재 전 유 이 재 소 장 지 내 야

"이와 같으므로 먼 지방 사람이 복종하지 않으면 문화적 능력을 키워서 그들을 오게 하고, 이미 오게 했으면 편안하게 하는 것이다. 지금 자로와 염구는 계씨를 돕는다고 하면서, 먼 지방 사람이 복종하지 않는데도 오게 하지 못하며, 나라가 분열되고 무너지는데도 지키지 못하고, 나라 안에서 전쟁을 일으킬 것을 꾀하니, 나는 계손의 근심이 전유에 있지 않고 병풍 안에 있을까 두렵다."

―――― 1 간과(干戈) 방패와 창인데, 전쟁을 가리킨다.
2 소장(蕭墻) 병풍.

16-02

孔子曰 天下有道면 則禮樂征伐이 自天子出하고 天下無道면 則禮樂征伐이
공 자 왈 천 하 유 도   즉 예 악 정 벌   자 천 자 출   천 하 무 도   즉 예 악 정 벌

自諸侯出하나니 自諸侯出이면 蓋十世에 希不失矣요 自大夫出이면
자 제 후 출   자 제 후 출   개 십 세   희 불 실 의   자 대 부 출

五世에 希不失矣요 陪臣이 執國命이면 三世에 希不失矣니라 天下有道면
오 세   희 불 실 의 배 신   집 국 명   삼 세   희 불 실 의   천 하 유 도

則政不在大夫하고 天下有道면 則庶人이 不議하나니라
즉 정 부 재 대 부   천 하 유 도   즉 서 인   불 의

공자가 말하였다. "천하에 도가 있으면 예악과 정벌이 천자로부터 나오고, 천하에 도가 없으면 예악과 정벌이 제후로부터 나온다. 제후로부터 나오면 10세대에 정권을 잃지 않는 경우가 드물고, 대부로부터 나오면 5세대에 잃지 않는 경우가 드물고, 배신(陪臣)이 정권을 잡으면

3세대에 잃지 않는 경우가 드물다. 천하에 도가 있으면 정치가 대부에게 있지 않고, 천하에 도가 있으면 서민들이 정치를 의논하지 않는다."

—— 1 배신(陪臣) 대부의 가신(家臣).

16-03

孔子曰 祿之去公室이 五世矣요 政逮於大夫 四世矣라 故로
공 자 왈 녹 지 거 공 실   오 세 의   정 체 어 대 부 사 세 의   고

夫三桓之子孫이 微矣라
부 삼 환 지 자 손   미 의

    공자가 말하였다. "봉록을 주는 권한이 제후의 손을 떠난 지 5세대가 되었고, 정치가 대부의 손에 들어간 지 4세대가 되었다. 그러므로 저 환공(桓公)의 세 자손이 미약해진 것이다."

—— 1 삼환(三桓) 맹손(孟孫), 숙손(叔孫), 계손(季孫)으로, 모두 환공(桓公)의 후손이다. 대부들의 힘조차도 약해져서 대부의 가신들이 정권을 잡고 있었기 때문에 이렇게 말한 것이다. 제 17장의 맨 앞에 나오는 양화(陽貨) 같은 사람이 대표적이다.

16-04

孔子曰 益者三友요 損者三友니 友直하며 友諒하며 友多聞이면 益矣요
공 자 왈 익 자 삼 우   손 자 삼 우   우 직   우 량   우 다 문   익 의

友便辟하며 友善柔하며 友便佞이면 損矣니라
우 편 벽　　　우 선 유　　　우 편 녕　　　손 의

　공자가 말하였다. "유익한 것이 세 가지 벗이요, 손해되는 것이 세 가지 벗이니, 벗이 곧으며, 벗이 믿음직하며, 벗이 듣고 본 것이 많으면 유익하고, 벗이 외곬이며, 벗이 나약하며, 벗이 말재주를 부리면 손해된다."

16-05

孔子曰 益者三樂오 損者三樂니 樂節禮樂하며 樂道人之善하며 樂多賢友면
공 자 왈　익 자 삼 요　　손 자 삼 요　　요 절 예 악　　　요 도 인 지 선　　　요 다 현 우

益矣요 樂驕樂하며 樂佚遊하며 樂宴樂이면 損矣니라
익 의　요 교 락　　　요 일 유　　　요 연 락　　　손 의

　공자가 말하였다. "유익한 것이 세 가지 좋아함이고, 손해되는 것이 세 가지 좋아함이니, 예악을 따르기 좋아하며, 남의 좋은 점을 말하기 좋아하며, 어진 벗이 많음을 좋아하면 유익하고, 교만과 방종을 좋아하며, 편안히 노는 것을 좋아하며, 잔치하고 즐기는 것을 좋아하면 손해가 된다."

16-06

孔子曰 侍於君子에 有三愆하니 言未及之而言을 謂之躁요 言及之而不言
공자왈 시어군자 유삼건 언미급지이언 위지조 언급지이불언

을 謂之隱이요 未見顔色而言을 謂之瞽니라
위지은 미견안색이언 위지고

  공자가 말하였다. "군자를 모시는데 세 가지 잘못이 있으니, 말이 미
치지 않았는데 말하는 것을 조급한 것이라 말하고, 말이 미쳤는데 말
하지 않는 것을 숨기는 것이라고 말하고, 안색을 보지 않고 말하는 것
을 눈이 먼 것이라고 말한다."

16-07

孔子曰 君子有三戒하니 少之時에 血氣未定이라 戒之在色이요 及其壯也하
공자왈 군자유삼계 소지시 혈기미정 계지재색 급기장야

여 血氣方剛이라 戒之在鬪요 及其老也하여 血氣旣衰라 戒之在得이니라
혈기방강 계지재투 급기노야 혈기기쇠 계지재득

  공자가 말하였다. "군자가 세 가지 경계할 것이 있으니, 젊을 때는
혈기가 안정되지 않았으므로 이성을 경계해야 하고, 장성해서는 혈기
가 한창 강하므로 싸움을 경계해야 하고, 늙어서는 혈기가 약해지므로
얻는 것을 경계해야 한다."

16-08

孔子曰 君子有三畏하니 畏天命하며 畏大人하며 畏聖人之言이니라 小人은
공 자 왈 군 자 유 삼 외　　　　외 천 명　　　외 대 인　　　외 성 인 지 언　　　소 인

不知天命而不畏하며 狎大人하며 侮聖人之言이니라
부 지 천 명 이 불 외　　　압 대 인　　　모 성 인 지 언

　공자가 말하였다. "군자는 세 가지 두려움이 있으니, 천명을 두려워
하며, 대인을 두려워하며, 성인의 말을 두려워한다. 소인은 천명을 알
지 못하여 두려워하지 않으며, 대인을 함부로 대하며, 성인의 말을 업
신여긴다."

16-09

孔子曰 生而知之者는 上也오 學而知之者는 次也오 困而學之는
공 자 왈 생 이 지 지 자　　상 야　　학 이 지 지 자　　　차 야　　곤 이 학 지

又其次也니 困而不學이면 民斯爲下矣니라
우 기 차 야　　곤 이 불 학　　　민 사 위 하 의

　공자가 말하였다. "태어나면서 아는 사람이 최고이고, 배워서 아는
사람이 그다음이고, 어려움을 느껴서 배우는 사람은 또 그다음이니,
어려움을 느끼면서도 배우지 않으면 백성으로서 최하가 된다."

16-10

孔子曰 君子有九思하니 視思明하며 聽思聰하며 色思溫하며 貌思恭하며
공자왈 군자유구사 시사명   청사총   색사온   모사공

言思忠하며 事思敬하며 疑思問하며 忿思難하며 見得思義니라
언사충   사사경   의사문   분사난   견득사의

　공자가 말하였다. "군자는 아홉 가지 생각이 있으니, 보는 데는 분명하
게 볼 것을 생각하며, 듣는 데는 분명하게 들을 것을 생각하며, 얼굴빛은
온화하게 할 것을 생각하며, 용모는 공손하게 할 것을 생각하며, 말은 진
실하게 할 것을 생각하며, 일은 공경스럽게 할 것을 생각하며, 의심스러
운 것에 대해서는 물을 것을 생각하며, 화가 날 때는 그로 인해 어려움을
당할 것을 생각하며, 얻을 것을 보면 얻는 것이 옳은지를 생각한다."

해설　• 여기에서 말하는 '아홉 가지 생각'은 유학의 전 역사를 통하여 수양의 방
　　　법으로 매우 중시되었다.

16-11

孔子曰 見善如不及하며 見不善如探湯을 吾見其人矣요 吾聞其語矣라
공자왈 견선여불급   견불선여탐탕   오견기인의   오문기어의

隱居以求其志하며 行義以達其道를 吾聞其語矣요 未見其人也라
은거이구기지   행의이달기도   오문기어의   미견기인야

　공자가 말하였다. "착한 일을 보고는 하지 못할까 걱정하며, 착하지
않은 일을 보고 끓는 물을 더듬는 것처럼 물러서는 사람, 나는 그러
한 사람을 보았고, 그러한 말을 들었다. 숨어 살면서 자기의 뜻을 추구

하며, 정의를 실천하여 자기의 도를 펴는 사람, 나는 그러한 말만 들었고 그러한 사람은 보지 못하였노라."

16-12

齊景公은 有馬千駟하되 死之日에 民無德而稱焉이오 伯夷叔齊는
제 경 공   유 마 천 사   사 지 일   민 무 덕 이 칭 언   백 이 숙 제 는

餓于首陽之下하되 民到于今稱之하나니라 其斯之謂與인저
아 우 수 양 지 하   민 도 우 금 칭 지   기 사 지 위 여

    제나라 경공(景公)은 말 사천 마리를 가졌으나, 죽는 날에 덕이 있다고 칭송하는 백성이 없었고, 백이와 숙제는 수양산 아래에서 굶주렸으나, 사람들이 지금에 이르도록 칭송하고 있다. 이것을 말한 것이다.

—— 1 천사(千駟) 사(駟)는 네 마리이니, 천사는 사천 마리이다.

해설 · 이 장을 독립된 장으로 본다면 '이것'이 무엇을 가리키는지 분명하지 않다. 그래서 다산은 위의 장과 연결 지어 '이것'이 '숨어살면서 자기의 뜻을 추구하며, 정의를 실천하여 자기의 도를 펴는 사람'을 가리키는 것이라고 주장하였다.

16-13

陳亢이 問於伯魚曰 子亦有異聞乎아 對曰 未也로라 嘗獨立이어시늘
진 항   문 어 백 어 왈 자 역 유 이 문 호   대 왈 미 야   상 독 립

鯉趨而過庭이러니 曰學詩乎아 對曰 未也로이다 不學詩면 無以言이라하여시늘
리 추 이 과 정   왈 학 시 호   대 왈 미 야   불 학 시   무 이 언

鯉退而學詩호라 他日에 又獨立이어시늘 鯉趨而過庭이러니 曰學禮乎아
리 퇴 이 학 시   타 일   우 독 립   리 추 이 과 정   왈 학 례 호

對曰 未也로이다 不學禮면 無以立이라하여시늘 鯉退而學禮호라 聞斯二者로라
대 왈 미 야   불 학 례   무 이 립   리 퇴 이 학 례   문 사 이 자

陳亢이 退而喜曰 問一得三하니 聞詩聞禮하고 又聞君子之遠其子也로라
진 항   퇴 이 희 왈 문 일 득 삼   문 시 문 례   우 문 군 자 지 원 기 자 야

  진항(陳亢)이 공자의 아들인 백어(伯魚)에게 물었다. "그대는 특별하게 들은 것이 있습니까?" 대답하였다. "없습니다. 일찍이 홀로 서 계실 때 제가 빨리 걸어 뜰을 지나는데, '시를 배웠느냐?'라고 물으시기에 '아직 배우지 못하였습니다.'라고 대답하였더니, '시를 배우지 않으면 말할 거리가 없다.'라고 하시므로 제가 물러가 시를 배웠습니다. 뒷날에 또 홀로 서 계실 때에 제가 빨리 걸어 뜰을 지나는데, '예를 배웠느냐?'라고 물으시기에 '아직 배우지 못하였습니다.'라고 대답하였더니, '예를 배우지 않으면 행동할 기준이 없다.'라고 하시므로 제가 물러 나와 예를 배웠습니다. 이 두 가지를 들었습니다." 진항이 물러 나와 기뻐하면서 말하였다. "하나를 물어서 셋을 들었으니, 시를 듣고 예를 들었으며, 또 군자가 그 아들을 멀리하는 것을 들었다."

───
    1 진항(陳亢) 공자의 제자로 자가 자금(子禽)이었고, 위(衛)나라 사람이었다.
    2 백어(伯魚) 공자의 아들 공리(孔鯉)로, 자가 백어(伯魚)이다.

해설 • 박종채가 그의 아버지 박지원의 언행을 기록한 『과정록(過庭錄)』은 바로 이 구절에서 그 제목을 따온 것이다. 공자의 아들 공리가 뜰을 지나가다가 아버지 공자로부터 교훈을 받은 것처럼 자신도 아버지 박지원에게서 받은 교훈이라는 의미를 나타낸 것이리라.

16-14

邦君之妻를 君이 稱之曰 夫人이오 夫人이 自稱曰 小童이오 邦人이 稱之曰
방군지처   군   칭지왈 부인   부인   자칭왈 소동   방인   칭지왈

君夫人이오 稱諸侯異邦曰 寡小君이오 異邦人이 稱之에 亦曰 君夫人이니라
군부인   칭제후이방왈 과소군   이방인   칭지   역왈 군부인

　나라 임금의 처를 임금이 일컬어 부인(夫人)이라고 하고, 부인이 스스
로 일컬어 소동(小童)이라고 하고, 나라 사람들이 일컬어 군부인(君夫人)
이라고 하고, 다른 나라에 일컬어 과소군(寡小君)이라고 하고, 다른 나라
사람들이 일컬어 군부인(君夫人)이라고 한다.

제자 원헌이 살던 마을

『논어』「헌문」: 원헌이 수치스러움에 대해 물으니, 공자가 대답하였다. "나라에 도가 있을 때도 봉록을 받으며, 나라에 도가 없을 때도 봉록을 받는 것이 수치스러운 일이다."

제17장

양화(陽貨)

동쪽의 주나라를
만들기 위하여

17-01

陽貨 欲見孔子_{어늘} 孔子不見_{한대} 歸孔子豚_{이어늘} 孔子
양 화 욕 현 공 자　　공 자 불 견　　귀 공 자 돈　　　공 자

時其亡也而往拜之_{러니} 遇諸塗_{하다} 謂孔子曰 來_{하라} 予與爾言_{호리라}
시 기 무 야 이 왕 배 지　　우 저 도　　위 공 자 왈 래　　여 여 이 언

曰懷其寶而迷其邦_이 可謂仁乎_아 曰不可_{하다} 好從事而亟失時 可謂知乎_아
왈 회 기 보 이 미 기 방　　가 위 인 호　　왈 불 가　　호 종 사 이 기 실 시 가 위 지 호

曰不可_{하다} 日月_이 逝矣_라 歲不我與_{니라} 孔子曰 諾_{이라} 吾將仕矣_{하리라}
왈 불 가　　일 월 　서 의 　세 불 아 여　　공 자 왈 낙　　오 장 사 의

　　양화(陽貨)가 공자를 만나고자 하였으나, 공자가 만나주지 않자 양화
가 공자에게 돼지를 선물로 보내주니, 공자도 그가 없는 때를 틈을 타
사례하러 갔는데 길에서 마주쳤다. 양화가 공자에게 "이리 오십시오.
내가 그대와 함께 말하겠습니다. 훌륭한 보배를 품고서 나라를 어지럽

게 버려두는 것을 인이라고 할 수 있겠습니까?" "그렇다고 할 수 없습니다." "일하기를 좋아하면서 자주 때를 놓치는 것을 지혜라고 할 수 있겠습니까?" "그렇다고 할 수 없습니다." "해와 달이 흘러가니, 세월은 나를 위하여 기다려 주지 않습니다." 그러자 공자는 "알았습니다. 나는 장차 벼슬을 할 것입니다."라고 하였다.

---

1 양화(陽貨) 계씨의 가신(家臣)으로 이름은 호(虎)이고 자는 화(貨)이다.
2 귀(歸) 보내다.
3 기(亟) 자주.

해설 • 양화는 계환자(季桓子)를 가두고 나라의 정사를 마음대로 하고, 공자로 하여금 자기를 찾아와서 보게 하여 자기의 위신을 높이려고 하였다. 그러나 공자가 찾아오지 않자 양화는 한 가지 방법을 생각해 내었다. 예법에는 예물을 받는 사(士)가 자기 집에서 예물을 직접 받지 못하면, 나중에 직접 예물을 보낸 대부의 집에 가서 사례하도록 되어있다. 양화는 이 예법을 이용하여 공자가 자기를 찾아오도록 하려고 공자가 집에 있지 않을 때를 틈타서 삶은 돼지를 예물로 보냈다. 그러자 공자도 양화가 자기 집에 있지 않은 때를 틈타서 사례하고 오다가 길에서 서로 만난 것이다.

17-02

子曰 性相近也나 習相遠也니라
자 왈 성 상 근 야   습 상 원 야

공자가 말하였다. "원래의 성품은 서로 비슷하나, 익히는 것이 달라서 서로 멀어지게 된다."

17-03

子曰 唯上知與下愚는 不移니라
자 왈 유 상 지 여 하 우　불 이

　공자가 말하였다. "오직 가장 지혜로운 사람과 가장 어리석은 사람은 변하지 않는다."

17-04

子之武城¹하여 聞弦歌之聲하다 夫子 莞爾而笑曰² 割鷄에 焉用牛刀리오
자 지 무 성　　　문 현 가 지 성　　부 자　완 이 이 소 왈　할 계　언 용 우 도

子游對曰 昔者에 偃也 聞諸夫子³하니 曰君子學道면 則愛人이오 小人學道면
자 유 대 왈　석 자　언 야 문 저 부 자　　왈 군 자 학 도　즉 애 인　　소 인 학 도

則易使也라 하니이다 子曰 二三子아 偃之言이 是也니 前言은 戱之耳니라
즉 이 사 야　　　　자 왈 이 삼 자　언 지 언　시 야　전 언　희 지 이

　공자가 무성(武城)에 가서 악기를 연주하며 노래를 부르는 소리를 들었다. 공자가 빙그레 웃으며 말하였다. "닭을 잡는 데, 어찌 소 잡는 칼을 쓰느냐?" 자유(子游)가 대답하였다. "예전에 제가 선생님께 들으니, 군자가 도를 배우면 사람을 사랑하고 소인이 도를 배우면 부리기가 쉽다고 하셨습니다." 공자가 말하였다. "여러분들이여, 자유의 말이 옳다. 아까 한 말은 농담이었다."

――　1 무성(武城) 노나라에 속한 읍.
　　　2 완이(莞爾) 빙그레 웃는 모양이다.

3 군자(君子)·소인(小人) 여기에서 군자는 관직에 있는 사람을 가리키고, 소인
은 일반 백성을 가리킨다.

해설 •"닭을 잡는 데, 어찌 소 잡는 칼을 쓰느냐?"라는 말은 무성 같은 작은 고
을을 다스리는데, 어찌 나라나 천하를 다스리는 데 쓰는 예와 음악을 쓰느
냐는 말이다.

17-05

公山弗擾 以費畔하여 召어늘 子欲往이러니 子路不說曰 末之也已니
공산불요 이비반   소   자욕왕   자로불열왈 말지야이

何必公山氏之之也시리이까 子曰 夫召我者而豈徒哉리오 如有用我者인댄
하필공산씨지지야   자왈 부소아자이기도재   여유용아자

吾其爲東周乎인저
오기위동주호

　공산불요(公山弗擾)가 비(費) 땅을 근거로 반란을 일으키고 공자를 부르
니, 공자가 가려고 하였다. 자로가 기뻐하지 않으며, "가실 곳이 없으
면 그만이지, 하필이면 공산씨에게 가시려 하십니까?"라고 말하니, 공
자가 말하였다. "나를 부르는데 어찌 공연히 그러겠느냐? 나를 써 주
는 사람이 있다면, 나는 동쪽의 주나라를 만들 것이다."

해설 •"동쪽의 주나라를 만든다."는 것은 공자가 평소에 주나라의 문화를 흠모
하였는데, 이번 기회에 비 땅을 근거지로 삼아 노나라를 주나라와 같은 수
준의 동쪽 문화국가로 만들겠다는 말이다.

17-06

子張이 問仁於孔子한대 孔子曰 能行五者於天下면 爲仁矣니라 請問之한대
자장 문인어공자   공자왈 능행오자어천하   위인의   청문지

曰恭寬信敏惠니 恭則不侮하고 寬則得衆하고 信則人任焉하고 敏則有功하고
왈공관신민혜   공즉불모   관즉득중   신즉인임언   민즉유공

惠則足以使人이니라
혜즉족이사인

　자장이 공자에게 인에 대해 묻자, 공자가 말하였다. "천하에 다섯 가
지를 행할 수 있으면 인이 된다." 자장이 다섯 가지에 대해 물으니, 공
자가 말하였다. "공손함·너그러움·믿음·민첩함·은혜이니, 공손하
면 업신여김을 받지 않고, 너그러우면 여러 사람을 얻게 되고, 믿음이
있으면 남들이 맡기고, 민첩하면 공이 있고, 은혜로우면 충분히 남들
을 부릴 수 있다."

17-07

佛肸이 召어늘 子欲往이러니 子路曰 昔者에 由也聞諸夫子하니 曰親於其身에
필힐   소   자욕왕   자로왈 석자   유야문저부자   왈친어기신

爲不善者어든 君子不入也라하니 佛肸이 以中牟畔이어늘 子之往也는
위불선자   군자불입야   필힐   이중모반   자지왕야

如之何이까 子曰 然하다 有是言也니라 不曰堅乎아 磨而不磷이니라
여지하   자왈 연   유시언야   불왈견호   마이불린

不曰白乎아 涅而不緇니라 吾豈匏瓜也哉아 焉能繫而不食이리오
불왈백호   날이불치   오기포과야재   언능계이불식

필힐(佛肹)이 공자를 부르니, 공자가 가려고 하였다. 자로가 말하였다. "옛날에 제가 선생님께 들었는데, 직접 자기 자신이 착하지 않은 행동을 하는 자에게는 군자가 들어가지 않는다고 하셨습니다. 필힐이 지금 중모(中牟) 땅을 가지고 배반하였는데, 선생님께서 가려고 하니, 어찌해서입니까?" 공자가 말하였다. "그렇다. 그런 말을 한 적이 있다. 그러나 단단하다고 말하지 않겠는가? 갈아도 얇아지지 않으니. 희다고 말하지 않겠는가? 검게 물들여도 검어지지 않으니. 내가 어찌 박과 같겠는가? 어찌 한 곳에 매달린 채 먹히지 않을 수 있겠는가?"

1 佛肹(필힐) 진(晉)나라 대부인 범씨(范氏)의 가신으로 중모(中牟) 읍의 우두머리였다.
2 린(磷) 얇은 모양이다.
3 날(涅) 검게 물들이다.
4 치(緇) 검다.
5 포과(匏瓜) 박, 바가지.

17-08

子曰 由也아 女聞六言六蔽矣乎아 對曰 未也로이다 居하라 吾語女하리라
자 왈 유 야   여 문 육 언 육 폐 의 호   대 왈 미 야   거   오 어 녀

好仁不好學이면 其蔽也愚요 好知不好學이면 其蔽也蕩[1]이요 好信不好學이면
호 인 불 호 학   기 폐 야 우   호 지 불 호 학   기 폐 야 탕   호 신 불 호 학

其蔽也賊이요 好直不好學이면 其蔽也絞[2]요 好勇不好學이면 其蔽也亂이요
기 폐 야 적   호 직 불 호 학   기 폐 야 교   호 용 불 호 학   기 폐 야 란

好剛不好學이면 其蔽也狂이니라
호 강 불 호 학   기 폐 야 광

공자가 "중유야! 너는 여섯 가지 좋은 말과 여섯 가지 폐단을 들어 보았느냐?"라고 말하자, "아직 듣지 못하였습니다."라고 대답하였다. "앉아라. 내가 너에게 말해 주리라. 인만 좋아하고 배우기를 좋아하지 않으면 그 폐단은 어리석게 되고, 지혜만 좋아하고 배우기를 좋아하지 않으면 그 폐단은 허황하게 되고, 믿음만 좋아하고 배우기를 좋아하지 않으면 그 폐단은 바른 도리를 해치게 되고, 정직한 것만 좋아하고 배우기를 좋아하지 않으면 그 폐단은 조급하게 되고, 용맹만 좋아하고 배우기를 좋아하지 않으면 그 폐단은 어지럽히게 되고, 굳센 것만 좋아하고 배우기를 좋아하지 않으면 그 폐단은 경솔하게 된다."

---

1 탕(蕩) 높고 넓은 곳을 탐구하면서 그치지 못하여 허황한 모양이다.
2 교(絞) 조급한 모양이다.

17-09

子曰 小子는 何莫學夫詩오 詩는 可以興이며 可以觀이며 可以群이며
자왈 소자 하막학부시 시 가이흥   가이관   가이군

可以怨이며 邇之事父며 遠之事君이오 多識於鳥獸草木之名이니라
가이원   이지사부   원지사군   다식어조수초목지명

공자가 말하였다. "여러분들은 어찌하여 시를 배우지 않는가? 시는 감흥을 일으킬 수 있으며, 인정을 살필 수 있으며, 무리를 지을 수 있으며, 원망할 수 있으며, 가까이는 어버이를 섬길 수 있으며, 멀리는 임금을 섬길 수 있고, 새와 짐승, 풀과 나무의 이름을 많이 알게 한다."

17-10

子謂伯魚曰 女爲周南召南矣乎아 人而不爲周南召南이면
자 위 백 어 왈   여 위 주 남 소 남 의 호   인 이 불 위 주 남 소 남

其猶正牆面而立也與인저
기 유 정 장 면 이 립 야 여

　공자가 백어(伯魚)에게 말하였다. "너는 「주남(周南)」과 「소남(召南)」을
배웠느냐? 사람으로서 「주남」과 「소남」을 배우지 않으면 담장을 정면으
로 마주하고 서 있는 것과 같을 것이다."

───　1 주남(周南)·소남(召南) 『시경』의 편명이다.

17-11

子曰 禮云禮云이나 玉帛云乎哉아 樂云樂云이나 鍾鼓云乎哉아
자 왈 예 운 예 운   옥 백 운 호 재   악 운 악 운   종 고 운 호 재

　공자가 말하였다. "예라고 말하고, 예라고 말하지만, 옥과 비단을 말
하는 것이겠는가? 음악이라고 말하고 음악이라고 말하지만, 종과 북을
말하는 것이겠는가?"

17-12

子曰 色厲而內荏을 譬諸小人인댄 其猶穿窬之盜也與인저
자 왈 색 려 이 내 임   비 저 소 인   기 유 천 유 지 도 야 여

공자가 말하였다. "얼굴빛은 위엄이 있지만 마음이 유약¹한 것을 소인에 비유하면 벽을 뚫고 담을 넘는 도적과 같을 것이다."

───── 1 임(荏) 유약한 모습이다.

17-13

子曰 鄕原¹은 德之賊也니라
자 왈 향 원   덕 지 적 야

공자가 말하였다. "향원(鄕原)은 덕을 해치는 사람이다."

───── 1 향원(鄕原) 고을에서 칭송을 받지만 실질이 없는 사람.

17-14

子曰 道聽而塗說이면 德之棄也니라
자 왈 도 청 이 도 설   덕 지 기 야

공자가 말하였다. "길에서 듣고 길에서 말하면 덕을 버리는 것이다."

17-15

子曰 鄙夫는 可與事君也與哉아 其未得之也에는 患得之하고 旣得之하여는
자 왈 비 부   가 여 사 군 야 여 재   기 미 득 지 야   환 득 지   기 득 지

患失之하나니 苟患失之면 無所不至矣니라
환 실 지   구 환 실 지   무 소 부 지 의

　공자가 말하였다. "비루한 사람과 함께 임금을 섬길 수 있겠는가? 얻기 전에는 얻을 것을 걱정하고, 이미 얻고 나서는 잃을 것을 걱정하니, 만일 잃을 것을 걱정한다면 못하는 짓이 없을 것이다."

17-16

子曰 古者에 民有三疾이러니 今也에는 或是之亡也로다 古之狂也는 肆러니
자 왈 고 자   민 유 삼 질   금 야   혹 시 지 무 야   고 지 광 야   사

今之狂也는 蕩이오 古之矜也는 廉이러니 今之矜也는 忿戾오 古之愚也는
금 지 광 야   탕   고 지 긍 야   염   금 지 긍 야   분 려   고 지 우 야

直이러니 今之愚也는 詐而已矣로다
직   금 지 우 야   사 이 이 의

　공자가 말하였다. "옛날에는 백성들에게 세 가지 병통이 있었는데, 지금에는 그것마저도 없어졌구나! 옛날의 뜻이 큰 사람은 시원스러웠는데 지금의 뜻이 큰 사람은 허황하기만 하고, 옛날의 긍지를 가진 사람은 청렴하였는데 지금의 긍지를 가진 사람은 사납기만 하고, 옛날의 어리석은 사람은 정직했었는데 지금의 어리석은 사람은 간사하기만 할 뿐이다."

―――　1 광(狂) 뜻이 큰 모양이다.
　　　　2 사(肆) 작은 일에 얽매이지 않고 시원스러운 모양이다.
　　　　3 탕(蕩) 허황한 모양이다.
　　　　4 긍(矜) 긍지를 가진 모양이다.

17-17

子曰 巧言令色이 鮮矣仁이니라
자왈 교언영색   선의인

　공자가 말하였다. "말을 교묘하게 하며 얼굴빛을 꾸미는 사람 가운데는 드물도다, 어진 사람이!"

17-18

子曰 惡紫之奪朱也하며 惡鄭聲之亂雅樂也하며 惡利口之覆邦家者하노라
자왈 오자지탈주야   오정성지난아악야   오리구지복방가자

　공자가 말하였다. "나는 자주색이 붉은색의 자리를 빼앗는 것을 미워하며, 정(鄭)나라의 음악이 바른 음악을 어지럽히는 것을 미워하며, 말 잘하는 입이 나라와 집안을 전복시키는 것을 미워한다."

해설 　• 소라이는 공자가 정나라의 음악을 부정적으로 평가했던 것은 그 가사 때문이 아니라 음률 때문이었다고 주장하였다.

17-19

子曰 予欲無言하노라 子貢이 曰子如不言이시면 則小子何述焉이리이까 子曰
자왈 여욕무언   자공 왈자여불언   즉소자하술언   자왈

天何言哉오 四時行焉하며 百物生焉하나니 天何言哉오
천하언재   사시행언   백물생언   천하언재

공자가 말하였다. "나는 말을 하지 않으려고 한다." 자공이 말하였다. "선생님께서 만일 말씀을 않으시면, 저희가 무엇을 전하겠습니까?" 공자가 말하였다. "하늘이 무슨 말을 하는가? 네 계절이 운행되고 온갖 만물이 생겨나는데, 하늘이 무슨 말을 하는가?"

17-20

孺悲欲見孔子어늘 孔子辭以疾하고 將命者出戶어늘 取瑟而歌하여
유 비 욕 현 공 자   공 자 사 이 질   장 명 자 출 호   취 슬 이 가

使之聞之하다
사 지 문 지

　유비(孺悲)가 공자를 뵙고자 했는데 공자가 병이 있다고 사양하고, 명령을 전달하는 자가 문밖으로 나가자 비파를 가져다 노래를 불러서 그로 하여금 듣게 하였다.

──── 1 유비(孺悲) 노나라 출신으로 일찍이 공자에게 「사상례(士喪禮)」를 배웠다고 한다.

17-21

宰我問 三年之喪이 期已久矣로이다 君子 三年을 不爲禮면 禮必壞하고
재 아 문 삼 년 지 상   기 이 구 의   군 자 삼 년   불 위 례   예 필 괴

三年을 不爲樂이면 樂必崩하리니 舊穀이 旣沒하고 新穀이 旣升하며
삼 년 불 위 악   악 필 붕   구 곡 기 몰   신 곡 기 승

鑽燧改火하나니 期可已矣로이다 子曰 食夫稻하며 衣夫錦이 於女에 安乎아
찬 수 개 화   기 가 이 의   자 왈 식 부 도   의 부 금 어 녀 안 호

曰安하니이다 女安則爲之하라 夫君子之居喪에 食旨不甘하며 聞樂不樂하며
왈 안   여 안 즉 위 지   부 군 자 지 거 상   식 지 불 감   문 악 불 락

居處不安故로 不爲也니라 今女安則爲之하라 宰我出이어늘 子曰
거 처 불 안 고   불 위 야   금 녀 안 즉 위 지   재 아 출   자 왈

予之不仁也여 子生三年然後에 免於父母之懷하나니 夫三年之喪은
여 지 불 인 야   자 생 삼 년 연 후   면 어 부 모 지 회   부 삼 년 지 상

天下之通喪也라 予也 有三年之愛於其父母乎아
천 하 지 통 상 야   여 야 유 삼 년 지 애 어 기 부 모 호

　　재아(宰我)가 물었다. "3년의 상은 1년만 하더라도 너무 오래라고 할 것입니다. 군자가 3년 동안 예를 행하지 않으면 예가 반드시 무너지고, 3년 동안 음악을 익히지 않으면 음악이 반드시 무너질 것입니다. 묵은 곡식이 이미 다하고 새 곡식이 이미 오르며, 불씨를 만드는 나무도 바뀌니, 1년이면 그칠 만합니다." 공자가 말하였다. "쌀밥을 먹으며 비단옷을 입는 것이 너에게는 편안하냐?" "편안합니다." 공자가 말하였다. "네가 편안하면 그렇게 하라. 군자가 장례를 치를 때에 맛있는 것을 먹어도 달지 않으며, 음악을 들어도 즐겁지 않으며, 거처함에 편안하지 않기 때문에 하지 않는 것이다. 네가 편안하면 그렇게 하라." 재아가 밖으로 나가자, 공자가 말하였다. "재아가 어질지 못함이여! 자식이 태어나서 3년이 지난 뒤에야 부모의 품을 벗어나게 되니, 삼년상은 천하의 공통된 상이다. 재여는 3년의 사랑을 그 부모에게 받았던가?"

2 찬수(鑽燧) 불을 취하는 나무.

해설 · 공자는 삼년상이 천하의 공통된 상이 된 이유는 바로 자식이 태어나서 3
년이 지난 뒤에야 부모의 품을 벗어나기 때문이라고 하여, 삼년상에 의미
를 부여하고 있다.

17-22

子曰 飽食終日하여 無所用心이면 難矣哉라 不有博奕者乎아
자 왈 포 식 종 일   무 소 용 심   난 의 재   불 유 박 혁 자 호

爲之猶賢乎已니라
위 지 유 현 호 이

　공자가 말하였다. "배부르게 먹고 하루를 마치면서 마음을 쓰는 곳
이 없다면 어렵다. 장기와 바둑이라도 있지 않은가? 그것을 두는 것이
아무것도 안 하는 것보다 나을 것이다."

―――　1 현호(賢乎) ~보다 낫다.

17-23

子路曰 君子 尙勇乎이까 子曰 君子 義以爲上이니 君子 有勇而無義면
자 로 왈 군 자 상 용 호   자 왈 군 자 의 이 위 상   군 자 유 용 이 무 의

爲亂이오 小人이 有勇而無義면 爲盜니라
위 란   소 인 　 유 용 이 무 의   위 도

자로가 말하였다. "군자가 용맹을 숭상합니까?" 공자가 말하였다. "군자는 정의를 으뜸으로 삼는다. 군자가 용맹만 있고 정의가 없으면 난을 일으키고, 소인이 용맹만 있고 정의가 없으면 도적질을 할 것이다."ᵂ

17-24

子貢이 曰君子亦有惡乎이까 子曰 有惡하니 惡稱人之惡者하며
자공   왈군자역유오호   자왈 유오   오칭인지악자

惡居下流而訕上者하며 惡勇而無禮者하며 惡果敢而窒者니라 曰賜也아
오거하류이산상자   오용이무례자   오과감이질자   왈사야

亦有惡乎아 惡徼以爲知者하며 惡不孫以爲勇者하며 惡訐以爲直者하노이다
역유오호   오요이위지자   오불손이위용자   오알이위직자

자공이 "군자도 또한 미워하는 것이 있습니까?"라고 물으니, 공자가 말하였다. "미워하는 것이 있으니, 남의 나쁜 점을 일컫는 자를 미워하며, 아래 자리에 거처하면서 윗사람을 비방하는 자를 미워하며, 용맹만 있고 예가 없는 자를 미워하며, 과감하기만 하고 꽉 막힌 자를 미워한다." "자공아! 너도 또한 미워하는 것이 있느냐?" "엿보는 것을 지혜로 여기는 자를 미워하며, 공손하지 않은 것을 용맹으로 여기는 자를 미워하며, 고자질하는 것을 정직으로 여기는 자를 미워합니다."

——— 1 산(訕) 비방하고 헐뜯다.
　　　2 요(徼) 엿보다.
　　　3 알(訐) 고자질하다.

17-25

子曰 唯女子¹與小人²은 爲難養也니 近之則不孫하고 遠之則怨이니라

자 왈 유 여 자 여 소 인   위 난 양 야   근 지 즉 불 손   원 지 즉 원

공자가 말하였다. "오직 딸아이와 소인은 기르기가 어려우니, 가까이 하면 공손하지 않고 멀리하면 원망한다."

─── 1 여자(女子) 딸.
      2 소인(小人) 하인.

해설 • 공자가 딸을 키우던[養] 경험을 소인에 빗대어 가볍게 술회한 것으로 보인다.

17-26

子曰 年四十而見惡焉이면 其終也已니라

자 왈 년 사 십 이 견 오 언   기 종 야 이

공자가 말하였다. "나이가 40이 되어서도 미움을 받는다면, 그대로 인생을 마치고 말 것이다."

관중기념관

『논어』「헌문」:자공이 말하였다. "관중은 어진 사람이 아닐 것입니다. 환공이 공자 규를 죽였는데, 죽지 못하고 또 환공을 도와주었습니다." 공자가 말하였다. "관중이 환공을 도와 제후의 패자가 되어 한 번 천하를 바로잡아, 백성들이 지금까지 그 혜택을 받고 있다. 관중이 없었다면 우리는 머리를 풀고 옷깃을 왼편으로 하는 오랑캐가 되었을 것이다. 어찌 한 남자와 한 여자가 조그마한 믿음을 위하여 스스로 도랑에서 목매어 죽어서 알아주는 이가 없는 것과 같이하겠는가?"

제18장

미자(微子)

나도 숨어 살고 싶다.
그러나 …

18-01

¹微子는 去之하고 ²箕子는 爲之奴하고 ³比干은 諫而死하니라 孔子曰
　미 자　거 지　　　기 자　위 지 노　　　　비 간　간 이 사　　　　　공 자 왈

殷有三仁焉하니라
은 유 삼 인 언

　미자(微子)는 떠나가고 기자(箕子)는 노예가 되고 비간(比干)은 간하다가
죽었다. 공자가 말하였다. "은나라에 세 어진 사람이 있다."

―――― 1 미자(微子) 은(殷)나라의 마지막 임금인 주(紂)의 이복형으로 이름은 계(啓)
　　　　　이다. 은나라의 제후국인 미(微)나라의 자작(子爵)으로 봉해졌기 때문에 미자
　　　　　(微子)라고 하였다. 주(紂)에게 간하다가 들어주지 않자 나라를 떠났는데, 나
　　　　　중에 주(周)나라에 의해 송(宋)나라에 봉해져 은나라의 제사를 받들게 된다.
　　　　2 기자(箕子) 은(殷)나라의 마지막 임금인 주(紂)의 숙부로 이름은 서(胥)이다.
　　　　　은나라의 제후국인 기(箕)나라의 자작(子爵)으로 봉해졌기 때문에 기자(箕

子)라고 하였다. 주(紂)에게 간하다가 들어주지 않자 스스로 미친 체하며 노예가 되었다고 전해지고 있다.

3 비간(比干) 은(殷)나라의 마지막 임금인 주(紂)의 숙부로 주에게 끝까지 간하다가 죽임을 당하였다.

18-02

柳下惠 爲士師¹하여 三黜이어늘 人曰 子未可以去乎아 曰直道而事人이면
유 하 혜 위 사 사　　삼 출　　　인 왈　자 미 가 이 거 호　　왈 직 도 이 사 인

焉往而不三黜이며 枉道而事人이면 何必去父母之邦이리오
언 왕 이 불 삼 출　　왕 도 이 사 인　　하 필 거 부 모 지 방

　유하혜(柳下惠)가 사사(士師)가 되었다 세 번 쫓겨나자, 어떤 사람이 말하였다. "그대는 떠날 만하지 않은가?" "도를 곧게 하여 사람을 섬긴다면 어디 간들 세 번 쫓겨나지 않겠으며, 도를 굽혀 사람을 섬긴다면 어찌 반드시 부모의 나라를 떠나겠는가?"

────　1 사사(士師) 감옥을 책임지는 관리이다.

18-03

齊景公이 待孔子曰 若季氏則吾不能이어니와 以季孟之間으로 待之하리라
제 경 공　　대 공 자 왈　약 계 씨 즉 오 불 능　　　　이 계 맹 지 간으로　　대 지

하고 曰吾老矣라 不能用也라한대 孔子行하다
　　왈 오 노 의　　불 능 용 야　　　　공 자 행

제나라 경공(景公)이 공자를 대접하면서 "내가 계씨(季氏) 같이는 대접하지 못하겠지만, 계씨와 맹씨(孟氏)의 중간 정도로 대접하겠다."하고는 "내가 늙어서 쓸 수 없을 것이다."라고 말하자, 공자가 떠났다.

18-04

齊人이 歸女樂이어늘 季桓子受之하고 三日不朝한대 孔子行하다
제 인 귀 여 악   계 환 자 수 지   삼 일 부 조   공 자 행

제나라 사람들이 여성으로 꾸려진 악사들을 보내자, 계환자(季桓子)가 그것을 받고 3일을 조회하지 않자, 공자가 떠났다.

──── 1 계환자(季桓子) 노나라의 대부인 계손사(季孫斯)이다. 환(桓)은 시호이고, 계강자(季康子)의 부친이다.

18-05

楚狂接輿 歌而過孔子曰 鳳兮鳳兮여 何德之衰오 往者는 不可諫이어니와
초 광 접 여 가 이 과 공 자 왈 봉 혜 봉 혜   하 덕 지 쇠   왕 자   불 가 간

來者는 猶可追니 已而已而어다 今之從政者殆而니라 孔子下하여 欲與之言
내 자   유 가 추   이 이 이 이   금 지 종 정 자 태 이   공 자 하   욕 여 지 언

이러니 趨而辟之하니 不得與之言하다
       추 이 피 지   부 득 여 지 언

초나라 광인(狂人)인 접여(接輿)가 노래하면서 공자를 지나치며 말하였다. "봉황이여, 봉황이여! 어찌 덕이 쇠하였는가? 지나간 것은 간할 수 없지만 오는 것은 오히려 따를 수 있으니, 그만둘지어다, 그만둘지어다! 오늘날 정치에 종사하는 자들은 위태롭다." 공자가 수레에서 내려서 함께 말하려고 하였는데, 빨리 걸어 피하니 함께 말하지 못하였다.

─── 1 접여(接輿) 이름을 알 수 없으므로 공자의 수레에 접근한 사람이라는 의미로 붙인 이름이다.

18-06

長沮桀溺이 耦而耕이어늘 孔子過之할새 使子路로 問津焉한대 長沮曰
장 저 걸 익   우 이 경   공 자 과 지   사 자 로 문 진 언   장 저 왈

夫執輿者爲誰오 子路曰 爲孔丘니이다 曰是魯孔丘與아 曰是也니이다
부 집 여 자 위 수   자 로 왈 위 공 구   왈 시 노 공 구 여   왈 시 야

曰是知津矣니라
왈 시 지 진 의

장저(長沮)와 걸익(桀溺)이 짝을 지어 논을 가는데, 공자가 지나가다가 자로를 시켜 나루를 묻게 하였다. 장저가 "수레 고삐를 잡고 있는 사람이 누구인가?"라고 하자, 자로가 "공구입니다."라고 답하였다. "노나라의 공구인가?" "그렇습니다." "그 사람이 나루를 알 것이다."

─── 1 장저(長沮) 이름을 알 수 없으므로 물에 젖은 키가 큰 사람이라는 의미로 붙인 이름이다.

問於桀溺한대 桀溺이 曰子爲誰오 曰爲仲由로라 曰是魯孔丘之徒與
문어걸익   걸익   왈자위수   왈위중유   왈시노공구지도여

아 對曰然하다 曰滔滔者 天下皆是也니 而誰以易之리오 且而
대왈연   왈도도자 천하개시야   이수이역지   차이

與其從辟人之士也론 豈若從辟世之士哉리오하고 耰而不輟하더라
여기종피인지사야   기약종피세지사재   우이불철

  걸익에게 물으니, 걸익이 말하였다. "당신은 누구인가?" "중유(仲由)라
고 합니다." "노나라 공구의 제자인가?" "그렇습니다." "콸콸 흘러가는
것은 천하가 모두 그러한데, 누구와 함께 바꾸겠는가? 또 그대는 사람을
피하는 선비를 따르는 것보다는 차라리 세상을 피하는 선비를 따르는 것
이 낫지 않겠는가?" 그리고는 씨앗 덮는 일을 그치지 않았다.

1 도도(滔滔) 물이 콸콸 흘러가는 모양이다.
2 차이(且而) '이(而)'는 여기에서는 '너'라는 2인칭이다.
3 우(耰) 씨앗을 덮다.

해설 ・사람을 피하는 선비는 공자를, 세상을 피하는 선비는 걸익 자신을 가리
킨다.

子路行하여 以告한대 夫子憮然曰 鳥獸는 不可與同群이니
자로행   이고   부자무연왈 조수   불가여동군

吾非斯人之徒與오 而誰與리오 天下有道면 丘不與易也니라
오비사인지도여   이수여   천하유도   구불여역야

자로가 돌아와서 고하니, 공자는 한동안 말없이 있다가 말하였다. "새나 짐승과 함께 무리 지어 살 수는 없으니, 내가 이 사람의 무리와 함께하지 않고 누구와 함께하겠는가? 천하에 도가 있다면 내가 함께 바꾸려고 하지 않을 것이다."

18-07

子路 從而後러니 遇丈人이 以杖荷蓧¹하다 子路問曰 子見夫子乎아 丈人이
자로 종이후   우장인   이장하조   자로문왈 자견부자호   장인

曰四體를 不勤하며 五穀을 不分하나니 孰爲夫子오하고 植²其杖而芸하더라
왈사체   불근   오곡   불분   숙위부자   치기장이운

　자로가 공자를 따라가다가 뒤처졌는데, 지팡이로 대나무 바구니를 멘 어른을 만나 자로가 "어른께서는 저의 선생님을 보았습니까?"라고 물으니, 어른이 "온몸을 부지런히 놀리지 않고, 다섯 가지 곡식을 분별하지 못하는데, 누가 선생님이란 말인가?"라고 하고, 지팡이를 꽂아놓고 김을 매었다.

―――　1 조(蓧) 대나무 바구니.
　　　2 치(植) 땅에 심어 세우다.

子路 拱而立한대 止子路宿하여 殺鷄爲黍而食之¹하고 見其二子焉이라
자로 공이립   지자로숙   살계위서이사지   현기이자언

明日에 子路行하여 以告한대 子曰 隱者也로다 하고 使子路로 反見之하니
명일   자로행   이고   자왈 은자야   사자로   반견지

至則行矣러라
지 즉 행 의

　자로가 손을 마주 잡고 서 있으니, 자로를 머물러 자도록 하고는 닭을 잡고 기장밥을 지어 먹이고, 그의 두 아들을 만나게 하였다. 다음날 자로가 떠나와서 고하니, 공자가 "은자로다."라고 하고, 자로로 하여금 되돌아가 만나보게 하였는데, 도착해 보니 떠나가 버렸다.

───　1 사(食) 먹이다.

子路曰 不仕無義하니 長幼之節을 不可廢也니 君臣之義를 如之何其廢之
자 로 왈 불 사 무 의　　　장 유 지 절　불 가 폐 야　　군 신 지 의　　　여 지 하 기 폐 지

리오 欲潔其身而亂大倫이로다 君子之仕也는 行其義也니 道之不行은
　　　욕 결 기 신 이 란 대 륜　　　군 자 지 사 야　　행 기 의 야　　도 지 불 행

已知之矣니라
이 지 지 의

　자로가 말하였다. "벼슬하지 않는 것은 정의가 없으니, 어른과 어린 이의 예절을 폐할 수 없는데, 임금과 신하의 정의를 어떻게 폐할 수 있 겠는가? 자기 몸을 깨끗하게 하고자 하여 큰 인륜을 어지럽히는구나. 군자가 벼슬하는 것은 정의를 행하는 것이니, 도가 행해지지 않을 것 은 이미 알고 계셨다."

18-08

逸民¹은 伯夷와 叔齊와 虞仲과 夷逸과 朱張과 柳下惠와 少連이니라 子曰
일 민　백 이　숙 제　우 중　이 일　주 장　유 하 혜　소 련　　　자 왈

不降其志하며 不辱其身은 伯夷叔齊與인저 謂柳下惠少連하되 降志辱身矣나
불 강 기 지　　불 욕 기 신　　백 이 숙 제 여　　위 유 하 혜 소 련　　강 지 욕 신 의

言中倫하며 行中慮하니 其斯而已矣니라 謂虞仲夷逸하되 隱居放言하나
언 중 륜　　행 중 려　　기 사 이 이 의　　위 우 중 이 일　　은 거 방 언

身中淸하며 廢中權이니라 我則異於是하여 無可無不可니라
신 중 청　　폐 중 권　　아 즉 이 어 시　　무 가 무 불 가

　세속을 떠나 편안하게 산 백성은 백이(伯夷)와 숙제(叔齊)와 우중(虞仲)과 이일(夷逸)과 주장(朱張)과 유하혜(柳下惠)와 소련(少連)이었다. 공자가 백이와 숙제에 대해서 말하였다. "자신들의 뜻을 굽히지 않고 자신들의 몸을 욕되게 하지 않는 사람은 백이와 숙제이다." 유하혜와 소련에 대해서 말하였다. "뜻을 굽히고 몸을 욕되게 하였으나, 말이 윤리에 맞으며 행실이 생각에 맞았으니, 이러하였을 뿐이다." 우중과 이일에 대해서 말하였다. "숨어 살면서 말을 함부로 하였으나, 몸은 깨끗함에 맞았고 벼슬하지 않은 것은 권도(權道)에 맞았다. 나는 이와 달라서 꼭 해야 하는 것도 없고 꼭 하지 않아야 하는 것도 없다."

───── 1 일민(逸民) 세속을 떠나 편안하게 산 백성.

18-09

大師摯는 適齊하고 亞飯干은 適楚하고 三飯繚은 適蔡하고 四飯缺은 適秦하고
태 사 지   적 제   아 반 간   적 초   삼 반 료   적 채   사 반 결   적 진

鼓方叔은 入於河하고 播鼗武는 入於漢하고 少師陽과 擊磬襄은 入於海하니라
고 방 숙   입 어 하   파 도 무   입 어 한   소 사 양   격 경 양   입 어 해

태사이던 지(摯)는 제나라로 가고, 아반(亞飯)이던 간(干)은 초나라로 가고, 삼반(三飯)이던 료(繚)는 채나라로 가고, 사반(四飯)이던 결(缺)은 진나라로 가고, 북을 치던 방숙(方叔)은 하내(河內)로 들어가고, 소고(小鼓)를 흔들던 무(武)는 한중(漢中)으로 들어가고, 소사(少師)였던 양(陽)과 경쇠를 치던 양(襄)은 해도(海島)로 들어갔다.

---

1 태사(太師) 노나라의 음악을 맡은 관리의 우두머리.
2 적(適) 가다.
3 아반(亞飯)·삼반(三飯)·사반(四飯) 모두 음악으로 차례로 음식을 권하던 관리.
4 도(鼗) 작은 북으로, 양쪽의 귀를 흔들어 소리를 내는 악기.
5 소사(少師) 태사를 돕는 관리.

18-10

周公이 謂魯公曰 君子 不施其親하며 不使大臣으로 怨乎不以하며
주 공   위 노 공 왈 군 자 불 시 기 친   불 사 대 신   원 호 불 이

故舊無大故면 則不棄也하며 無求備於一人이니라
고 구 무 대 고   즉 불 기 야   무 구 비 어 일 인

주공이 노공(魯公)에게 말하였다. "군자는 친척을 버리지 않으며, 대
신으로 하여금 써주지 않는 것을 원망하지 않게 하며, 옛 친구를 큰 연
고가 없으면 버리지 않으며, 한 사람에게 완전히 갖추기를 요구하지
않는다."

---

1 노공(魯公) 주공의 아들 백금(伯禽)으로 노나라에 봉해졌기 때문에 노공이라
고 한 것이다.
2 이(施) 버리다.
3 이(以) '용(用)'과 같아서 '쓴다', '등용한다'는 뜻이다.

18-11

周有八士하니 伯達과 伯适과 仲突와 仲忽와 叔夜와 叔夏와 季隨와 季騧니라
주 유 팔 사　　백 달　백 괄　중 돌　중 홀　숙 야　숙 하　계 수　계 와

주나라에 여덟 선비가 있었으니, 백달(伯達)과 백괄(伯适)과 중돌(仲突)
과 중홀(仲忽)과 숙야(叔夜)와 숙하(叔夏)와 계수(季隨)와 계와(季騧)였다.

임옥균 촬영

무우대

『논어』「선진」: 증점이 말하였다. "늦봄에 봄옷이 만들어지면 갓을 쓴 어른 다섯, 여섯 명과 어린이 여섯, 일곱 명과 함께 기수(沂水)에서 목욕하고 무우(舞雩)에서 바람 쐬고 노래하면서 돌아오겠습니다." 공자가 아! 하고 감탄하며 말하였다. "나는 점과 함께 하겠다."

제19장

자장(子張)

제자들의 이야기
– 그리운 선생님

19-01

子張이 曰士見危致命[1]하며 見得思義하며 祭思敬하며 喪思哀면 其可已矣니라
자장   왈사견위치명   견득사의   제사경   상사애   기가이의

　자장이 말하였다. "선비는 위태로움을 보고 목숨을 바치며, 이익을
보고 얻는 것이 옳은지를 생각하며, 제사에서 공경을 생각하며, 장례
에서 슬픔을 생각한다면 되는 것이다."

───── 1 치명(致命) 목숨을 바치다.

19-02

子張이 曰執德不弘하며 信道不篤이면 焉能爲有이며 焉能爲亡리오
자장   왈집덕불홍   신도부독   언능위유   언능위무

자장이 말하였다. "덕을 넓게 실천하지 못하며 도를 독실하게 믿지 못한다면, 그런 사람이 있은들 어떠하며 없은들 어떠하겠는가?"

19-03

子夏之門人이 問交於子張한대 子張曰 子夏云何오 對曰 子夏曰 可者를
자 하 지 문 인　　문 교 어 자 장　　자 장 왈　자 하 운 하　　대 왈　자 하 왈　가 자

與之하고 其不可者를 拒之라 하더이다 子張曰 異乎吾所聞이로다 君子는
여 지　　기 불 가 자　　거 지　　　자 장 왈　이 호 오 소 문　　　군 자

尊賢而容衆하며 嘉善而矜不能이니 我之大賢與인댄 於人에 何所不容이며
존 현 이 용 중　　가 선 이 긍 불 능　　아 지 대 현 여　　어 인　　하 소 불 용

我之不賢與인댄 人將拒我리니 如之何其拒人也리오
아 지 불 현 여　　인 장 거 아　　여 지 하 기 거 인 야

자하의 문인이 자장에게 사람을 사귀는 것에 대해 묻자, 자장이 "자하는 무엇이라고 말하던가?"라고 되물었다. "자하는 '사귈만한 사람과 함께하고 사귈 만 하지 않은 사람을 거절하라.'고 하였습니다."라고 대답하니, 자장이 말하였다. "내가 듣던 것과는 다르다. 군자는 현명한 사람을 높이고 대중을 포용하며, 잘하는 사람을 아름답게 여기고 잘하지 못하는 사람을 안타깝게 여긴다. 내가 크게 현명하다면 남에게 대해서 무엇인들 용납하지 않을 것이며, 내가 현명하지 못하다면 남들이 장차 나를 거절할 것인데, 어떻게 그 사람을 거절하겠는가?"

19-04

子夏曰 雖小道[1]나 必有可觀者焉이어니와 致遠恐泥[2]라 是以로 君子不爲也니라
자하왈 수소도　필유가관자언　　치원공니　시이　군자불위야

　자하가 말하였다. "비록 작은 기예라도 반드시 볼 만한 것이 있지만, 원대하게 되는 데 방해가 될까 염려하기 때문에 군자는 하지 않는다."

──　1 소도(小道) 작은 기예, 기술.
　　2 니(泥) 막다, 막히다, 방해하다.

19-05

子夏曰 日知其所亡[1]하며 月無忘其所能이면 可謂好學也已矣니라
자하왈 일지기소무　　월무망기소능　　가위호학야이의

　자하가 말하였다. "날마다 자기에게 없는 능력을 알며, 달마다 자기의 능력을 잊지 않는다면 배움을 좋아한다고 말할 수 있다."

──　1 무(亡) 자기에게 없는 능력.

해설　· 명말청초의 학자 고염무(顧炎武)의 유명한 저술 『일지록(日知錄)』은 그 제목을 이 구절에서 따온 것이다.

19-06

子夏曰 博學而篤志하며 切問而近思면 仁在其中矣니라
자 하 왈 박 학 이 독 지　　절 문 이 근 사　　인 재 기 중 의

　자하가 말하였다. "배움을 넓게 하고 뜻을 독실하게 하며, 간절히 묻고 가까이에서 생각하면 인이 그 가운데 있다."

해설　• 주자와 여조겸이 편찬한 『근사록(近思錄)』은 그 제목을 이 구절에서 따온 것이다.

19-07

子夏曰 百工은 居肆하여 以成其事하고 君子는 學하여 以致其道니라
자 하 왈 백 공　　거 사　　이 성 기 사　　군 자　　학　　이 치 기 도

　자하가 말하였다. "모든 기술자는 공장에 있으면서 그 일을 이루고, 군자는 배워서 그 도를 이룬다."

──── 1 사(肆) 공장.

19-08

子夏曰 小人之過也에 必文이니라
자 하 왈 소 인 지 과 야　　필 문

　자하가 말하였다. "소인은 잘못을 저지르고서 반드시 둘러댄다."

19-09

子夏曰 君子有三變하니 望之儼然하고 卽之也溫하고 聽其言也厲[1]니라
자 하 왈 군 자 유 삼 변　　망 지 엄 연　　즉 지 야 온　　청 기 언 야 려

　자하가 말하였다. "군자는 만나볼 때 세 번 변하니, 멀리서 바라보면 엄숙하고, 그 앞에 나아가면 온화하고, 그 말을 들어보면 분명하다."

───　1 려(厲) 말이 분명한 모양이다.

19-10

子夏曰 君子 信而後에 勞其民이니 未信則以爲厲[1]己也니라 信而後에 諫이니
자 하 왈 군 자 신 이 후　노 기 민　　미 신 즉 이 위 려 기 야　　신 이 후　　간

未信則以爲謗[2]己也니라
미 신 즉 이 위 방 기 야

　자하가 말하였다. "군자는 신임을 얻은 뒤에 백성을 수고롭게 해야 하니, 신임을 얻지 못하면 자신들을 힘들게 한다고 생각한다. 신임을 얻은 뒤에 임금에게 간해야 하니, 신임을 얻지 못한다면 자기를 비방한다고 생각한다."

───　1 려(厲) 힘들게 하다.
　　　2 방(謗) 비방하다.

19-11

子夏曰 大德엔 不踰閑¹이나 小德엔 出入이라도 可也니라

자 하 왈 대 덕　　불 유 한　　　소 덕　　출 입　　　가 야

자하가 말하였다. "큰일에 대해서는 한계를 넘지 않아야 하지만, 작은 일에 대해서는 조금 지나치거나 미치지 못하더라도 괜찮다."

────── 1 한(閑) 한계.

해설 • 예를 들어 법을 위반하는 것과 같은 큰일은 해서는 안 되지만, 일상생활에서의 사소한 행동에서는 조금 지나치거나 모자라도 괜찮다는 말이다.

19-12

子游曰 子夏之門人小子 當灑掃應對進退則可矣나 抑末也라 本之則無하니

자 유 왈 자 하 지 문 인 소 자　당 쇄 소 응 대 진 퇴 즉 가 의　　억 말 야　　본 지 즉 무

如之何오 子夏聞之曰 噫라 言游過矣로다 君子之道 孰先傳焉이며

여 지 하　　자 하 문 지 왈　희　　언 유 과 의　　　군 자 지 도 숙 선 전 언

孰後倦焉이리오 譬諸草木인댄 區以別矣라 君子之道 焉可誣也리오

숙 후 권 언　　　비 저 초 목　　　구 이 별 의　　군 자 지 도 언 가 무 야

有始有卒者는 其惟聖人乎인저

유 시 유 졸 자　　기 유 성 인 호

자유가 말하였다. "자하의 제자들은 물 뿌리고 청소하며 응대하고 진퇴하는 예절에 대해서는 괜찮으나, 이는 말단이다. 근본적인 것은 없으니, 어찌할 것인가?" 자하가 듣고서 말하였다. "아! 자유의 말이

지나치다. 군자의 도 가운데 어느 것을 앞세워 전수하며, 어느 것을 뒤로 돌려 놓아두는가? 그것을 풀과 나무에 비유하면 나누어 구별하여 심고 가꾸는 것과 같다. 군자의 도를 어찌 속일 수 있겠는가? 그렇게 처음부터 끝까지 할 수 있는 사람은 오직 성인일 것이다."

해설 · 자유는 자하가 제자들에게 물 뿌리고 청소하며 응대하고 진퇴하는 예절과 같은 말단만 가르치고 있을 뿐, 그 이치와 같은 근본을 함께 가르치지 않는다고 비판하였다. 이에 대해서 자하는 자유의 말을 어느 정도 인정하면서도, 가르침은 내용이나 가르침을 받는 사람의 수준에 따라 달리할 수 있는 것이며, 자유가 말하는 근본과 말단을 함께 가르치는 수준의 교육은 성인이나 할 수 있다고 반박하였다.

19-13

子夏曰 仕而優則學하고 學而優則仕니라
자 하 왈 사 이 우 즉 학   학 이 우 즉 사

자하가 말하였다. "벼슬을 하고서 넉넉하거든 배우고, 배우고서 넉넉하거든 벼슬을 한다."

19-14

子游曰 喪은 致乎哀而止니라
자 유 왈 상   치 호 애 이 지

자유가 말하였다. "장례는 슬픔을 극진히 하면 되는 것이다."

19-15

子游曰 吾友張也 爲難能也나 然而未仁이니라
자 유 왈 오 우 장 야 위 난 능 야　　연 이 미 인

　자유가 말하였다. "나의 벗 자장(子張)은 어려운 일을 잘하나, 어질지는 못하다."

19-16

曾子曰 堂堂乎라 張也이여 難與並爲仁矣로다
증 자 왈 당 당 호　　장 야　　난 여 병 위 인 의

　증자가 말하였다. "당당하구나, 자장이여! 그러나 함께 인을 행하기는 어렵다."

19-17

曾子曰 吾聞諸夫子하니 人未有自致者也나 必也親喪乎인저
증 자 왈 오 문 저 부 자　　인 미 유 자 치 자 야　　필 야 친 상 호

　증자가 말하였다. "내가 선생님께 들었는데, '사람이 스스로 극진히 한 일이 없더라도, 반드시 부모의 장례는 극진히 해야 한다.'라고 하셨다."

19-18

曾子曰 吾聞諸夫子하니 孟莊子之孝也는 其他는 可能也어니와
증 자 왈 오 문 저 부 자   맹 장 자 지 효 야   기 타   가 능 야

其不改父之臣과 與父之政이 是難能也니라
기 불 개 부 지 신   여 부 지 정   시 난 능 야

　증자가 말하였다. "내가 선생님께 들었는데, '맹장자(孟莊子)의 효도 가운데 다른 것은 할 수 있지만, 아버지의 신하와 아버지의 정치를 고치지 않은 것은 하기 어렵다.'라고 하셨다."

───── 1 맹장자(孟莊子) 노나라의 대부인 중손속(仲孫速)이다.

19-19

孟氏 使陽膚로 爲士師라 問於曾子한대 曾子曰 上失其道하여 民散이 久矣라
맹 씨 사 양 부   위 사 사   문 어 증 자   증 자 왈 상 실 기 도   민 산   구 의

如得其情하면 則哀矜而勿喜니라
여 득 기 정   즉 애 긍 이 물 희

　맹씨가 양부(陽膚)를 사사(士師)로 임명하자, 양부가 증자에게 물으니, 증자가 말하였다. "윗사람들이 도리를 잃어 백성들이 흩어진 지가 오래 되었다. 만일 범죄의 실상을 알게 되면 불쌍하게 여기고 기뻐하지 말아야 한다."

해설　· 맹손이 양부로 하여금 사사의 벼슬을 하게 하자, 양부가 증자에게 옥사를 다스리는 도를 물은 것이다.

19-20

子貢이 日紂之不善이 不如是之甚也니 是以로 君子 惡居下流하나니
자공　왈주지불선　불여시지심야　시이　군자　오거하류

天下之惡이 皆歸焉이니라
천하지악　개귀언

　자공이 말하였다. "주왕(紂王)의 착하지 않음이 그처럼 심하지는 않았
을 것이다. 이 때문에 군자는 하류에 처하는 것을 싫어하니, 천하의 악
이 모두 그에게 돌아가기 때문이다."

19-21

子貢이 日君子之過也는 如日月之食焉이라 過也에 人皆見之하고 更也에
자공　왈군자지과야　여일월지식언　　과야　인개견지　　경야

人皆仰之니라
인개앙지

　자공이 말하였다. "군자의 허물은 일식이나 월식과 같아서 잘못이 있
으면 사람들이 모두 보고, 허물을 고치면 사람들이 모두 우러러본다."

19-22

衛公孫朝 問於子貢曰 仲尼는 焉學고 子貢이 日文武之道 未墜於地하여
위공손조 문어자공왈 중니　언학　자공　왈문무지도 미추어지

在人이라 賢者는 識其大者하고 不賢者는 識其小者하여 莫不有文武之道焉
재인　　　현자　지기대자　　불현자　지기소자　　　막불유문무지도언

이라 夫子 焉不學이시며 而亦何常師之有시리오
　　　부자 언불학　　　　이역하상사지유

　위나라 공손조(公孫朝)가 자공에게 물었다. "공자는 어디에서 배웠는가?" 자공이 말하였다. "문왕(文王)과 무왕(武王)의 도가 아직 땅에 떨어지지 않아 사람들에게 남아 있다. 현명한 사람은 그 가운데 큰 것을 기억하고, 현명하지 못한 사람은 그 가운데 작은 것을 기억하고 있어서 문왕과 무왕의 도를 갖고 있지 않음이 없다. 선생님께서 어디에서인들 배우지 않으시며, 또한 어찌 일정한 스승이 계시겠는가?"

―――　1 공손조(公孫朝) 위나라의 대부이다.
　　　　2 지(識) 기억하다.

19-23

叔孫武叔이 語大夫於朝曰 子貢이 賢於仲尼하니라 子服景伯이 以告子貢
숙손무숙　　어대부어조왈 자공이　현어중니　　　　자복경백이　이고자공

한대 子貢이 曰譬之宮牆인댄 賜之牆也는 及肩이라 窺見室家之好어니와
　　　자공이 왈비지궁장　　　사지장야는　급견　　　규견실가지호

夫子之牆은 數仞이라 不得其門而入이면 不見宗廟之美와 百官之富니이다
부자지장은　수인　　　부득기문이입　　　불견종묘지미　　백관지부

得其門者 或寡矣니 夫子之云이 不亦宜乎아
득기문자 혹과의　부자지운이　불역의호

숙손무숙(叔孫武叔)이 조정에서 대부들에게 말하기를 "자공이 공자보다 낫다."고 하였다. 자복경백(子服景伯)이 이 말을 자공에게 일러주자, 자공이 말하였다. "집의 담장에 비유하면 나의 담장은 어깨 높이이므로 집안의 좋은 것들을 들여다 볼 수 있지만, 선생님의 담장은 사람 키의 몇 배가 되므로 문을 찾아 들어가지 못하면 아름다운 사당과 많은 건물들을 볼 수가 없습니다. 그 문을 찾는 자가 드무니, 숙손무숙의 말이 또한 당연하지 않겠습니까?"

---

1 숙손무숙(叔孫武叔) 노나라의 대부로, 이름은 주구(州仇)이고 무(武)는 시호이다.
2 현어(賢於) ~보다 낫다.
3 자복경백(子服景伯) 노나라의 대부이다.
4 궁(宮) 집.
5 관(官) 건물.

19-24

叔孫武叔이 毁仲尼어늘 子貢이 曰無以爲也하라 仲尼는 不可毁也니
숙 손 무 숙   훼 중 니   자 공   왈 무 이 위 야   중 니   불 가 훼 야

他人之賢者는 丘陵也라 猶可踰也어니와 仲尼는 日月也라 無得而踰焉이라
타 인 지 현 자   구 릉 야   유 가 유 야   중 니   일 월 야   무 득 이 유 언

人雖欲自絶이나 其何傷於日月乎리오 多見其不知量也로다
인 수 욕 자 절   기 하 상 어 일 월 호   다 견 기 부 지 량 야

숙손무숙이 공자를 헐뜯자, 자공이 말하였다. "그러지 마십시오. 공자를 헐뜯어서는 안 됩니다. 다른 사람이 현명한 것은 언덕 정도라서 오히

려 넘을 수 있지만, 공자는 해나 달과 같아서 넘을 수 없습니다. 사람들이 비록 스스로 해와 달을 끊고자 한들, 해와 달에 무슨 피해를 끼치겠습니까? 다만 자기의 분수를 알지 못한다는 점을 보여줄 뿐입니다."

―― 1 다(多) 다만. 마침.

19-25

陳子禽이 謂子貢曰 子爲恭也이언정 仲尼 豈賢於子乎리오 子貢이
진자금   위자공왈 자위공야   중니 기현어자호   자공이

曰君子一言에 以爲知하며 一言에 以爲不知니 言不可不愼也니라
왈군자일언   이위지   일언   이위부지   언불가불신야

夫子之不可及也는 猶天之不可階而升也니라 夫子之得邦家者인댄
부자지불가급야   유천지불가계이승야   부자지득방가자

所謂立之斯立하며 道之斯行하며 綏之斯來하며 動之斯和하여 其生也榮하고
소위립지사립   도지사행   수지사래   동지사화   기생야영

其死也哀니 如之何其可及也리오
기사야애   여지하기가급야

진자금(陳子禽)이 자공에게 말하였다. "그대가 공손해서이지, 공자가 어찌 그대보다 낫겠는가?" 자공이 말하였다. "군자는 한마디 말로 지혜롭게도 되며 한마디 말로 지혜롭지 않게 되기도 하는 것이니, 말을 조심하지 않을 수 없다. 선생님께 미치지 못하는 것은 하늘을 사다리로 오르지 못하는 것과 같다. 선생님께서 나라를 얻으신다면 '세워주면 서고, 인도하면 행하고, 편안하게 해주면 따라오고, 고무시키면 동화

되어, 살아 있을 적에는 영화롭게 해주고 죽어서는 슬퍼한다.'는 것이
니, 어찌 미칠 수 있겠는가?"

---

1 진자금(陳子禽) 공자의 제자인 진항(陳亢)으로 자가 자금(子禽)이었고, 위(衛)
나라 사람이었다.

민자건 묘소

『논어』「선진」 : 노나라 사람들이 장부라는 창고를 짓자, 민자건이 말하였다. "옛일을 그대로 따르는 것이 어떻겠는가? 하필 고쳐 지어야 하는가?" 공자가 말하였다. "저 사람이 말을 하지 않을지언정, 말을 하면 반드시 맞는다."

제20장

요왈(堯曰)

성인의 계보

20-01

堯曰 咨爾舜아 天之曆數 在爾躬하니 允執其中하라 四海困窮하면
요왈 자이순   천지역수 재이궁   윤집기중   사해곤궁

天祿이 永終하리라 舜이 亦以命禹하니라 日予小子履는 敢用玄牡하여[1]
천록   영종   순   역이명우   왈여소자리 감용현모

敢昭告于皇皇后帝하노니 有罪를 不敢赦하며 帝臣不蔽니 簡在帝心이니이다[2]
감소고우황황후제   유죄   불감사   제신불폐 간재제심

朕躬有罪는 無以萬方이오 萬方有罪는 罪在朕躬하니라
짐궁유죄   무이만방   만방유죄   죄재짐궁

요임금이 말하였다. "아, 너 순(舜)아! 하늘의 운수가 너의 몸에 있으
니, 진실로 중용을 잡아서 실천하라. 사해가 곤궁하면 하늘이 주는 봉
록이 영원히 끊어질 것이다." 순임금도 이 말로 우임금에게 명하였다.
탕왕이 말하였다. "나 소자 리(履)는 감히 검은색의 희생물을 써서 감히

크고 크신 상제께 고합니다. 죄 있는 사람을 감히 용서하지 않으며, 상제의 신하를 감히 가리지 아니하니, 선택하는 것은 상제의 마음에 달려 있습니다. 내 몸에 죄가 있는 것은 만방 때문이 아니며, 만방에 죄가 있는 것은 그 죄가 내 몸에 있습니다."

---

1 리(履) 상나라 탕(湯) 임금의 이름이다.

2 황황(皇皇) 큰 모양이다.

周有大賚한대 善人이 是富하니라 雖有周親이나 不如仁人이오 百姓有過
주 유 대 뢰　　　선 인　　시 부　　　수 유 주 친　　　불 여 인 인　　　백 성 유 과

在子一人이니라 謹權量하며 審法度하며 修廢官한대 四方之政이 行焉하니라
재 여 일 인　　　근 권 량　　　심 법 도　　　수 폐 관　　　사 방 지 정　　행 언

興滅國하며 繼絶世하며 擧逸民한대 天下之民이 歸心焉하니라 所重은
흥 멸 국　　　계 절 세　　　거 일 민　　　천 하 지 민　　귀 심 언　　　소 중

民食喪祭러시다 寬則得衆하고 信則民任焉하고 敏則有功하고 公則說이니라
민 식 상 제　　　관 즉 득 중　　　신 즉 민 임 언　　　민 즉 유 공　　　공 즉 열

주나라에서 크게 은혜를 베푸니, 착한 사람이 부유하게 되었다. 비록 지극히 가까운 친척이 있더라도 어진 사람만 같지 못하며, 백성들의 허물은 나 한 사람에게 있다. 저울과 도량형을 삼가고, 법도를 살피며, 폐지된 관직을 정비하니, 사방의 정치가 잘 행해졌다. 멸망한 나라를 일으키고, 끊어진 세대를 이어주며, 숨어있던 사람을 등용하니, 천하의 백성이 마음을 돌렸다. 소중히 여겼던 것은 백성의 음식과 장례와 제사였다. 너그러우면 대중을 얻고, 신의가 있으면 백성들이 신임하고, 민첩하면 공적이 있고, 공정하면 기뻐한다.

20-02

子張이 問於孔子曰 何如라야 斯可以從政矣니이까 子曰 尊五美하며
자장   문어공자왈 하여   사가이종정의   자왈 존오미

屛四惡이면 斯可以從政矣리라 子張이 曰何謂五美니이까 子曰 君子
병사악   사가이종정의   자장 왈하위오미   자왈 군자

惠而不費하며 勞而不怨하며 欲而不貪하며 泰而不驕하며 威而不猛이니라
혜이불비   노이불원   욕이불탐   태이불교   위이불맹

子張이 曰何謂惠而不費니이까 子曰 因民之所利而利之니
자장   왈하위혜이불비   자왈 인민지소리이리지

斯不亦惠而不費乎아 擇可勞而勞之어니 又誰怨이리오 欲仁而得仁이어니
사불역혜이불비호   택가로이로지   우수원   욕인이득인

又焉貪이리오 君子 無衆寡하며 無小大히 無敢慢하나니 斯不亦泰而不驕乎아
우언탐   군자 무중과   무소대 무감만   사불역태이불교호

君子 正其衣冠하며 尊其瞻視하여 儼然人望而畏之하나니
군자 정기의관   존기첨시   엄연인망이외지

斯不亦威而不猛乎아
사불역위이불맹호

　자장이 공자에게 "어떻게 해야 정치에 종사할 수 있습니까?"라고 물
으니, 공자가 대답하였다. "다섯 가지 좋은 점을 높이고, 네 가지 나쁜
점을 물리치면, 정치에 종사할 수 있을 것이다." 자장이 "무엇을 다섯

가지 좋은 점이라고 합니까?"라고 물으니, 공자가 대답하였다. "군자는 은혜로우면서도 허비하지 않으며, 수고하면서도 원망하지 않으며, 하고자 하면서도 탐내지 않으며, 편안하면서도 교만하지 않으며, 위엄이 있으면서도 사납지 않다." 자장이 "무엇을 은혜로우면서도 허비하지 않는 것이라 합니까?"라고 물으니, 공자가 대답하였다. "백성들이 이롭게 여기는 것을 따라 이롭게 해주니, 이 또한 은혜로우면서도 허비하지 않는 것이 아니겠는가? 수고롭게 할 만한 일을 선택하여 수고롭게 하니, 또한 누가 원망하겠는가? 인을 하고자 하여 인을 얻으니 또한 무엇을 탐하겠는가? 군자는 많거나 적거나 크거나 작거나에 관계없이 감히 교만하지 않으니, 이것이 편안하면서도 교만하지 않은 것이 아니겠는가? 군자는 의관을 바르게 하며 보는 것을 높이 해서 엄숙하여 사람이 바라보고 두려워하니, 이것이 또한 위엄이 있으면서도 사납지 않은 것이 아니겠는가?"

子張이 曰何謂四惡이니이까 子曰 不敎而殺을 謂之虐이오 不戒視成을
자장 왈하위사악 자왈 불교이살 위지학 불계시성

謂之暴요 慢令致期를 謂之賊이오 猶之與人也로되 出納之吝을 謂之有司니라
위지포 만령치기 위지적 유지여인야 출납지린 위지유사

　자장이 "무엇을 네 가지 나쁜 점이라고 합니까?" 라고 물으니, 공자가 대답하였다. "미리 가르치지 않고서 죽이는 것을 학대함이라고 하고, 미리 경계하지 않고서 성공을 요구하는 것을 포악함이라고 하고, 명령을 게을리 하고서 기일을 촉박하게 하는 것을 해침이라고 하고, 기왕 남에게 주면서도 출납할 때에 인색하게 하는 것을 실무자라고 한다."

子曰 不知命이면 無以爲君子也오 不知禮면 無以立也오 不知言이면
자 왈 부 지 명　　　무 이 위 군 자 야　　　부 지 례　　무 이 립 야　　　부 지 언

無以知人也니라
무 이 지 인 야

　공자가 말하였다. "천명을 알지 못하면 군자가 될 수 없으며, 예를 알지 못하면 행동할 기준이 없으며, 말을 알지 못하면 사람을 알 수 없다."

김덕균, 『공문의 사람들』 논형, 2004.

박유리, 『논어상해』 문사철, 2013.

류종목, 『논어의 문법적 이해』 문학과지성사, 2000.

성백효, 『현토신역 논어집주(부안설)』 한국인문고전연구소, 2013.

신정근, 『공자씨의 유쾌한 논어』 사계절, 2009.

윤재근, 『논어』 동학사, 2004.

이강재, 『논어』 살림, 2006.

이기동, 『논어강설』 성균관대학교 출판부, 1992.

정약용, 『논어고금주』 이지형 역주, 사암, 2010.

오규 소라이, 『논어징』 임옥균 외 옮김, 소명출판, 2010.

楊伯峻, 『論語譯注』 中華書局, 1980.

劉寶楠, 『論語正義』 中華書局, 1990.

程樹德, 『論語集釋』 中華書局, 1980.

최술, 『수사고신록』 이재하 옮김, 한길사, 2009.

최술, 『수사고신여록』 이재하 옮김, 한길사, 2009.

최술, 『논어여설』 박준원 옮김, 지식을 만드는 지식, 2013.

고전의 향기 ❷

논어論語 정독

초판 발행　2015년 09월 25일

역　　자 | 임옥균
발 행 인 | 신재석
발 행 처 | (주)삼양미디어
등록번호 | 제 10-2285호
주　　소 | 서울시 마포구 양화로 6길 9-28
전　　화 | 02 335 3030
팩　　스 | 02 335 2070
홈페이지 | **www.samyang𝑀.com**

ISBN | 978-89-5897-307-2(03140)